Sobota/Wipplinger
Die strafrechtliche Revision
im Assessorexamen

Die strafrechtliche Revision im Assessorexamen

von

Dr. Sebastian Sobota
Akademischer Rat a.Z. in Mainz

und

Dr. Tobias Wipplinger
Staatsanwalt in Wiesbaden

2. Auflage 2021

www.beck.de

ISBN 978 3 406 76466 0

© 2021 Verlag C.H.Beck oHG
Wilhelmstraße 9, 80801 München
Druck: Druckerei C.H.Beck Nördlingen
(Adresse wie Verlag)

Satz: DTP-Vorlagen der Autoren
Umschlaggestaltung: Druckerei C.H.Beck Nördlingen

chbeck.de/nachhaltig

Gedruckt auf säurefreiem, alterungsbeständigem Papier
(hergestellt aus chlorfrei gebleichtem Zellstoff)

Vorwort zur 2. Auflage

Etwa vier Jahre nach Erscheinen der ersten Auflage ist eine Aktualisierung erforderlich geworden, weil der Gesetzgeber u.a. mit dem „Gesetz zur effektiveren und praxistauglicheren Ausgestaltung des Strafverfahrens" vom 17.08.2017 (BGBl. I, S. 3202), dem „Gesetz zur Neuregelung des Rechts der notwendigen Verteidigung" vom 10.12.2019 (BGBl. I, S. 2128) und dem „Gesetz zur Modernisierung des Strafverfahrens" vom 10.12.2019 (BGBl. I, S. 2121) nicht unerhebliche Änderungen im Strafverfahrensrecht vorgenommen hat, die sich auch auf die Revisionsklausur im Assessorexamen auswirken. In der 2. Auflage sind daher alle **klausurrelevanten Neuerungen** durch die jüngsten StPO-Reformen berücksichtigt. Daneben wurden zahlreiche Aktualisierungen wie die Einarbeitung der jüngeren Rechtsprechung vorgenommen, ohne allerdings das ursprüngliche Konzept zu verändern. Nach wie vor bietet das Büchlein eine kompakte Darstellung des revisionsrechtlichen **Basiswissens** für das zweite juristische Examen, die sich gleichermaßen für den ersten Zugriff wie für eine schnelle Wiederholung vor der Prüfung eignet.

Erneut danken wir besonders Herrn *Dr. Klaus Winkler* für die verlegerische Unterstützung bei der Neuauflage.

Kritik, Anregungen und Verbesserungsvorschläge nehmen wir gerne entgegen unter *sobotawipplinger@gmx.de*.

Mainz/Wiesbaden, November 2020   *Sebastian Sobota*
Tobias Wipplinger

Vorwort zur 1. Auflage

Die strafrechtliche Revision ist ein Klassiker im Assessorexamen, was daran liegen dürfte, dass sie den Justizprüfungsämtern die Möglichkeit eröffnet, nahezu aus dem gesamten Spektrum des materiellen Strafrechts und des Verfahrensrechts zu schöpfen. Jeder Referendar muss daher dringend damit rechnen, in einer der strafrechtlichen Klausuren (und/oder im strafrechtlichen Aktenvortrag; s. dazu *Jäckel/Schneider*,

Der strafrechtliche Aktenvortrag im Assessorexamen) dem Revisionsrecht zu begegnen.

Unser Buch verfolgt das Ziel, die **Grundlagen** des Revisionsrechts und das erforderliche **Basiswissen** für die strafrechtliche Revisionsklausur kompakt, anschaulich und eingängig darzustellen. Aufgrund des konzeptionellen Ansatzes und des nahezu unerschöpflichen Reservoirs an Aufgabenstellungen erheben wir zwar keinen Anspruch auf Vollständigkeit, versuchen aber die wichtigsten Klausurkonstellationen und -probleme abzudecken. Ferner soll dem Leser das notwendige Rüstzeug vermittelt werden, damit er im Examen auch mit unbekannten Fragestellungen zurechtkommt.

Da es sich beim Revisionsrecht um eine Spezialmaterie des (allgemeinen) **Strafprozessrechts** handelt, setzt das erfolgreiche Lernen mit diesem Buch Grundkenntnisse auf dem Gebiet der StPO voraus. Wer diese nicht hat, sei zunächst auf das Studium der entsprechenden Lehrbücher verwiesen. Wir empfehlen unter anderem das in derselben Reihe erschienene Kompaktlehrbuch „Strafprozessrecht" von *Putzke/Scheinfeld*. Zum angesprochenen Leserkreis zählen mithin in erster Linie Referendare mit strafprozessualen Grundkenntnissen, die sich das erste Mal näher mit dem Revisionsrecht befassen. Ebenso kann das Buch aber auch zur **Wiederholung** im Vorfeld des Examens dienen, wenn es um die effektive Auffrischung des Grundlagenwissens geht.

Dem kompakten Ansatz entsprechend werden Literaturnachweise nur sparsam verwendet und beziehen sich nahezu ausschließlich auf die höchstrichterliche Rspr. und die im zweiten Examen zugelassenen Standardkommentare von *Meyer-Goßner/Schmitt* und *Fischer*. Das Buch ist hinsichtlich aller genannten Nachweise auf dem neuesten Stand und greift aktuelle Entwicklungen in der Rspr. auf. Die abstrakten Ausführungen werden durch eine Auswahl kurzer Beispielsfälle mit Lösungen ergänzt und zum Teil mit Detailwissen vertieft. Am Ende befinden sich Prüfungsschemata sowie Wiederholungs- und Vertiefungsfragen inklusive kurzer Antworten. Das Buch gewährleistet ferner stetigen Klausurbezug in Gestalt von zahlreichen Formulierungsbeispielen und Klausurtipps sowie einem eigenen Kapitel zur Klausurbearbeitung. Konzeptionell ist das Buch so gestaltet, dass es in wenigen Tagen durchgearbeitet werden kann; die Abschnitte zu Aufbau und Klausurbearbeitung sowie der Fragenteil erlauben ferner eine schnelle Wiederholung vor der Klausur.

Aufgrund des didaktischen Konzepts sollten alle in diesem Buch genannten Normen gründlich und mit Blick auf die Systematik nachgelesen werden, und zwar auch dann, wenn der Leser nicht ausdrücklich dazu aufgefordert wird. Das Gleiche gilt für die Fundstellen in den beiden Standardkommentaren – ein geübter Umgang mit den Kommentaren ist ein enormer Vorteil in der Klausur! Ebenso sollten die zahlreichen Fallbeispiele nicht übergangen werden. Schließlich legen wir dem Leser das ggf. mehrmalige Durcharbeiten der am Ende des Buches befindlichen Wiederholungs- und Vertiefungsfragen ans Herz. Wer das Buch in dieser Weise nutzt, wird aufgrund des vermittelten **Systemverständnisses** in der Lage sein, die in Klausur, Aktenvortrag und mündlicher Prüfung üblicherweise gestellten Aufgaben erfolgreich zu bewältigen.

Herzlich danken wir all jenen, die uns bei der Fertigstellung des Manuskripts unterstützt haben. Hervorzuheben ist hierbei in erster Linie Herr *Dr. Marcus Loose* für seine wertvollen Anregungen. Herrn *Dr. Klaus Winkler* danken wir für die hervorragende verlegerische Betreuung.

Kritik, Anregungen und Verbesserungsvorschläge nehmen wir gerne entgegen unter *sobotawipplinger@gmx.de*.

Wir wünschen viel Erfolg im Examen!

Mainz/Wiesbaden, Mai 2016 *Sebastian Sobota*
Tobias Wipplinger

Inhaltsverzeichnis

Vorwort zur 2. Auflage V

Vorwort zur 1. Auflage V

Abkürzungsverzeichnis XIII

Literaturverzeichnis XVII

Kapitel 1. Einführung 1

Kapitel 2. Prüfungsaufbau 3
- √ A. Zulässigkeit 3
  - I. Statthaftigkeit 3
  - II. Revisionsberechtigung 5
  - III. Beschwer 6
  - IV. Ordnungsgemäße Revisionseinlegung 7
  - V. Ordnungsgemäße Revisionsbegründung 11
  - VI. Exkurs: Die Wiedereinsetzung in den vorigen Stand 16
  - VII. Kein Rechtsmittelverzicht und keine Rücknahme der Revision 17
- B. Begründetheit der Revision 20
  - √ I. Von Amts wegen zu beachtende Verfahrenshindernisse 21
    1. Sachliche Zuständigkeit 23
    2. Fehlerhafte Anklage und fehlerhafter Eröffnungsbeschluss 25
    3. Mehrfache Rechtshängigkeit und Strafklageverbrauch ... 27
    4. Verjährung 29
    5. Fehlender oder zurückgenommener Strafantrag 30
    6. Verstoß gegen den „fair-trial"-Grundsatz 32
  - √ II. Besondere Fehler im Berufungsverfahren 32
  - √ III. Verfahrensrügen 35
    1. Allgemeines 35
    2. Rügebefugnis 36
       a) Beschwer 36
       b) Kein Rügeausschluss (Präklusion, Verwirkung, Verzicht) 37
    3. Beweisbarkeit des Verfahrensverstoßes 39

✓ 4. Absolute Revisionsgründe 41
   a) Vorschriftswidrige Besetzung des Gerichts
      (§ 338 Nr. 1) 42
   b) Mitwirkung eines kraft Gesetzes ausgeschlossenen Richters oder Schöffen (§ 338 Nr. 2) 44
   c) Mitwirkung eines wegen der Besorgnis der Befangenheit abgelehnten Richters oder Schöffen (§ 338 Nr. 3) 44
   d) Unzuständigkeit des Gerichts (§ 338 Nr. 4) 48
   e) Vorschriftswidrige Abwesenheit von Verfahrensbeteiligten in der Hauptverhandlung (§ 338 Nr. 5) 48
   f) Verletzung des Öffentlichkeitsgrundsatzes (§ 338 Nr. 6) 51
   g) Verspätete oder fehlende Urteilsbegründung (§ 338 Nr. 7) 53
   h) Unzulässige Beschränkung der Verteidigung (§ 338 Nr. 8) 54
5. Relative Revisionsgründe 55
   a) Allgemeines 55
   b) Exkurs: Beweisverwertungsverbote 57
      aa) Herleitung und Begrifflichkeiten 57
      bb) Einzelfälle 59
   c) Einzelne klausurrelevante relative Revisionsgründe 65
      aa) Verstöße gegen §§ 81a, 100e und 105 65
      bb) Verstöße gegen §§ 136, 163a 70
      cc) Verstöße gegen § 244 77
      dd) Verstöße gegen § 252 85
      ee) Verstöße im Zusammenhang mit einer Verständigung nach § 257c 89
      ff) Weitere relative Revisionsgründe 92
   d) Besonderheiten beim Berufungsurteil 97
6. Beruhen des Urteils auf dem Verstoß 98
✓ IV. Sachrüge 99
1. Darstellungsmängel 100
   a) Tatsächliche Feststellungen 100
   b) Beweiswürdigung 101
2. Fehler bei der Gesetzesanwendung 102
3. Fehler im Rechtsfolgenausspruch 104
   a) Strafrahmenwahl 104
   b) Strafzumessung i.e.S. 106
   c) Sonstige Rechtsfolgen 109

Kapitel 3. Entscheidungsmöglichkeiten des Revisionsgerichts 111

Kapitel 4. Die Revisionsklausur 113
  A. Klausurvarianten 113
  B. Praktische Klausurbearbeitung 114

Kapitel 5. Prüfungsschemata 125
  A. Allgemeines Prüfungsschema 125
  B. Prüfungsschema Verfahrensrüge 127

Kapitel 6. Wiederholungs- und Vertiefungsfragen 128
  A. Zulässigkeit 128
  B. Begründetheit 132

Stichwortverzeichnis 145

Abkürzungsverzeichnis

a.a.O.	am angegebenen Ort
a.A.	andere Ansicht
abl.	ablehnend
Abs.	Absatz
AG	Amtsgericht
Alt.	Alternative
Angekl.	Angeklagte/r
Art.	Artikel
Az.	Aktenzeichen
BAK	Blutalkoholkonzentration
Beschl.	Beschluss
BGH	Bundesgerichtshof
BGHSt	Entscheidungen des Bundesgerichtshofs in Strafsachen
bspw.	beispielsweise
BVerfG	Bundesverfassungsgericht
BVerfGG	Bundesverfassungsgerichtsgesetz
BVerfGE	Entscheidungen des Bundesverfassungsgerichts
bzgl.	bezüglich
BZRG	Bundeszentralregistergesetz
bzw.	beziehungsweise
ders.	derselbe
DRiG	Deutsches Richtergesetz
EGMR	Europäischer Gerichtshof für Menschenrechte
EMRK	Europäische Menschenrechtskonvention
ERVV	Verordnung über die technischen Rahmenbedingungen des elektronischen Rechtsverkehrs und über das besondere elektronische Behördenpostfach (Elektronischer-Rechtsverkehr-Verordnung)
d.h.	das heißt
f./ff.	folgende(r)
GBA	Generalbundesanwalt
GenStA	Generalstaatsanwaltschaft
GG	Grundgesetz
Einl.	Einleitung
etc.	et cetera (= und die übrigen [Dinge] / und so weiter)
gem.	gemäß

ggf.	gegebenenfalls
GVG	Gerichtsverfassungsgesetz
h.M.	herrschende Meinung
HRRS	Onlinezeitschrift für Höchstrichterliche Rechtsprechung zum Strafrecht
Hs.	Halbsatz
i.d.R.	in der Regel
i.e.S.	im engeren Sinne
i.H.v.	in Höhe von
inkl.	inklusive
insb.	insbesondere
i.S.d.	im Sinne der/des
i.S.v.	im Sinne von
i.V.m.	in Verbindung mit
JA	Juristische Arbeitsblätter
JGG	Jugendgerichtsgesetz
JuS	Juristische Schulung
krit.	kritisch
LG	Landgericht
lit.	littera (= Buchstabe)
m.a.W.	mit anderen Worten
M-G/S	Meyer-Goßner/Schmitt
MuSchG	Mutterschutzgesetz
m.w.N.	mit weiteren Nachweisen
NJW	Neue Juristische Wochenschrift
Nr.	Nummer
NStZ	Neue Zeitschrift für Strafrecht
NStZ-RR	Rechtsprechungs-Report Strafrecht der Neuen Zeitschrift für Strafrecht
o.ä.	oder ähnliches
o.g.	oben genannt/e
OLG	Oberlandesgericht
RiStBV	Richtlinien für das Strafverfahren und das Bußgeldverfahren
Rn.	Randnummer/n
RpflG	Rechtspflegergesetz
Rspr.	Rechtsprechung
s.	siehe
s.a.	siehe auch
sog.	sogenannt/e
st. Rspr.	ständige Rechtsprechung
StA	Staatsanwaltschaft
StGB	Strafgesetzbuch
StPO	Strafprozessordnung
str.	strittig
StV	Strafverteidiger
s.u.	siehe unten
TKÜ	Telekommunikationsüberwachung

Abkürzungsverzeichnis

TOA	Täter-Opfer-Ausgleich
u.a.	unter anderem bzw. und andere/s
u.E.	unseres Erachtens
umstr.	umstritten
Urt.	Urteil
usw.	und so weiter
Var.	Variante
vgl.	vergleiche
w.N.	weitere Nachweise
z.B.	zum Beispiel
ZJS	Zeitschrift für das Juristische Studium
ZollVG	Zollverwaltungsgesetz
z.T.	zum Teil

Literaturverzeichnis

Eicker, Steffen: Die Revision des Nebenklägers – eine Anleitung für die Klausur, in: JA 2018, S. 298–305.

Erb, Volker: Zur Aushöhlung des Notwehrrechts durch lebensfremde tatrichterliche Unterstellungen – Zugleich eine Besprechung von LG München I, Urt. v. 9. 1. 2009 – 1 Ks 121 Js 10459/08 („Fall Sven G."), in: NStZ 2011, S. 186–193.

Fischer, Thomas: Strafgesetzbuch, 68. Aufl. 2021.

Jäckel, Holger/*Schneider,* Dirk. J: Der strafrechtliche Aktenvortrag im Assessorexamen, 6. Aufl. 2019.

Lagodny, Otto/*Mansdörfer,* Marco/*Putzke,* Holm: Im Zweifel: Darstellung im Behauptungsstil, in: ZJS 2014, S. 157–164.

Loose, Marcus/*Henseler,* Sven: Antragsdelikte als Prüfungsgegenstand im Assessorexamen, in: JuS 2018, S. 346–350.

Meier, Bernd-Dieter: Licht ins Dunkel: Die richterliche Strafzumessung, in: JuS 2005, S. 769–773 und S. 879–881.

Meyer-Goßner, Lutz/*Schmitt,* Bertram: Strafprozessordnung, 63. Aufl. 2020.

Putzke, Holm/*Scheinfeld,* Jörg: Strafprozessrecht, 8. Aufl. 2020.

Sobota, Sebastian: Zur Strafrahmenwahl beim Zusammentreffen von besonders schwerem Fall und besonderem gesetzlichen Milderungsgrund, in: HRRS 2015, S. 339–345.

Sobota, Sebastian/*Loose,* Marcus: Die Wiedereinsetzung in die Revisionsbegründungsfrist, in: NStZ 2018, S. 72–77.

Kapitel 1. Einführung

Die Revision im Strafrecht ist Teil der strafprozessualen **Rechtsmit-** 1
tel. Diese wiederum gehören zu den **Rechtsbehelfen**, von denen es
ordentliche und außerordentliche gibt. **Außerordentliche** Rechtsbehelfe führen zur **Rechtskraftdurchbrechung** und können deshalb nur bei Vorliegen besonderer und eben „außerordentlicher" Umstände ergriffen werden. Zu den außerordentlichen Rechtsbehelfen zählen die Wiedereinsetzung in den vorigen Stand (§§ 44 ff. StPO – soweit nichts anders bezeichnet, sind alle im Folgenden zitierten Paragraphen solche der StPO), die Wiederaufnahme des Verfahrens (§§ 359 ff.) und die Verfassungsbeschwerde (Art. 93 Abs. 1 Nr. 4a GG, §§ 90 ff. BVerfGG).

Ordentliche Rechtsbehelfe richten sich gegen (noch) nicht rechts- 2
kräftige gerichtliche Entscheidungen. Zu ihnen gehören u.a. der Einspruch gegen den Strafbefehl nach § 410, die (einfache, sofortige und weitere) Beschwerde nach §§ 304 ff., die Berufung nach §§ 312 ff. und die **Revision** nach §§ 333 ff. Die drei letztgenannten ordentlichen Rechtsbehelfe bilden zugleich die Gruppe der strafprozessualen Rechtsmittel.

Rechtsmittel als Untergruppe der ordentlichen Rechtsbehelfe 3
zeichnen sich durch den sog. **Suspensiv-** und **Devolutiveffekt** aus. Ersterer bedeutet, dass die Rechtskraft der Entscheidung bis zu einer Entscheidung über das Rechtsmittel gehemmt wird und deshalb noch nicht mit der Vollstreckung begonnen werden darf (eine Ausnahme gilt für die Beschwerde, § 307). Durch den Devolutiveffekt gelangt die Strafsache an ein Gericht höherer Ordnung. So auch bei der Revision: Ihre Einlegung hindert den Eintritt der Rechtskraft (§ 343) und führt zu einer Überprüfung des angegriffenen Urteils durch ein höheres Gericht (§§ 121 Abs. 1 Nr. 1, 135 Abs. 1 GVG).

Von der **Berufung** als dem zweiten gegen Urteile gerichteten 4
Rechtsmittel unterscheidet sich die Revision darin, dass sie grundsätzlich nicht auf eine Kontrolle der tatsächlichen Entscheidungsgrundlagen, sondern nur auf die Überprüfung der Rechtsanwendung gerichtet ist. Während die Berufung also eine echte zweite **Tatsacheninstanz** inklusive neuer Beweisaufnahme eröffnet, ist die Revision **reine Rechtsinstanz**, die sich – ohne neuerliche Beweisaufnahme oder Rekonstruktion der vorangegangenen Hauptverhandlung – in der Überprüfung der Rechtsanwendung durch das Tatgericht erschöpft (vgl. § 337). Auch bzw. insbesondere in der Klausur ist es daher ver-

fehlt, in der Begründetheit der revisionsrechtlichen Prüfung seitenlange Ausführungen zur Beweiswürdigung zu machen. Fehler in diesem Bereich prüft das Revisionsgericht nämlich nur in engen Grenzen (sog. Darstellungsmängel – s.u. Rn. 283 ff.). Wird dies verkannt, offenbart der Kandidat, das grundsätzliche Wesen der Revision nicht verstanden zu haben, was regelmäßig als schwerer Fehler zu werten sein wird.

5 Die Revision dient im Wesentlichen drei **Zwecken**:
- Gewährleistung von **einheitlicher Rechtsanwendung** (vgl. §§ 121, 132, 135, 138 GVG),
- **Fortbildung des Rechts** in grundsätzlichen Fragen (vgl. § 132 Abs. 4 GVG),
- Sicherstellung von „richtigen" und „gerechten" Entscheidungen (**Einzelfallgerechtigkeit**; umstr.).

6 Geregelt ist die strafprozessuale Revision in den §§ 333 ff. Zu beachten sind ferner die in §§ 296 ff. normierten allgemeinen Vorschriften für Rechtsmittel im Strafprozess, die auch im Revisionsrecht zur Anwendung gelangen, sowie ausgewählte Normen des GVG, der EMRK und des GG.

Kapitel 2. Prüfungsaufbau

Die nachfolgende Darstellung folgt dem typischen Prüfungsaufbau in der Klausur. Dort wird es in der Regel darum gehen, die Erfolgsaussichten einer (noch einzulegenden oder bereits eingelegten, aber noch nicht begründeten) Revision gutachterlich zu prüfen. Die Prüfung in der strafrechtlichen Revisionsklausur beginnt daher meist mit dem auch aus anderen Rechtsgebieten bekannten (Ober-)Satz: „Die Revision hat Aussicht auf Erfolg, wenn sie zulässig und begründet ist".

A. Zulässigkeit

Regelmäßig werden im Rahmen der Zulässigkeit der Revision die Punkte **Statthaftigkeit, Revisionsberechtigung, Beschwer, ordnungsgemäße Revisionseinlegung und -begründung** sowie ggf. die Frage eines **Rechtsmittelverzichts** oder einer **Rücknahme** der Revision zu prüfen sein. Hilfreich sind insoweit die Vorbemerkungen zu § 296 im *M-G/S*, die insbesondere in der Prüfungssituation als „Leitfaden" dienen können.

> **Klausurtipp:** Die Revision ist zulässig! Die Prüfung ihrer Begründetheit, die fast immer den Schwerpunkt der Klausur bildet, wird nämlich selten im Hilfsgutachten abzuhandeln sein. Kommt der Bearbeiter dennoch zur Unzulässigkeit, sollte dies Anlass sein, die eigene Lösung noch einmal zu überprüfen.
> Im Übrigen erfordern nur offensichtliche Zulässigkeitsprobleme eine gutachterliche Prüfung, während die unproblematischen Punkte unbedingt (unter Nennung der einschlägigen Normen) kurz festzustellen sind. Der enorme Umfang der jüngeren Klausurengeneration wird eine ausufernde Zulässigkeitsprüfung nicht verzeihen.

I. Statthaftigkeit

Gem. § 333 ist die Revision statthaft gegen Urteile der Strafkammern beim LG sowie gegen erstinstanzliche Urteile der Strafsenate beim OLG. Soweit Urteile des LG betroffen sind, kann es sich auch um Berufungsurteile der kleinen Strafkammer handeln. Zuständiges Revisionsgericht ist in diesem Fall gem. § 121 Abs. 1 Nr. 1 b) GVG das OLG (Instanzenzug dann also AG – LG – OLG; **dreigliedriger Instanzenzug**). Bei erstinstanzlichen Urteilen der großen Strafkammer ist der BGH zuständiges Revisionsgericht, § 135 Abs. 1 GVG (in diesem Fall also lediglich **zweigliedriger Instanzenzug**; eine Berufungsinstanz gibt es dann nicht, vgl. § 312). Eine wichtige Beschränkung gilt gem. **§ 55 Abs. 2 S. 1 JGG** im Jugendstrafverfahren: Wer dort bereits eine zulässige Berufung eingelegt hat, dem steht gegen das Berufungsurteil keine Revision mehr zu.

11 Hinsichtlich der Frage, ob überhaupt ein mit der Revision anfechtbares **Urteil** vorliegt, kommt es auf die gesetzlich vorgeschriebene und nicht auf die vom Gericht tatsächlich gewählte Art der Entscheidung an. Entscheidet z.B. das Tatgericht nach § 260 Abs. 3 (Einstellungsurteil bei Verfahrenshindernis) fälschlicherweise durch Beschluss, ist also die Revision und nicht etwa die Beschwerde statthaft.

12 Gegen Urteile des Strafrichters und des Schöffengerichts kann gem. § 335 Abs. 1 statt mit der Berufung zum LG (kleine Strafkammer) auch mit der Revision zum OLG vorgegangen werden (sog. **Sprungrevision**). **Problematisch** ist die Statthaftigkeit einer Sprungrevision, wenn eine statt ihrer einzulegende Berufung nach § 313 Abs. 1 S. 1 **annahmebedürftig** wäre (insbesondere bei einer Verurteilung zu Geldstrafe von nicht mehr als 15 Tagessätzen). Die wohl überwiegende Auffassung bejaht die Statthaftigkeit (a.A. *M-G/S* § 335 Rn. 21), da sich eine andere Deutung aus der Entstehungsgeschichte des § 335 Abs. 1 nicht ergebe und es der mit der Sprungrevision bezweckten Entlastung der Strafrechtspflege widerspräche, wenn gerade bei Bagatellsachen zuvor zwingend die Berufung durchlaufen werden müsste. Der Gesetzgeber habe ferner nur die Berufung in bestimmten Fällen beschränken und nicht auch weitere Erschwernisse für die Revision schaffen wollen. Die Gegenansicht betont ihrerseits den Wortlaut des § 335 Abs. 1, wonach die Berufung statt der Revision „zulässig" sein müsse, und argumentiert im Übrigen damit, dass andernfalls der Rechtsmittelgegner durch Einlegung einer Berufung aus einer nicht annahmebedürftigen Sprungrevision eine annahmebedürftige Berufung machen könne (§ 335 Abs. 3 S. 1). In der Klausur sollte man sich nicht zuletzt aus prüfungstaktischen Gründen (denn dann ist die Revision zulässig) für die h.M. entscheiden, zumal für diese auch spricht, dass nach der Entscheidung über die Annahme der Berufung die Einlegungsfrist der Revision in der Regel abgelaufen sein wird, sodass die Erklärung des Übergangs mit einem Wiedereinsetzungsantrag verbunden werden müsste (s.u. Rn. 55).

13 Im Rahmen der Statthaftigkeit der Revision verdient ferner die bereits erwähnte Vorschrift des **§ 335 Abs. 3** besondere Beachtung,

wonach eine zulässig eingelegte Revision als Berufung behandelt wird, wenn ein anderer Rechtsmittelberechtigter gegen dasselbe Urteil gleichzeitig eine zulässige Berufung eingelegt hat (Grund: sinnvollerweise kann nur ein Gericht über dieselbe Sache entscheiden; insoweit hat die Berufung als das **umfassendere Rechtsmittel** Vorrang). Widersprechen sich die Erklärungen des Angeklagten und des Verteidigers, geht die Erklärung des Angeklagten analog § 297 vor. Wird die Berufung später zurückgenommen (§ 302) oder als unzulässig verworfen, lebt die Revision wieder auf, sodass auch die zunächst als Berufung zu behandelnde Revision (vorsorglich) begründet werden sollte. Andernfalls besteht die Gefahr, dass sie bei Rücknahme der Berufung als unzulässig verworfen wird, vgl. § 335 Abs. 3 S. 2. Die Revision wird also lediglich suspendiert, „solange" die Berufung durchgeführt wird.

Merke: Die Revision ist statthaft gegen alle Urteile, die nicht selbst Revisionsurteil sind. 14

Fall 1 (BGH, Beschl. v. 30.10.1973 – 5 StR 496/73 = NJW 1974, 154): Das LG verkündet in der Hauptverhandlung ein Urteil, mit dem es das Verfahren „vorläufig einstellt". Zur Begründung führt es aus, für eine Sachentscheidung nicht zuständig zu sein, da die StA die Angekl. durch die Anklage zur unzuständigen Strafkammer ihrem gesetzlichen Richter entzogen habe. Die StA legt „Revision" ein. Liegt ein zulässiges Rechtsmittel vor? 15

Lösung: Problematisch ist, dass die anzufechtende Entscheidung in falscher Anwendung des § 260 Abs. 3 als Urteil ergangen ist. Weil das Verfahren durch Prozessurteil nicht vorläufig eingestellt werden kann, liegt nach ihrem allein maßgeblichen Inhalt materiell ein **Beschluss** vor. Das statthafte Rechtsmittel ist deshalb die einfache **Beschwerde** (§ 304 Abs. 1). Solange die übrigen Zulässigkeitsvoraussetzungen gewahrt sind, ist die falsche Bezeichnung des Rechtsmittels nach **§ 300**, der auch zugunsten der StA gilt, freilich unschädlich.

II. Revisionsberechtigung

Die Revisionsberechtigung ergibt sich, wie bei allen Rechtsmitteln (sog. **Rechtsmittelberechtigung** oder -befugnis), aus den §§ 296 ff. Gem. §§ 296 Abs. 1, 297 sind sowohl der **Beschuldigte** und sein **Verteidiger** (letzterer aber nicht gegen den Willen des Beschuldigten) als auch die **Staatsanwaltschaft** zur Einlegung der Revision berechtigt, wobei die Staatsanwaltschaft als „Wächterin des Gesetzes" gem. 16

§ 296 Abs. 2 auch **zugunsten** des Angeklagten revisionsberechtigt ist (vgl. Nr. 147 Abs. 3 RiStBV). Die Rechtsmittelberechtigung des **Privatklägers** folgt aus § 390 Abs. 1, die des **Nebenklägers** aus §§ 401 Abs. 1 S. 1, 395 Abs. 4 S. 2. Hin und wieder tritt auch ein gesetzlicher Vertreter (§ 298 Abs. 1) bzw. Erziehungsberechtigter (§ 67 Abs. 3 JGG) als Revisionsberechtigter auf.

17 **Klausurtipp:** In der Klausur ist die Revisionsberechtigung regelmäßig unproblematisch und sollte daher unter Nennung der entsprechenden Norm kurz festgestellt werden.

III. Beschwer

18 Die Beschwer ist eine **ungeschriebene** allgemeine Zulässigkeitsvoraussetzung und meint die unmittelbare Beeinträchtigung der Rechte oder schutzwürdigen Interessen des Rechtsmittelführers. Wer durch das Urteil nicht in diesem Sinne belastet ist, hat an einer Korrektur der Entscheidung kein rechtlich geschütztes Interesse.

19 Der **Angeklagte** ist durch jedes für ihn nachteilige Urteil beschwert, wobei sich die Beschwer nach (nicht unumstrittener) h.M. unmittelbar aus dem **Tenor** ergeben muss. Wird der Angeklagte freigesprochen, ist er daher grundsätzlich nicht beschwert, auch wenn sich aus der Urteilsbegründung ein Restverdacht ergeben sollte (es gibt also kein Recht auf einen – dem Gesetz ohnehin fremden – sog. Freispruch erster Klasse wegen erwiesener Unschuld, da es mit der Feststellung, ob ein staatlicher Sanktionsanspruch besteht oder nicht, sein Bewenden haben soll). Eine Ausnahme gilt selbstverständlich beim Freispruch mit gleichzeitiger Verhängung von Maßregeln der Besserung und Sicherung nach §§ 63 ff. StGB, weil diese Sanktionen den Angeklagten mindestens ebenso stark belasten wie eine Strafe. Bei einem Einstellungsurteil wegen Verfahrenshindernisses gem. § 260 Abs. 3 ist der Angeklagte ebenfalls nicht beschwert, es sei denn, ein Freispruch wäre wegen Entscheidungsreife in der Sache vorrangig gewesen (nach durchgeführter und „ergebnisloser" Beweisaufnahme stellt man etwa fest, dass die Tat auch noch verjährt ist; s. *M-G/S* § 260 Rn. 44).

20 Die **Staatsanwaltschaft** ist durch jedes ihrer Meinung nach gesetzeswidrige Urteil beschwert, was aus ihrer unparteiischen Stellung im Verfahren folgt, sodass eine Beschwer selbst dann anzunehmen ist, wenn die Entscheidung des Gerichts exakt dem in der Hauptverhandlung gestellten Antrag der Staatsanwaltschaft entspricht. Dagegen setzt eine ausschließlich **zugunsten des Angeklagten** eingelegte Revision der Staatsanwaltschaft (vgl. §§ 296 Abs. 2, 358 Abs. 2 S. 1) eine Beschwer des Angeklagten voraus.

Gelegentlich ist in der Klausur die Revision eines **Nebenklägers** zu prüfen. Neben Anschluss- (§ 395) und Rechtsmittelberechtigung (§ 401 Abs. 1) ist dann besonders auf die Einschränkung in **§ 400 Abs. 1** zu achten: Der Nebenkläger ist nicht beschwert, wenn eine andere als die beantragte Rechtsfolge verhängt wurde (z.B. eine mildere Strafe) oder der Angeklagte vom Vorwurf eines nicht-nebenklagefähigen Delikts freigesprochen wurde (s. zu den Auswirkungen des § 400 Abs. 1 auf Revisionsbegründung und -antrag unten Rn. 42). 21

Fall 2 (BGH, Urt. v. 04.05.2011 – 2 StR 524/10 = NStZ 2011, 531): Das LG stellt das Verfahren gem. § 260 Abs. 3 mit der Begründung ein, die Anklageschrift genüge nicht den Anforderungen des § 200 Abs. 1 S. 1. Der Angekl. greift das Urteil mit der Revision an und macht geltend, dass die verfahrensgegenständlichen Taten zudem verjährt sind. Ist die Revision zulässig? 22

Lösung: Durch eine Einstellung wegen eines Prozesshindernisses ist der Angekl. in der Regel **nicht beschwert**. Etwas anderes gilt aber ggf. bei behebbaren oder vorübergehenden Prozesshindernissen wie der fehlerhaften Anklage, weil das Verfahren in diesem Fall jederzeit wieder aufgenommen werden kann (s. *M-G/S* vor § 296 Rn. 14). Macht der Angekl. in dieser Situation ein weiteres, **nicht behebbares Prozesshindernis** wie die Verjährung geltend, hat er ein rechtlich geschütztes Interesse daran, dass das Verfahren endgültig eingestellt wird. Seine Revision ist daher zulässig und führt zur Überprüfung der Verjährung von Amts wegen (s. Rn. 94 ff.).

IV. Ordnungsgemäße Revisionseinlegung

Einzulegen ist die Revision gem. § 341 Abs. 1 bei dem Gericht, dessen Urteil angefochten wird (sog. iudex a quo), und zwar **schriftlich** oder zu Protokoll der Geschäftsstelle. Durch ein Fax ist die Schriftform gewahrt, da das Schriftstück nicht unbedingt eigenhändig unterschrieben sein muss, sofern es eindeutig zugeordnet werden kann und ein Original existiert (gilt ebenso für Computerfax; s. dazu die Entscheidung des gemeinsamen Senats der obersten Gerichtshöfe des Bundes, GmS-OGB NJW 2000, 2340). In Zukunft kommt auch die Übermittlung als elektronisches Dokument in Betracht (s. § 32a i.V.m. der ERVV). Inhaltlich muss sich aus der Erklärung ergeben, dass der Rechtsmittelführer das Urteil anfechten möchte. Auf die korrekte Bezeichnung als Revision kommt es dagegen nicht an (**§ 300**). 23

24 **Klausurtipp:** Hin und wieder ist – z.B. wegen fehlender Unterschrift – fraglich, ob die Revision willentlich beim Gericht eingelegt wurde. Der Sachverhalt wird dann i.d.R. Umstände enthalten, die eine Abgrenzung zum bloßen Entwurf ermöglichen (z.B. Aktenvermerke o.ä.). Im Ergebnis wird die Revision fast immer ordnungsgemäß eingelegt sein (sonst ggf. Wiedereinsetzung, s.u. Rn. 55 ff.).

25 Wer die Revision zu Protokoll der Geschäftsstelle einlegt, muss persönlich dort erscheinen. **Anwaltszwang** besteht hinsichtlich der Revisions**einlegung** (im Gegensatz zur Revisions**begründung**) jedoch nicht. Für den inhaftierten Angeklagten ist die Vorschrift des § 299 Abs. 1 zu beachten, wonach die Revision auch bei dem AG eingelegt werden kann, in dessen Bezirk die Haftanstalt ihren Sitz hat. Schließlich ist eine Einlegung der Revision nach h.M. unmittelbar nach der Hauptverhandlung zu Protokoll des erkennenden Gerichts möglich, wenngleich hierauf kein Anspruch besteht.

26 **Klausurtipp:** Im zuletzt genannten Fall sollte in der gebotenen Kürze thematisiert werden, dass das Hauptverhandlungsprotokoll gem. § 271 Abs. 1 vom Vorsitzenden und einem Urkundsbeamten der Geschäftsstelle geführt wird, nach § 24 Abs. 1 Nr. 1b) RPflG jedoch grundsätzlich der Rechtspfleger für die Protokollierung der Revisionseinlegung zuständig ist. Unter Hinweis auf § 8 Abs. 1 RPflG ist die Protokollierung in der Hauptverhandlung gleichwohl als wirksam zu behandeln, da nach dieser Vorschrift ein dem Rechtspfleger zugewiesenes Geschäft auch von einem Richter vorgenommen werden kann.

27 Ist bei Urteilen des Strafrichters und des Schöffengerichts neben der Sprungrevision auch die Berufung statthaft (dreigliedriger Instanzenzug), kann innerhalb der Einlegungsfrist gem. §§ 314 Abs. 1, 341 Abs. 1 auch allgemein „Rechtsmittel" eingelegt werden (sog. **unbenanntes Rechtsmittel**), da dem Rechtsmittelführer die Entscheidung über die Wahl des zweckmäßigen Rechtsmittels regelmäßig erst nach Kenntnisnahme der schriftlichen Urteilsgründe möglich ist. Das zunächst noch unbenannte Rechtsmittel kann dann (endgültig, da ein nochmaliger Wechsel nicht zulässig ist) als Revision bezeichnet werden. Die **Wahl** muss jedoch **innerhalb der Revisionsbegründungsfrist** von einem Monat (§ 345 Abs. 1) erfolgen, andernfalls wird das eingelegte Rechtsmittel als Berufung behandelt, da diese nicht begründet werden muss (§ 317) und daher auch ohne Begründung zulässig ist. Zu beachten ist aber: Wird die Revision wirksam gewählt, wird sie so behandelt, als sei sie von Anfang an eingelegt worden, sodass die Revision im Übrigen zulässig sein muss. Ist sie das nicht, wird sie als unzulässig verworfen und eine Behandlung als Berufung kommt nicht mehr in Betracht. Nicht zu verwechseln ist diese Fallgestaltung wiederum mit der Unwirksamkeit der Wahl der Revision selbst, die sich daraus ergeben kann, dass sie nicht formgerecht (etwa, weil sie nicht schriftlich, sondern telefonisch erfolgt – die Wahl wird wie die Einlegung behandelt) gegenüber dem **iudex a quo** erklärt wird. Ist lediglich die Wahl unwirksam, wird das Rechtsmittel insgesamt als Berufung behandelt. Die formunwirksame Wahl entspricht in ihren Rechtswirkungen daher der verspäteten Wahl.

Klausurtipp: Wurde gegen ein Urteil des AG zunächst ein unbenanntes Rechtsmittel eingelegt, ist bei der Prüfung der ordnungsgemäßen Revisionseinlegung kurz festzuhalten, dass die „Revision" innerhalb der Begründungsfrist noch als solche zu bezeichnen ist. 28

Ansonsten ist innerhalb der Revisionsbegründungsfrist des § 345 Abs. 1 auch ein einmaliger **Wechsel** von einem bereits benannten Rechtsmittel zum anderen und zwar in beide Richtungen möglich, wobei der Übergang ebenfalls formwirksam gegenüber dem iudex a quo erklärt werden muss. 29

Im Regelfall beträgt die **Frist** zur Einlegung der Revision gem. § 341 Abs. 1 **eine Woche** ab Verkündung des Urteils. War der Angeklagte bei der Verkündung nicht anwesend, beginnt die Wochenfrist gem. § 341 Abs. 2 mit der (wirksamen!) **Zustellung** des Urteils an den Angeklagten, es sei denn, der Verteidiger war bei der Verkündung anwesend und in den in § 341 Abs. 2 Hs. 2 genannten Fällen zur Vertretung des Angeklagten berechtigt (s. zu Zustellungsmängeln unten Rn. 45 ff.). Der Fristbeginn für eine Revision des bereits zugelassenen **Nebenklägers** ist in § 401 Abs. 2 geregelt; maßgeblicher Zeitpunkt ist hier grundsätzlich die Urteilsverkündung. Schließt sich der Nebenkläger der Anklage erst nach Urteilserlass an, was möglich ist (§ 395 Abs. 4), gelten für ihn die Fristen der Staatsanwaltschaft (§ 399 Abs. 2). 30

Grundsätzlich ist zur Fristwahrung der Tag des **Eingangs** beim iudex a quo maßgeblich, keinesfalls das Datum der Erklärung selbst. Durch die gegenüber dem (insoweit unzuständigen) Rechtsmittelgericht oder einem anderen Gericht erklärte Revisionseinlegung wird die Frist nur gewahrt, wenn die Erklärung dem zuständigen iudex a quo innerhalb der Einlegungsfrist tatsächlich zugeht, wobei der Rechtsmittelführer nach (umstr.) Ansicht der Rspr. das Verspätungsrisiko trägt. 31

Die Berechnung der Einlegungsfrist bestimmt sich nach den allgemeinen Regelungen der §§ 42 ff. (nicht nach BGB oder ZPO!).

32 **Merke:** Der Wochentag der Verkündung bzw. der Zustellung entspricht dem Wochentag, an dem die Frist um 24:00 Uhr abläuft (Ausnahme: § 43 Abs. 2 bei Fristende an einem Samstag, Sonn- oder Feiertag). Bsp.: Verkündung am Mittwoch, den 17.06.2020 → Fristende am Mittwoch, den 24.06.2020, um 24:00 Uhr.

33 Lässt sich nicht klären, ob der Angeklagte die Revision fristgemäß eingelegt hat, ist zu seinen Gunsten von der Fristwahrung auszugehen. Etwas anderes gilt jedoch, wenn schon nicht feststeht, ob seine Erklärung überhaupt bei Gericht eingegangen ist; dann ist das Rechtsmittel unzulässig.

34 **Klausurtipp:** Im Falle der Fristversäumung ist stets an die Möglichkeit einer Wiedereinsetzung in den vorigen Stand nach §§ 44 ff. zu denken (s. dazu unten Rn. 55 ff.).

35 Fall 3 (vgl. OLG Frankfurt, Beschl. v. 02.05.1988 – 1 Ss 5/88 = NJW 1988, 2812): Der Angekl. wird am 22.07.2020 von der kleinen Strafkammer des LG Frankfurt am Main verurteilt. Am 28.07.2020 wirft sein Verteidiger die an das OLG Frankfurt adressierte Revision bei der für sämtliche Frankfurter Justizbehörden gemeinsam eingerichteten Briefannahmestelle ein. Das OLG Frankfurt leitet die Revision an das zuständige LG Frankfurt (iudex a quo) weiter, wo sie am 30.07.2020 eingeht. Ist die Revision fristgerecht? Was ist ggf. zu unternehmen?

Lösung: Fraglich ist, ob die **Einlegungsfrist** gewahrt wurde. Grundsätzlich genügt der fristgerechte Eingang bei einer gemeinsamen Briefannahmestelle, wenn das zuständige Gericht dort angeschlossen und das Schreiben korrekt adressiert ist. Bei falscher Adressierung verlangt die Rspr. jedoch darüber hinaus, dass das Rechtsmittel noch innerhalb der Einlegungsfrist dem **zuständigen** Gericht vorgelegt wird. Das ist hier nicht geschehen (Fristende: 29.07.2020), weshalb die Revision **verfristet** ist. Der Angekl. kann jedoch mit einem Antrag nach §§ 44 ff. **Wiedereinsetzung** in den vorigen Stand begehren, wenn die falsche Adressierung allein von seinem Verteidiger verschuldet wurde.

V. Ordnungsgemäße Revisionsbegründung

Damit die Revision zulässig ist, muss sie gem. § 344 ordnungsgemäß begründet werden. Die Revisionsbegründung ist also eine echte **Zulässigkeitsvoraussetzung** und ebenso wie die Revisionseinlegung an das Gericht zu richten, dessen Urteil angefochten wird (iudex a quo). **36**

Der Angeklagte kann die Revision nur **schriftlich** und von einem **Rechtsanwalt** unterzeichnet (im Gegensatz zur Revisionseinlegung zwingend) oder wiederum – ohne juristischen Beistand – **zu Protokoll** der Geschäftsstelle begründen, § 345 Abs. 2. **37**

Der **Privatkläger** unterliegt bei der Revisionsbegründung nach § 390 Abs. 2 ebenfalls einem Anwaltszwang (gilt analog für **Nebenkläger**), während bei der **Staatsanwaltschaft** einfache Schriftform genügt. **38**

Inhaltlich besteht die Revisionsbegründung gem. § 344 Abs. 1 aus einem Antrag und dessen Begründung. Aus ihr muss hervorgehen, ob die **Sachrüge** (Verletzung des materiellen Strafrechts) oder die **Verfahrensrüge** (Verstoß gegen Verfahrensrecht) erhoben wird (§ 344 Abs. 2 S. 1). Während für die Sachrüge regelmäßig keinerlei nähere Begründung vorgeschrieben (beachte aber § 55 Abs. 1 JGG und § 400 Abs. 1) und auch ihre Unrichtigkeit daher unschädlich ist (§ 352 Abs. 2), bestehen für die Verfahrensrüge **strenge Formvorschriften**. Der Grund liegt darin, dass sich solche Verstöße im Gegensatz zu sachlich-rechtlichen Gesetzesverletzungen nicht bereits aus dem Urteil selbst ergeben, sondern regelmäßig – jedenfalls soweit sie „wesentliche Förmlichkeiten" betreffen – erst aus dem Hauptverhandlungsprotokoll. Nach § 344 Abs. 2 S. 2 muss die Revisionsbegründung daher die den Verfahrensmangel beinhaltenden Tatsachen angeben. Dies hat derart exakt zu erfolgen, dass das Revisionsgericht allein anhand des Vortrags und ohne unzulässige Bezugnahmen und Verweisungen auf den Akteninhalt sicher prüfen kann, ob ein Verfahrensverstoß vorliegt, wenn das tatsächliche Vorbringen der Revision zutreffend ist (in der Praxis werden die entsprechenden Aktenteile deshalb üblicherweise in den Schriftsatz hineinkopiert). Ferner muss die Revisionsbegründung ggf. Tatsachen angeben, mit denen bei den relativen Revisionsgründen das sog. **Beruhen** des Urteils auf dem Fehler i.S.d. § 337 Abs. 1 sicher geprüft werden kann (zum Beruhen s.u. Rn. 278 ff.). **39**

> **Klausurtipp:** Abstrakte Ausführungen zum Begründungserfordernis des § 344 Abs. 2 S. 2 sind in der Zulässigkeitsprüfung möglichst zu vermeiden. Im klausurmäßigen Regelfall der noch zu begründenden Revision genügt an dieser Stelle der Hinweis, dass die noch zu fertigende Begründung die entsprechenden Tatsachen vollständig angeben muss. **40**

41 Fehlt es an einer ordnungsgemäßen Revisionsbegründung, ist die Revision bereits **unzulässig**. Wurde jedoch mindestens eine Rüge – und sei es nur die allgemeine Sachrüge – ordnungsgemäß erhoben und begründet, ist die Revision insgesamt zulässig. Liegen sonst keine Zulässigkeitsmängel vor und wird mit der Revision lediglich die Verletzung materiellen Rechts gerügt, ist die Revision also in Gänze zulässig. Im Rahmen der Begründetheit prüft das Revisionsgericht freilich nur die ordnungsgemäß begründeten Rügen (wenn nur die Sachrüge erhoben wird, also – neben den allgemeinen Prozessvoraussetzungen, s.u. Rn. 73 ff. – nur die korrekte Anwendung des materiellen Rechts auf den festgestellten Sachverhalt). Dies kann zu einer inzidenten Zulässigkeitsprüfung von einzelnen Verfahrensrügen innerhalb der Begründetheit führen (s.u. Rn. 322, 359 f.).

42 **Fall 4** (vgl. BGH, Beschl. v. 05.11.2013 – 1 StR 518/13 = NStZ-RR 2014, 117): Die Nebenklägerin ist der Auffassung, dass der Angekl. vom LG zu Unrecht nur wegen Körperverletzung und nicht wegen versuchten Totschlags verurteilt wurde. Zur Begründung der Revision führt ihr Anwalt aber lediglich aus: „Es wird die Verletzung materiellen Rechts gerügt". Wie wird der BGH entscheiden?

Lösung: Fraglich ist, ob die Revision **ordnungsgemäß begründet** ist. Grundsätzlich genügt der zitierte Satz den Anforderungen des § 344 Abs. 2 S. 1 zur Begründung der **Sachrüge**. Für die **Nebenklage** ist jedoch zusätzlich § 400 Abs. 1 zu beachten, wonach sie das Urteil nicht mit dem Ziel angreifen darf, dass eine andere Rechtsfolge verhängt oder der Angekl. wegen eines nicht nebenklagefähigen Delikts verurteilt wird. Deshalb muss sie in Begründung oder Antrag klarstellen, dass sie ein **zulässiges Ziel** verfolgt. Auch wenn die angestrebte Verurteilung wegen eines versuchten Tötungsdelikts diesen Vorgaben grundsätzlich genügt, geht dies aus der einfachen Erhebung der Sachrüge allerdings nicht hervor, sodass der BGH die Revision als unzulässig verwerfen wird (§ 349 Abs. 1).

43 Die **Frist** zur Begründung der Revision beträgt nach § 345 Abs. 1 **einen Monat** nach Ablauf der Frist zur Revisionseinlegung. War – was regelmäßig der Fall ist – zu diesem Zeitpunkt das Urteil noch nicht zugestellt, beginnt die Frist gem. § 345 Abs. 1 S. 2 mit der Zustellung zu laufen, womit es sowohl in der Praxis als auch in der Klausur regelmäßig auf die **Urteilszustellung** ankommt. Beim Nebenkläger ist zusätzlich § 401 Abs. 1 u. 2 zu beachten. Die Berechnung der Frist bestimmt sich wiederum nach § 43.

Merke: Der Tag des Monats der Zustellung entspricht dem Tag des 44
darauffolgenden Monats, an dem die Frist um 24:00 Uhr abläuft.
(Ausnahme: § 43 Abs. 2 bei Fristende an einem Samstag, Sonn-
oder Feiertag). Bsp.: Verkündung am 16.06.2020 (Ende der Einlegungsfrist am 23.06.2020), Zustellung am 21.07.2020 → Ende der
Begründungsfrist am 21.08.2020 um 24:00 Uhr.

Da es im Rahmen der Revisionsbegründung fast immer auf den 45
Zeitpunkt der Zustellung ankommt, eignet sich dieser Bereich beson-
ders für die Prüfung zahlreicher allgemeiner **Zustellungsprobleme**.
Denn ist die Zustellung unwirksam, wird die Frist schon nicht in Gang
gesetzt, sodass auch eine auf den ersten Blick eindeutig verfristete
Revisionsbegründung noch wirksam abgegeben werden kann und die
Revision damit insgesamt zulässig ist.

Immer wieder kommt es in Klausuren an dieser Stelle auf die Vor- 46
schrift des **§ 273 Abs. 4** an, wonach die Fertigstellung des **Hauptverhandlungsprotokolls** Voraussetzung der Zustellung ist, woraus wiederum folgt, dass, solange das Protokoll nicht (vom Vorsitzenden und
dem/den Urkundsbeamten, § 271 Abs. 1 S. 1) unterschrieben ist, die
Begründungsfrist der Revision mangels wirksamer Urteilszustellung
gar nicht zu laufen beginnt. Wurde das Urteil durch einen **Berichti-
gungsbeschluss** ergänzt, beginnt die Begründungsfrist grundsätzlich
nicht vor dessen Zustellung.

Weitere klausurrelevante Zustellungsprobleme können sich etwa da- 47
raus ergeben, dass entgegen **§ 37 Abs. 1** i.V.m. § 174 ZPO nicht der
Pflichtverteidiger des Angeklagten, sondern ein Sozius das Empfangs-
bekenntnis unterschreibt oder eine fehlerhafte **Ersatzzustellung** gem.
§ 37 Abs. 1 i.V.m. §§ 178, 180 f. ZPO vorliegt (s. hierzu und zu weite-
rem *M-G/S* § 37 Rn. 6 ff., 19). Unwirksam ist eine Zustellung ferner
dann, wenn sie nicht gem. § 36 Abs. 1 S. 1 vom Vorsitzenden angeordnet wurde. Bei Zustellungsmängeln ist freilich stets an die Hei-
lungsmöglichkeit nach § 189 ZPO (tatsächlicher Zugang des Schrift-
stücks) zu denken, die gem. § 37 Abs. 1 im Strafprozessrecht entsprechend anwendbar ist.

Klausurprobleme lassen sich schließlich mit der Vorschrift des 48
§ 145a Abs. 1 bilden, nach der Zustellungen an den Pflicht- oder
Wahlverteidiger (Bestellung oder Vollmacht bei den Akten erforderlich) bewirkt werden können, Zustellungen an den Angeklagten jedoch
weiterhin ebenfalls möglich und zulässig sind. Bei einer solchen **Doppelzustellung** ist gem. **§ 37 Abs. 2** für den Fristbeginn die zuletzt
bewirkte Urteilszustellung an den Angeklagten oder den Verteidiger
oder an einen von mehreren Verteidigern maßgeblich.

49 Wurde die Frist im Ergebnis dennoch versäumt, ist auch bei der Revisionsbegründung eine **Wiedereinsetzung** in den vorigen Stand gem. §§ 44 ff. möglich (s. sogleich unten Rn. 55 ff.).

50 Klausurtipp: Sind die Erfolgsaussichten einer noch zu begründenden Revision zu begutachten, sollte exakt ausgerechnet und festgestellt werden, bis zu welchem Tag die Begründung bei Gericht einzugehen hat. Das wird jeder Praktiker erwarten.

51 Schwierigkeiten können sich weiterhin daraus ergeben, dass der Rechtsmittelführer nach der fristgemäßen Begründung noch weiteren **Vortrag „nachschiebt"**. Bei der Sachrüge wird dies auch außerhalb der Frist des § 345 Abs. 1 für zulässig gehalten, weil ihre Begründung wegen der umfassenden Prüfungspflicht des Revisionsgerichts ohnehin nur als Anregung verstanden wird. Bei der Verfahrensrüge wird ein Nachschieben von Gründen hingegen nur innerhalb der Revisionsbegründungsfrist zugelassen, was zudem voraussetzt, dass die Rüge zuvor überhaupt ordnungs- und fristgemäß erhoben wurde. Eine Wiedereinsetzung in den vorigen Stand zur Nachholung oder Nachbesserung von Verfahrensrügen lässt der BGH im Gegensatz zur Literatur nur in engen Grenzen zu, wenn dies zur Wahrung rechtlichen Gehörs unerlässlich erscheint, etwa weil dem Beschwerdeführer zuvor maßgebliche Aktenteile vorenthalten worden sind.

52 Fall 5 (BGH, Beschl. v. 12.09.2017 – 4 StR 233/17 = NStZ 2018, 153): Der Angekl. wird verurteilt und legt fristgemäß Revision ein. Obwohl er zwei Pflichtverteidiger hat, erfolgt die Zustellung der schriftlichen Urteilsgründe am 31.01.2020 nur an V1, ohne dass V2 davon erfährt (s. 154 Abs. 1 RiStBV). V1 erhebt am 25.02.2020 die allgemeine Sachrüge. Kurz darauf verfügt der Vorsitzende die Zustellung an V2, dem die schriftlichen Gründe am 04.03.2020 zugehen. Am 03.04.2020 erhebt V2 mehrere Verfahrensrügen. Worüber wird das Revisionsgericht entscheiden?

Lösung: Das Revisionsgericht wird in jedem Fall über die rechtzeitig bei Gericht eingegangene Rüge von V1 entscheiden; durch die rechtzeitig begründete Sachrüge ist dessen Revision insgesamt zulässig. Fraglich ist dagegen, ob die Begründung von V2 fristgemäß ist. Bei Mehrfachzustellungen richtet sich die Berechnung zwar grundsätzlich nach der **zuletzt bewirkten Zustellung** (§ 37 Abs. 2), selbst wenn sie nicht auf derselben Anordnung des Vorsitzenden beruht (BGHSt 22, 221). Hier wäre am 04.03.2020 eine durch die erste Zustellung in Gang gesetzte Frist allerdings bereits abgelaufen (Fristende am 29.02.2020, s. § 43 Abs. 1 Hs. 2). Nach st. Rspr. soll in diesem Fall durch die zweite Zustellung keine neue Frist in Gang gesetzt werden, weil § 37 Abs. 2 keinen Eingriff in die **Rechtskraft** der Entscheidung erlaube. Mit Blick auf den Wortlaut der Vorschrift („Berechnung der Frist", was auch ihren Beginn einschließt) kann indessen bezweifelt werden, ob und gegenüber wem überhaupt Rechtskraft eingetreten sein soll, zumal im vorliegenden Fall die Rechtskraft ohnehin durch die zulässige Revision von V1 suspendiert wurde. Auch der **Normzweck** (die Frist soll nicht zu einem Zeitpunkt enden, den der Empfänger nicht kennen kann) spricht eher gegen die Ansicht des BGH.

Folgt man der Rspr., wären die Verfahrensrügen nicht rechtzeitig erhoben und könnten nur im Ausnahmefall durch Wiedereinsetzung in den vorigen Stand noch in das Verfahren einbezogen werden (s.o. Rn. 51).

Im Zuge der Revisionsbegründung – oder bereits bei der Einlegung – **53** kann die Revision auf bestimmte Beschwerdepunkte **beschränkt** werden (s. § 344 Abs. 1: „inwieweit"; vgl. *M-G/S* § 318 Rn. 1 ff. und § 344 Rn. 4 ff.). Ist die Beschränkung wirksam, erwachsen die von der Anfechtung ausgenommenen Bestandteile des Urteils in (Teil-)Rechtskraft. Ob die Beschränkung wirksam ist, ist anhand der sog. **Trennbarkeitsformel** zu beurteilen, wonach der angegriffene Teil des Urteils in rechtlicher und tatsächlicher Hinsicht unabhängig von dem nicht angefochtenen Teil selbstständig überprüfbar sein muss, ohne dass die Entscheidung Einfluss auf das Urteil im Übrigen hat (einzelne prozessuale oder tatmehrheitliche Taten, Beschränkung auf den Rechtsfolgenausspruch, Beschränkung auf die Frage der Strafaussetzung zur Bewährung usw.; grundlegend BGH NJW 1981, 589). Dementsprechend darf es nicht zu **Widersprüchen** zwischen dem nicht angefochtenen Teil des Urteils und der Entscheidung des Revisionsgerichts kommen. Ist die Beschränkung unwirksam, was von Amts wegen zu prüfen ist, ist die Revision aber nicht etwa unzulässig, sondern gilt als unbeschränkt eingelegt. Ergibt bspw. erst die Prüfung der Begründetheit, ob Tateinheit oder Tatmehrheit vorliegt, ist die Beschränkung auf eine der Taten unwirksam, da deren möglicher Wegfall Einfluss auf das Urteil im Übrigen hat (z.B. Beschränkung auf den Vorwurf eines mehrere andere Taten zur Tateinheit verklammernden Dauerdelikts). Eine Beschränkung auf den Rechtsfolgenausspruch kann bei sog. **doppelrelevanten Tatsachen** unwirksam sein, weil diese zugleich Einfluss auf den Schuldspruch haben (etwa bei auf die Tatausführung bezogenen Regelbeispielen). Eine zunächst lediglich beschränkt eingelegte Revision kann nachträglich grundsätzlich wieder erweitert werden, allerdings nur in laufender Einlegungsfrist, da andernfalls die nicht angefochtenen Teile des Urteils in Rechtskraft erwachsen.

54 Fall 6 (vgl. BGH, Beschl. v. 10.01.2001 – 2 StR 500/00 = NJW 2001, 1435): Das LG verurteilt den Angekl. zu einer Freiheitsstrafe und ordnet wegen einer zur Tatzeit erheblichen „seelischen Störung" nach §§ 21, 63 StGB seine Unterbringung in einem psychiatrischen Krankenhaus an. In den schriftlichen Urteilsgründen wird auch eine mögliche Schuldunfähigkeit diskutiert, im Ergebnis aber verneint. Der Verteidiger legt Revision ein und beschränkt sie auf den Strafausspruch. Was ist Gegenstand der Revision?

Lösung: Eine wirksame Beschränkung setzt voraus, dass der angegriffene Teil vom übrigen Urteil widerspruchsfrei trennbar ist. Grundsätzlich ist die Frage des Vorliegens einer **verminderten Schuldfähigkeit** nach § 21 StGB nicht Teil des Schuldspruchs, sodass sie von der Schuldfrage losgelöst im Rahmen des Rechtsfolgenausspruchs geprüft werden kann (Milderung nach §§ 21, 49 Abs. 1 StGB). Ist jedoch wie hier eine **Schuldunfähigkeit** nicht völlig auszuschließen, betrifft die Überprüfung unmittelbar auch die Schuldfeststellung. Schuldspruch und Rechtsfolgenentscheidung sind dann derart miteinander verknüpft, dass eine getrennte Überprüfung der Rechtsfolge nicht möglich wäre, ohne den nicht angefochtenen Schuldspruch zu berühren. Die Beschränkung ist folglich unwirksam, sodass sich die Revision auf das gesamte Urteil erstreckt.

VI. Exkurs: Die Wiedereinsetzung in den vorigen Stand

55 Wegen der Bedeutung, die den **Fristen** zur Einlegung und Begründung der Revision zukommt, ist es notwendig, sich mit den Grundzügen der bereits mehrfach angesprochenen Wiedereinsetzung in den vorigen Stand nach §§ 44–47 zu befassen. Etwaige Details können in der Klausur dem Kommentar entnommen werden (vgl. insbesondere die Kasuistik bei *M-G/S* § 44 Rn. 12 ff.).

56 Wichtig ist es zunächst, zwischen Zulässigkeit und Begründetheit des Wiedereinsetzungsantrags zu unterscheiden. Seine **Zulässigkeit** setzt gem. § 45 Abs. 1 S. 1 voraus, dass der Antrag binnen **einer Woche** nach Wegfall des Hindernisses – nach h.M. schriftlich oder zu Protokoll der Geschäftsstelle – gestellt wird, und zwar entweder bei dem Gericht, gegenüber dem die Frist wahrzunehmen gewesen wäre (bzgl. Revisionseinlegung und -begründung also beim iudex a quo) oder gemäß §§ 45 Abs. 1 S. 2, 46 bei dem Gericht, das in der Sache entscheidet (hier also dem Revisionsgericht). Das Hindernis entfällt regelmäßig, sobald der Antragsteller Kenntnis von seiner Säumnis erhält. In der Praxis wird gelegentlich übersehen, dass die versäumte

Handlung ebenfalls **innerhalb der Wochenfrist nachgeholt** werden muss (§ 45 Abs. 2 S. 2), was grundsätzlich auch für die Revisionsbegründung gelten soll, obwohl ihre Frist normalerweise einen ganzen Monat beträgt (BGHSt 26, 335; a.A. *Sobota/Loose,* NStZ 2018, 72). Wird die versäumte Handlung fristgemäß nachgeholt, kann bei Vorliegen der übrigen Voraussetzungen gem. § 45 Abs. 2 S. 3 auch von Amts wegen Wiedereinsetzung gewährt werden. Schließlich ist der Antrag zu begründen, wobei die für die Fristversäumung ursächlichen Umstände gem. § 45 Abs. 2 S. 1 **glaubhaft** zu machen sind. Hierzu genügt es, dass der Vortrag die Tatsachen als hinreichend wahrscheinlich erscheinen lässt.

Begründet ist der Antrag, wenn die Frist **ohne Verschulden** versäumt wurde (§ 44 S. 1). Hinzuweisen ist hier vor allem darauf, dass dem Angeklagten das Verschulden seines Anwalts – im Gegensatz zum Zivilprozess, § 85 Abs. 2 ZPO – nach ganz h.M. **nicht zugerechnet** wird. Anders als der Nebenkläger kann der Angeklagte einen Wiedereinsetzungsantrag also grundsätzlich auch auf ein Verschulden seines Rechtsbeistands stützen, sodass in der Praxis oftmals „Büroversehen" als Begründung herangezogen werden. In § 44 S. 2 wird das fehlende Verschulden schließlich für den Fall vermutet, dass eine Rechtsbehelfsbelehrung unterblieben ist. 57

Klausurtipp: Nicht vorschnell auf die §§ 44 ff. springen! Mitunter sind Sachverhaltsangaben, die vermeintlich auf eine schuldlose Fristversäumung hindeuten, bloße „Nebelkerzen". Deshalb ist es ein ebenso beliebter wie vermeidbarer Fehler, eine Wiedereinsetzung zu prüfen, obwohl die Frist – etwa wegen der o.g. Zustellungsmängel – tatsächlich gar nicht versäumt wurde. 58

VII. Kein Rechtsmittelverzicht und keine Rücknahme der Revision

Damit die Revision zulässig ist, darf der Revisionsführer schließlich nicht wirksam auf ihre Einlegung verzichtet haben, indem er etwa im Anschluss an die Urteilsverkündung einen **Rechtsmittelverzicht** nach § 302 erklärt hat. Klausurrelevant sind hier naturgemäß die Fälle, in denen der Rechtsmittelverzicht unwirksam ist, weil die Begründetheit andernfalls nur hilfsweise zu prüfen wäre. Ein wirksamer Rechtsmittelverzicht unmittelbar im Anschluss an die Urteilsverkündung setzt eine eindeutige und zweifelsfreie Erklärung des Verzichtenden und eine Aufnahme in das Sitzungsprotokoll voraus. Ist ein Rechtsmittelverzicht einmal wirksam erklärt worden, ist er grundsätzlich **unan-** 59

fechtbar und auch eine Rücknahme des Verzichts ist ausgeschlossen. Ebenso kann der Verzicht als Prozesserklärung nicht unter eine Bedingung gestellt werden.

60 Eine gänzlich fehlende Rechtsmittelbelehrung nach § 35a tangiert die Wirksamkeit des erklärten Rechtsmittelverzichts grundsätzlich nicht. **Unwirksamkeit** ist in der Regel aber dann anzunehmen, wenn die Belehrung offensichtlich falsch war, dem Angeklagten – ggf. auch nur irrtümlich – falsche Auskünfte z.B. über Folgen des Urteils erteilt wurden oder er vom Gericht unter Druck gesetzt wurde. Bestand ein Fall der notwendigen Verteidigung nach § 140 (lesen!), kann Unwirksamkeit vorliegen, wenn der Angeklagte bei Abgabe der Verzichtserklärung nicht verteidigt war. Ist dem Urteil eine **Verständigung** nach § 257c vorausgegangen, ist der Angeklagte gem. § 35a S. 1 u. 3 nicht nur über die Möglichkeit des Rechtsmittels zu belehren, sondern auch darüber, dass er trotz Verständigung Rechtsmittel einlegen kann (sog. **qualifizierte Belehrung**). Ein Rechtsmittelverzicht darf nach einer Verständigung gem. § 302 Abs. 1 S. 2 nicht erklärt werden. Um Umgehungen vorzubeugen, gilt dies erst recht in den Fällen einer verbotenen informellen Verständigung (BGHSt 59, 21).

61 Die **Rücknahme der Revision** ist bis zur Entscheidung des Revisionsgerichts zulässig. Auch sie ist unwirksam, wenn der Erklärende in unzulässiger Weise beeinflusst wurde (s.o.). Wird sie vom Verteidiger erklärt, bedarf er hierzu gem. § 302 Abs. 2 einer besonderen Ermächtigung des Angeklagten (dies gilt analog auch für den Verzicht). Hat die Staatsanwaltschaft zugunsten des Angeklagten Revision eingelegt (§ 296 Abs. 2), ist gem. § 302 Abs. 1 S. 3 die Rücknahme nur mit dessen Zustimmung möglich.

62 Auch eine teilweise Rücknahme der Revision ist möglich. Da eine **Teilrücknahme** die gleichen Wirkungen entfaltet wie eine Beschränkung der Revision (zurückgenommener Teil erwächst in Rechtskraft), beurteilt sich die Zulässigkeit ebenfalls nach der o.g. **Trennbarkeitsformel**. Demgegenüber kann in einer originären Beschränkung der Revision nicht gleichzeitig ein Teilverzicht oder eine Teilrücknahme gesehen werden, da die Beschränkung nur auf eine Konkretisierung des Anfechtungsgegenstandes gerichtet ist, weshalb die Erweiterung einer zunächst beschränkt eingelegten Revision innerhalb der Einlegungsfrist möglich ist (s. zum Ganzen Rn. 53).

63 Sowohl für den Verzicht als auch für die Rücknahme gilt, dass eine entsprechende Erklärung des Angeklagten stets auch für die vom Verteidiger eingelegten Rechtsmittel gilt, § 297. Verzicht und Rücknahme sind grundsätzlich **unwiderruflich**, es sei denn, die Widerrufserklärung geht spätestens gleichzeitig mit der Verzichts- oder Rücknahmeerklärung bei Gericht ein. Etwas anderes gilt jedoch für den

Widerruf der Ermächtigung des Verteidigers nach § 302 Abs. 2, die Revision zurückzunehmen. Dieser kann jederzeit formfrei (und sogar konkludent) erklärt werden und wird bei (fern-)mündlicher Erklärung gegenüber dem Gericht oder dem Verteidiger sofort wirksam.

Als Kehrseite der Einlegung bedürfen Rücknahme und Verzicht der gleichen **Form** (schriftlich oder zu Protokoll der Geschäftsstelle); andernfalls kommt ihnen keine Bedeutung zu. Freilich ist beides wirksam auch zu Protokoll in der Hauptverhandlung möglich. 64

Fall 7 (vgl. BGH, Beschl. v. 14.04.2010 – 1 StR 64/10 = NStZ 2010, 409): Das LG verurteilt die Angekl. im Zuge einer förmlichen Verständigung (§ 257c). Am Tag des Urteils legt ihr Verteidiger per Fax Revision ein. Eine Stunde später nimmt er die Revision – ebenfalls per Fax – zurück. Vor Ablauf der Einlegungsfrist legitimiert sich ein neuer Verteidiger und legt „auf ausdrücklichen Wunsch" der Angekl. erneut Revision ein. Wie wird der BGH entscheiden? 65

Lösung: Fraglich ist, ob der zweiten Revisionseinlegung die **Rücknahme** der Revision entgegensteht. Die Rspr. sieht in der Rücknahme einen konkludenten Verzicht, was hier zur Unzulässigkeit der erneut eingelegten Revision führen würde. Dagegen spricht freilich das in § 302 Abs. 1 S. 2 normierte Verbot des Rechtsmittelverzichts nach Verständigung, das im Fall der Einlegung mit zeitnaher Rücknahme klar **umgangen** würde. Gleichwohl hält der 1. Senat des BGH dieses Vorgehen für grundsätzlich zulässig, weil es vom Gesetzeswortlaut gedeckt sei und es Ausfluss der Subjektstellung der Angekl. sei, selbstbestimmt Einfluss auf das Verfahren zu nehmen. Der BGH verwarf die erneute Revision daher als unzulässig. Diese „Rücknahmelösung" wird jedoch vielfach und zu Recht als rechtsmissbräuchlich kritisiert.

Wiederholen Sie die Zulässigkeitsvoraussetzungen der Revision und lernen Sie sie auswendig: 66

I. Statthaftigkeit

II. Revisionsberechtigung

III. Beschwer

IV. Ordnungsgemäße Revisionseinlegung (Form/Frist)

V. Ordnungsgemäße Revisionsbegründung (Form/Frist)

VI. Kein Rechtsmittelverzicht und keine Rücknahme der Revision

B. Begründetheit der Revision

67 Die Revision kann gem. § 337 Abs. 1 nur darauf gestützt werden, dass das Urteil auf einer Gesetzesverletzung beruht. Gerügt werden können also nur **Rechtsfehler**, während die tatsächlichen Feststellungen nur höchst eingeschränkt überprüfbar sind (s.u. Rn. 283 ff.). Verletzt ist das Gesetz, wenn eine Rechtsnorm nicht oder nicht richtig angewendet wurde (§ 337 Abs. 2), wobei es sich entweder um Rechtsnormen das Verfahren betreffend (Verfahrensrüge) oder um solche des materiellen Strafrechts (Sachrüge) handeln kann.

68 Obwohl bisweilen zwischen einer **Gesetzesverletzung** und dem Bestehen eines **Verfahrenshindernisses** differenziert wird, liegt u.E. eine – in diesem Fall von Amts wegen zu berücksichtigende – Gesetzesverletzung auch dann vor, wenn es **vor Erlass** des angefochtenen Urteils an einer Verfahrensvoraussetzung gefehlt hat, weil das Tatgericht in diesem Fall keine Sachentscheidung hätte treffen dürfen. Eine diesbezügliche Überprüfung findet nach Ansicht des BGH allerdings nur dann statt, wenn mindestens eine Rüge (Sach- oder Verfahrensrüge) zulässig erhoben wurde, weil das Urteil nur auf eine insgesamt zulässige Revision hin aufgehoben werden kann. Aber auch im Revisionsverfahren muss das Gericht das Vorliegen der Verfahrensvoraussetzungen stets von Amts wegen prüfen und das Verfahren einstellen, wenn ein unbehebbares Verfahrenshindernis **nach Erlass** des Urteils auftritt. In diesem Fall reicht es allerdings aus, dass die Revision statthaft ist und form- und fristgerecht eingelegt wurde; eine den Anforderungen des § 344 genügende Begründung wird nicht verlangt.

69 Richtet sich die Revision gegen ein Berufungsurteil (dreigliedriger Instanzenzug), sind zusätzlich bestimmte schwerwiegende **Fehler im Berufungsverfahren** von Amts wegen zu beachten (s.u. Rn. 107 ff.).

70 **Klausurtipp:** Ist ausnahmsweise einmal eine Revisionsbegründungsschrift zu fertigen, sollten die von Amts wegen zu beachtenden Fehler, soweit solche bejaht wurden, zur Sicherheit explizit gerügt werden.

71 Gem. § 352 Abs. 1 wird das angefochtene Urteil durch das Revisionsgericht nicht vollumfänglich, sondern – jenseits der von Amts wegen zu prüfenden Voraussetzungen (s.u. Rn. 73 ff.) – grundsätzlich nur im Rahmen der Revisionsanträge überprüft. Für die **Verfahrensrüge** bedeutet dies, dass sie nur Erfolg haben kann, wenn sie ordnungsgemäß angebracht wurde (§ 352 Abs. 1). Sofern aber mit der Revision die **Sachrüge** erhoben, also die Verletzung materiellen Rechts gerügt wird, überprüft das Revisionsgericht im Rahmen der

Begründetheit die korrekte Anwendung des sachlichen Strafrechts auch ohne detaillierte Revisionsbegründung stets vollumfänglich. Nur eingeschränkt Berücksichtigung finden hingegen bloße Einwendungen gegen die Beweiswürdigung und die festgestellten Tatsachen, da die Revision grundsätzlich **reine Rechtsinstanz** ist (näher dazu unten Rn. 283 ff.).

Die „klassische" Prüfungsreihenfolge lautet mithin wie folgt: 72
- Fehler bei den **von Amts wegen** zu prüfenden allgemeinen Verfahrensvoraussetzungen/-hindernissen und ggf. bestimmte schwere Fehler im Berufungsverfahren,
- **Verfahrensrügen** (erst absolute, dann relative Revisionsgründe),
- **Sachrüge** (Fehler bei der Anwendung des sachlichen Rechts inkl. Darstellungsmängeln und Fehlern im Rechtsfolgenausspruch).

I. Von Amts wegen zu beachtende Verfahrenshindernisse

Verfahrens- bzw. Prozessvoraussetzungen (oder negativ gewendet 73 Verfahrens- oder Prozesshindernisse; begriffliche Differenzierung umstr.) sind solche gewichtigen Umstände, dass von ihrem Vorliegen die Durchführung des Strafverfahrens in Gänze abhängt. Nach h.M. werden sie in jedem Verfahrensstadium von Amts wegen geprüft (a.A. *M-G/S* Einl. Rn. 142 ff., 150, wonach bloße „Bestrafungsverbote" wie etwa die Verjährung im Gegensatz zu „Befassungsverboten" mit der Sachrüge geltend gemacht werden müssten). Daraus folgt, dass das Revisionsgericht auch ohne ausdrückliche Rüge überprüft, ob die Verfahrensvoraussetzungen in der Tatsacheninstanz vorlagen, sobald es in die Begründetheitsprüfung einsteigt. Nach Erlass des angefochtenen Urteils eingetretene Verfahrenshindernisse werden dagegen bereits auf eine ordnungsgemäß eingelegte Revision hin berücksichtigt (s.o. Rn. 68).

Bestand schon **bei Urteilserlass** ein **unbehebbares** Verfahrenshin- 74 dernis, hebt das Revisionsgericht das angefochtene Urteil nach h.M. gem. § 353 Abs. 1 auf (zur Frage, ob dies mitsamt den Feststellungen erfolgt, s. *M-G/S* § 353 Rn. 13) und stellt das Verfahren in der Hauptverhandlung gem. §§ 349 Abs. 5, 354 Abs. 1 ein. Außerhalb der Hauptverhandlung ist umstritten, ob §§ 349 Abs. 4, 354 Abs. 1 oder § 206a Anwendung findet (vgl. *M-G/S* § 206a Rn. 6 m.w.N.), wobei das Revisionsgericht nach h.M. die Wahl haben soll. Ist ein unbehebbares Hindernis **nach Erlass** des angefochtenen Urteils aufgetreten, wird das Verfahren dagegen stets nach § 206a eingestellt, ohne dass es einer Aufhebung bedarf, da das Urteil in diesem Fall nicht fehlerhaft, sondern lediglich die Fortführung des Verfahrens ausgeschlossen ist.

75 Verstöße gegen die sachliche Zuständigkeit (§ 355) und das Vorliegen **behebbarer** Verfahrenshindernisse (§ 354 Abs. 2 u. 3) führen allerdings nicht zur Einstellung, sondern zur **Zurückverweisung** an das zuständige Instanzgericht. Bestimmte behebbare Hindernisse wie ein auslieferungsrechtliches Verfolgungsverbot (bei Verstoß gegen den Spezialitätsgrundsatz) oder die Ersetzung eines fehlenden Strafantrags durch Annahme eines besonderen öffentlichen Interesses vonseiten der StA können sogar noch in der Revision beseitigt werden. Stets ist allerdings ggf. der Vorrang des Freispruchs (aus anderen Gründen) zu beachten.

76 Auch wenn es zum Teil explizit anders gesehen wird, schadet es u.E. nicht, das **Beruhen** des Urteils auf der Gesetzesverletzung gem. § 337 Abs. 1 auch dann kurz festzustellen, wenn bei Urteilserlass ein Verfahrenshindernis vorlag. Im Falle eines trotz Verfahrenshindernisses ergangenen Sachurteils ist dies nämlich stets der Fall, da tatsächlich ein anderes Urteil, nämlich ein Prozessurteil nach § 260 Abs. 3, hätte ergehen müssen, sodass sich das Beruhen – wie bei der Sachrüge (s.u. Rn. 281) – bereits aus dem Urteil selbst ergibt.

77 Das Revisionsgericht prüft die Verfahrensvoraussetzungen grundsätzlich auch dann, wenn die Revision beschränkt wurde, insbesondere bei einer **Beschränkung** auf den Rechtsfolgenausspruch, sodass auch in diesem Fall das ganze Verfahren noch eingestellt werden kann (Teilrechtskraft hindert also nicht). Wurde die Revision hingegen auf eine von mehreren selbstständigen Taten i.S.v. § 53 StGB beschränkt oder beziehen sich Verfahrenshindernisse von vornherein nur auf einzelne prozessuale Taten, werden sie (wie etwa Verjährung oder fehlender Strafantrag) auch nur insoweit berücksichtigt.

78 **Klausurtipp:** Auf die Prozessvoraussetzungen ist nur näher einzugehen, soweit ihr Vorliegen problematisch erscheint. Ansonsten kann zu Beginn der Begründetheitsprüfung in einem Satz festgestellt werden, dass keine Verfahrenshindernisse bestehen („*I. Von Amts wegen zu beachtende Verfahrenshindernisse sind nicht ersichtlich.*"). Manche Prüfer erwarten immer eine kurze Erläuterung der sachlichen Zuständigkeit des Tatgerichts, da ein diesbezüglicher Fehler die Zurückverweisung an das richtige Gericht zur Folge hat (s.u. Rn. 342). Sollte ein Verfahrenshindernis angenommen werden, ist die Prüfung – entgegen der gerichtlichen Praxis jenseits von „Freispruchreife" – regelmäßig hilfsgutachterlich fortzusetzen (s. Bearbeitervermerk).

79 **Fall 8** (vgl. BGH, Urt. v. 14.12.1995 – 5 StR 208/95 = NStZ 1996, 242 m.w.N.): Das LG verurteilt den gesundheitlich angeschlagenen

B. Begründetheit der Revision

85-jährigen Angekl. wegen Mordes. Der Angekl. legt Revision ein und macht im Revisionsverfahren geltend, dass das Verfahren wegen dauerhafter Verhandlungsunfähigkeit einzustellen sei. Was wird der BGH unternehmen?

Lösung: Fraglich ist, ob die **Prozessvoraussetzung** der **Verhandlungsfähigkeit** vorliegt, was das Revisionsgericht von Amts wegen per Freibeweis zu prüfen hat. Inwieweit in Bezug auf die Verfahrenshindernisse der Grundsatz **in dubio pro reo** Anwendung findet, ist umstr. (vgl. *M-G/S* § 206a Rn. 7; § 261 Rn. 34). Grundsätzlich führen verbleibende Zweifel zur Einstellung des Verfahrens. Anders wird dies jedoch bei der Verhandlungsfähigkeit beurteilt. Da diese allgemein unterstellt werde, könne nach entsprechender Prüfung nur die **sichere Verhandlungsunfähigkeit** zur Einstellung des Verfahrens führen. Im Revisionsverfahren soll es ohnehin genügen, dass der Angekl. mindestens zeitweilig zu einer Grundübereinkunft mit seinem Verteidiger über die Fortführung oder Rücknahme des Rechtsmittels in der Lage ist. Bestehen schon insoweit Zweifel, kann das Revisionsgericht ein Sachverständigengutachten einholen. Je nachdem, zu welcher Überzeugung es dann gelangt, stellt es das Verfahren entweder endgültig oder – bei nur vorübergehender Verhandlungsunfähigkeit – vorläufig ein oder entscheidet in der Sache.

Im Hinblick auf die Klausur verdienen insbesondere folgende Verfahrensvoraussetzungen Beachtung (s. ansonsten die hilfreiche Auflistung bei *M-G/S* Einl. Rn. 141 ff.):

1. Sachliche Zuständigkeit

Gem. § 6 prüft das Gericht seine sachliche Zuständigkeit in jedem Verfahrensstadium, weshalb die sachliche Zuständigkeit nach h.M. eine von Amts wegen zu prüfende Verfahrensvoraussetzung ist. Regelungen hierzu finden sich neben § 6 in den §§ 209, 209a, 225a, 269, 270, 355 und in § 1 i.V.m. §§ 24 ff., 74 ff., 120 ff. GVG – lesen! Ein Verfahrensfehler liegt insbesondere vor, wenn das erstinstanzliche Gericht unter Missachtung von § 270 (Verweisung an ein höheres Gericht) seine **Rechtsfolgenkompetenz** überschreitet. Umgekehrt liegt nach § 269 jedoch kein Verstoß gegen die sachliche Zuständigkeit vor, wenn ein höheres Gericht anstelle eines eigentlich zuständigen Gerichts niederer Ordnung entscheidet, es sei denn, das höhere Gericht hat seine Zuständigkeit **willkürlich** bejaht. Gem. § 355 führt die zu Unrecht angenommene Zuständigkeit nicht zur Einstellung des Verfahrens (wie bei den unbehebbaren Verfahrenshindernissen), sondern zur

Verweisung an das zuständige Gericht. Nach § 328 Abs. 2 kann es hierzu auch im Berufungsverfahren kommen, wenn das Gericht des ersten Rechtszugs seine Zuständigkeit zu Unrecht angenommen hat. Ausnahmsweise kann sich die sachliche Unzuständigkeit auch daraus ergeben, dass der gesetzlich vorgeschriebene Instanzenzug nicht eingehalten wurde, was etwa der Fall ist, wenn das Berufungsgericht bei einer nach Berufungsrücknahme wiederauflebenden Revision (Rn. 13) eine Entscheidung fällt, obwohl das Oberlandesgericht zuständig gewesen wäre. Kein Fall der sachlichen Unzuständigkeit ist dagegen die unrichtige Verteilung der Geschäfte nach dem Geschäftsverteilungsplan; ggf. greift insoweit aber eine Verfahrensrüge i.S.d. § 338 Nr. 1 durch (Rn. 132).

81 Im Gegensatz zur sachlichen Zuständigkeit werden die **örtliche Zuständigkeit** und die Zuständigkeit **besonderer Strafkammern** (Schwurgericht, Staatsschutz- und Wirtschaftsstrafkammer – sog. funktionelle Zuständigkeit) von Amts wegen nur bis zur Eröffnung des Hauptverfahrens und danach nur auf ausdrückliche Rüge hin geprüft, die zudem präkludiert sein kann (§§ 6a S. 3, 16 S. 3). Wird eine rechtzeitige Rüge zu Unrecht zurückgewiesen, kann der absolute Revisionsgrund der fehlenden Zuständigkeit i.S.d. § 338 Nr. 4 mit der Verfahrensrüge geltend gemacht werden (s.u. Rn. 144).

82 **Merke:** Nur die sachliche Zuständigkeit ist eine in jedem Verfahrensstadium von Amts wegen zu prüfende Verfahrensvoraussetzung. Örtliche und funktionelle Unzuständigkeit fallen dagegen unter § 338 Nr. 4.

83 **Fall 9** (vgl. KG Berlin, Beschl. v. 06.04.2000 – 1 AR 322/00 – 5 ARs 12/99, 1 AR 322/00, 5 ARs 12/00): Gegen den Angekl. wird vor dem AG wegen des Vorwurfs der Körperverletzung und des Diebstahls verhandelt. Nach einem entsprechenden Hinweis gem. § 265 Abs. 1 verurteilt der Strafrichter den Angekl. schließlich wegen Raubes in einem minder schweren Fall (§ 249 Abs. 2 StGB) zu einer Freiheitsstrafe von neun Monaten unter Strafaussetzung zur Bewährung. Dagegen legt der Angekl. (Sprung-)Revision ein und macht die sachliche Unzuständigkeit des Strafrichters geltend. Wie wird das OLG entscheiden?

Lösung: Fraglich ist, ob das AG sachlich unzuständig war und deshalb ein Verstoß gegen **§ 270 i.V.m. Art. 101 Abs. 1 S. 2 GG** vorliegt. Der **Strafbann** des Strafrichters reicht zwar ebenso wie der des Schöffengerichts bis zu vier Jahren Freiheitsstrafe (§ 24 Abs. 2 GVG), sodass eine Verweisung innerhalb des AG regelmäßig nicht stattfindet. Die Zuständigkeit des Strafrichters beschränkt sich nach dem Wortlaut des § 25 GVG jedoch auf **Vergehen** (§ 12 Abs. 2 StGB). Daraus folgt, dass der Strafrichter unabhängig von Straferwartung und tatsächlich verhängter Strafe sachlich unzuständig ist, sobald aufgrund der Urteilsfeststellungen objektiv ein **Verbrechen** vorliegt. Daran ändert auch die Annahme eines minder schweren Falls nichts (§ 12 Abs. 3 StGB). Obwohl die Rechtsfolgenkompetenz des Strafrichters bei weitem nicht überschritten wurde, hat die Revision somit Erfolg. Das OLG wird das Urteil also aufheben und die Sache zur erneuten Verhandlung und Entscheidung an das Schöffengericht zurückverweisen (§ 355).

Achtung: Etwas anderes gilt dann, wenn zwar ein Verbrechen angeklagt ist, tatsächlich aber nur ein Vergehen verurteilt wird, weil es für die Beurteilung der sachlichen Zuständigkeit auf den Zeitpunkt des Urteilserlasses ankommt. In diesem Fall kommt aber ggf. der absolute Revisionsgrund des § 338 Nr. 5 i.V.m. § 140 Abs. 1 Nr. 2 in Betracht (vgl. Rn. 152).

2. Fehlerhafte Anklage und fehlerhafter Eröffnungsbeschluss

Fehler in der **Umgrenzungsfunktion** der Anklage – die dem Angeklagten zur Last gelegte Tat ist nicht hinreichend konkret eingegrenzt und daher auch nicht abgrenzbar – begründen regelmäßig ein Verfahrenshindernis, während Fehler in der **Informationsfunktion**, jedenfalls solange sie nicht elementar sind, grundsätzlich kein Verfahrenshindernis nach sich ziehen. Die Rspr. lässt überdies eine Heilung von Fehlern in Anklage und Eröffnungsbeschluss noch in der Hauptverhandlung zu, es sei denn, die Anklage fehlt gänzlich (dann Verstoß gegen das Akkusationsprinzip gem. § 151 – die Anklageerhebung ist Prozessvoraussetzung) oder die Fehler lassen sich nicht durch entsprechende Hinweise nach § 265 Abs. 1 (lesen!) beheben. Manche Mängel der Anklage können zudem durch den Eröffnungsbeschluss korrigiert werden. Sind einzelne prozessuale Taten nicht von der Anklage umfasst, besteht die Möglichkeit der Nachtragsanklage gem. § 266 Abs. 1 (lesen!). Sie kann auch mündlich erhoben werden (Abs. 2 S. 1), muss aber durch einen Gerichtsbeschluss einbezogen werden und setzt die ausdrückliche Zustimmung des Angeklagten voraus. **84**

Unter dem Aspekt der fehlenden Anklage können in der Klausur Probleme insbesondere daraus entstehen, dass die abgeurteilte Tat von der Anklage (scheinbar) nicht umfasst war. Hierbei kommt es entscheidend auf den **prozessualen Tatbegriff** an (s.a. Rn. 91). Der Begriff der Tat im prozessualen Sinn (§§ 155 Abs. 1, 264 Abs. 1) ist **85** weiter als der Begriff der „Tat" i.S.d. §§ 52, 53 StGB, wobei jedoch Tateinheit regelmäßig – aber nicht zwingend – auf eine Tat im prozessualen Sinn und Tatmehrheit auf mehrere Taten im prozessualen Sinn hinweist. Die prozessuale Tat umfasst einen **einheitlichen historischen Lebenssachverhalt**, der das gesamte Verhalten des Täters innerhalb eines zeitlich und sachlich zusammenhängenden Geschehensablaufs betrifft und nach der Verkehrsauffassung einen einheitlichen Vorgang bildet, dessen Aufspaltung und gesonderte strafrechtliche Beurteilung untunlich und unnatürlich wäre (vgl. *M-G/S* § 264 Rn. 2 ff.). So bildet etwa die strafbare Erlangung eines Gegenstandes im Wege des Diebstahls mit der späteren Verwertung der Beute regelmäßig eine Tat im prozessualen Sinn, sodass auch eine Verurteilung wegen Hehlerei möglich ist, wenn sich in der Hauptverhandlung herausstellt, dass der ursprünglich wegen der Erlangungstat Angeklagte „nur" Hehler gewesen ist und er gem. § 265 Abs. 1 auf die Änderung des rechtlichen Gesichtspunkts hingewiesen wurde.

86 **Klausurtipp:** Das Problem der fehlenden Anklage und einer möglichen Heilung sollte in der Klausur immer dann angesprochen werden, wenn die abgeurteilte von der ursprünglich angeklagten Tat abweicht, was sich wiederum aus einem Vergleich des abstrakten Anklagesatzes mit dem Urteilstenor ergibt.

87 Neben Mängeln des Beschlusses selbst (s. *M-G/S* § 207 Rn. 11 f.) ist ferner die Frage klausurrelevant, ob ein **fehlender Eröffnungsbeschluss** nachgeholt werden kann. Unstreitig möglich ist die Nachholung vor Beginn der Hauptverhandlung. Aber auch danach lässt die Rspr. die Nachholung trotz Bedenken in Bezug auf eine ausreichende gerichtliche Prüfung des hinreichenden Tatverdachts jedenfalls bis zur Vernehmung des Angeklagten zur Sache zu, da die Hauptverhandlung ohnehin bereits begonnen habe und der Angeklagte die Aussetzung der Hauptverhandlung gem. §§ 215 S. 1, 217 Abs. 2, 218 verlangen könne (a.A. *M-G/S* § 203 Rn. 4 m.w.N.). Die Entscheidung über die Nachholung selbst kann zwar auch schlüssig erfolgen, allerdings muss der Eröffnungsbeschluss wegen seiner Bedeutung als Grundlage des Hauptverfahrens regelmäßig schriftlich niedergelegt werden.

88 Fall 10 (vgl. BGH, Beschl. v. 28.07.2015 – 4 StR 598/14 = StV 2015, 743): Gegen den Angekl. wird aufgrund mehrerer zur gemeinsamen Verhandlung verbundener Anklagen vor dem LG verhandelt. Nach Verlesung der Anklageschriften bemerkt die Kammer, dass sie das Hauptverfahren bezüglich einer Anklage noch nicht eröffnet hat. Kurzerhand beschließt sie die Eröffnung in der

Besetzung der Hauptverhandlung. Zusätzlich erlässt sie einen Einbeziehungsbeschluss nach § 266 Abs. 1. Es folgt die Verurteilung auch wegen der Tat aus der zunächst noch nicht zugelassenen Anklage. Hat eine dagegen gerichtete Revision Erfolg?

Lösung: Fraglich ist, ob hinsichtlich der zunächst noch nicht zugelassenen Anklage ein wirksamer Eröffnungsbeschluss vorliegt. Zwar lässt die h.M. die **Nachholung** sogar noch nach Beginn der Hauptverhandlung zu. Allerdings ist auch in diesem Fall stets in der **Besetzung außerhalb der Hauptverhandlung**, im Falle des LG also mit drei Berufsrichtern ohne Schöffen (§ 76 Abs. 1 S. 2 GVG; s. für das Schöffengericht § 30 Abs. 2 GVG) zu entscheiden. Die Eröffnung in falscher Besetzung ist somit unwirksam. Darüber hilft auch die zusätzliche Einbeziehungsentscheidung nach § 266 Abs. 1 nicht hinweg. Sie wird zwar von der Strafkammer in der Besetzung der Hauptverhandlung getroffen, aber eben nur, soweit überhaupt eine **Nachtragsanklage** gem. § 266 Abs. 1 vorliegt. Hier wurde die Anklage aber nicht erst (mündlich) in der Hauptverhandlung, sondern zuvor regulär durch Einreichung einer Anklageschrift bei Gericht erhoben. Da der fehlende Eröffnungsbeschluss in der Revision nicht mehr nachgeholt werden kann, ist das Urteil also bezüglich des nicht zugelassenen Tatvorwurfs aufzuheben und das Verfahren insoweit wegen Verfahrenshindernisses einzustellen.

3. Mehrfache Rechtshängigkeit und Strafklageverbrauch

89 Es ist zwischen formeller und materieller Rechtskraft zu unterscheiden. **Formelle Rechtskraft** tritt ein, wenn das Urteil mit ordentlichen Rechtsmitteln nicht mehr angefochten werden kann, da auf Rechtsmittel verzichtet, ein eingelegtes Rechtsmittel wieder zurückgenommen oder innerhalb der Frist kein Rechtsmittel eingelegt wurde. Die materielle Rechtskraft baut auf der formellen Rechtskraft auf und bewirkt den **Verbrauch der Strafklage**, was bedeutet, dass eine erneute Strafverfolgung wegen derselben prozessualen Tat unzulässig ist (Art. 103 Abs. 3 GG: **ne bis in idem**). Hieraus folgt nicht nur, dass eine entgegenstehende Rechtskraft, sondern bereits die mehrfache **Rechtshängigkeit** (maßgeblicher Zeitpunkt ist die Eröffnung, s. §§ 203, 207; bei Strafbefehl der Erlass, s. § 408 Abs. 3 S. 1) ein von Amts wegen zu berücksichtigendes Verfahrenshindernis begründet, das zur Einstellung des Verfahrens führt.

90 **Merke:** Einstellungsbeschlüsse und -urteile (§§ 206a Abs. 1, 260 Abs. 3) führen regelmäßig nicht zum Verbrauch der Strafklage, da im

Falle eines Verfahrenshindernisses gerade keine Sachentscheidung getroffen wird.

91 Bei der Prüfung einer möglichen Tatidentität ist erneut der **prozessuale Tatbegriff** von ausschlaggebender Bedeutung, weshalb die entsprechenden Nuancen unbedingt beherrscht werden sollten. Problematische Fallgestaltungen können sich hier insbesondere dann ergeben, wenn der Angeklagte wegen eines Dauerdelikts verurteilt wurde und sich später herausstellt, dass er während der Tat noch andere ggf. weitaus schwerere Delikte begangen hat (z.B. Raubüberfall/Tötungsdelikt i.V.m. unerlaubtem Besitz der Tatwaffe). Obwohl in diesen Fällen wegen **Teilidentität der Ausführungshandlungen** sogar Tateinheit nach § 52 StGB bestehen kann, nimmt die Rspr. zwei Taten im prozessualen Sinn an, wenn der Tat ein erheblich gesteigerter, im Verhältnis zum zuvor abgeurteilten Dauerdelikt selbstständiger Unrechtsgehalt innewohnt und der Täter einen neuen und vom Dauerdelikt unabhängigen Tatentschluss gefasst hat (BGHSt 36, 151). Um dieselbe Tat im prozessualen Sinn handelt es sich dagegen etwa bei einer Trunkenheitsfahrt und der anschließenden Unfallflucht unter Fortsetzung der Trunkenheitsfahrt, auch wenn materiell-rechtlich aufgrund der durch den Unfall eingetretenen Zäsur und dem neu gefassten Tatenschluss Tatmehrheit anzunehmen ist. Letztlich kommt es auf eine wertende Betrachtung an, wobei nicht zu leugnen sein dürfte, dass die Rspr. bei schwersten Delikten im Ergebnis dem Strafbedürfnis ausschlaggebende Bedeutung zumisst.

92 Klausurrelevanz besitzen ferner Vorschriften, die einen **partiellen Strafklageverbrauch** anordnen, wie z.B. §§ 153a Abs. 1 S. 5, Abs. 2 S. 2, 408 Abs. 2 S. 2, 211 sowie §§ 45 Abs. 3 S. 4, 47 Abs. 3 JGG (lesen!). Auch bei einer gerichtlichen Einstellung nach § 153 Abs. 2 wendet der BGH § 153a Abs. 1 S. 5 entsprechend an, sodass die Tat nicht mehr als Vergehen verfolgt werden kann. Zu beachten ist schließlich, dass eine Einstellung nach § 170 Abs. 2 nicht zum Verbrauch der Strafklage führt, sondern das Verfahren grundsätzlich jederzeit wiederaufgenommen werden kann. Bei gerichtlichen Einstellungen bzw. Beschränkungen nach §§ 154 Abs. 2, 154a Abs. 2 ist vor der Wiederaufnahme bzw. erneuten Einbeziehung allerdings ein Beschluss erforderlich, ansonsten besteht auch hier ein Verfahrenshindernis.

93 **Fall 11** (BGH, Beschl. v. 03.05.2012 – 3 StR 109/12 = NStZ 2012, 709): Das LG verurteilt den Angekl. wegen Handeltreibens mit Betäubungsmitteln, weil er ein Paket Marihuana mit seinem PKW aus einem Versteck geholt hat, um es gewinnbringend zu verkaufen. Der Angekl. legt Revision ein. Kurz darauf erhält er einen Strafbe-

fehl wegen des Vorwurfs der Trunkenheitsfahrt, denn als er am Tattag in die Polizeikontrolle geriet, hatte er eine BAK i.H.v. 1,4 ‰. Die Einspruchsfrist gegen den Strafbefehl lässt der Angekl. verstreichen. Wie wird der BGH entscheiden?

Lösung: Fraglich ist, ob einer Verurteilung wegen Handeltreibens mit Betäubungsmitteln das **Prozesshindernis** des **Strafklageverbrauchs** entgegensteht. Das wäre der Fall, wenn Strafbefehl und Urteil dieselbe **Tat im prozessualen Sinn** betreffen. Hier diente die Fahrt gerade dem Transport der Betäubungsmittel, sodass der Besitz des Marihuanas nicht nur in einem engen zeitlichen und örtlichen, sondern sogar in einem inneren Beziehungs- und Bedingungszusammenhang mit dem Fahrvorgang steht. Der Besitz in Weiterverkaufsabsicht wiederum ist unselbstständiger **Teilakt** des Handeltreibens. Demnach stehen die Taten im Verhältnis der prozessualen Tatidentität, sodass mit Rechtskraft des Strafbefehls (§ 410 Abs. 3) Strafklageverbrauch eintritt. Der BGH wird das Verfahren daher nach § 206a Abs. 1 durch Beschluss einstellen (s.o. Rn. 74).

4. Verjährung

Die in den §§ 78 ff. StGB geregelten Vorschriften über die Verjährung bieten zahlreiche Möglichkeiten, Fristberechnungsprobleme und Zustellungsfragen zu prüfen. 94

Klausurtipp: Da die kürzeste Verjährungsfrist gem. § 78 Abs. 3 Nr. 5 StGB drei Jahre beträgt, ist immer dann besonders an die Verjährung zu denken, wenn die Tat länger als drei Jahre zurückliegt. 95

Die maßgebliche Verjährungsfrist hängt von der für die Tat angedrohten **Höchststrafe** ab, wobei zu beachten ist, dass gem. § 78 Abs. 4 StGB bloße Strafrahmenmodifikationen (Milderungen und minder oder besonders schwere Fälle – insbesondere Regelbeispiele wie z.B. § 243 Abs. 1 S. 2 StGB) anders als Qualifikationen die Verjährungsfrist unberührt lassen. Bezüglich der Fristberechnung nach § 78 Abs. 2 bis 4 StGB sollten vor allem die Ruhens- und Unterbrechungsvorschriften bekannt sein, wozu die Erkenntnis zählt, dass das **Ruhen** den Beginn und den Weiterlauf der Verjährung **hemmt** und die möglicherweise bereits teilweise verstrichene Frist nach dem Ende des Ruhenstatbestands weiterläuft (§ 78b StGB), während im Falle einer **Unterbrechung** die Frist **von neuem** beginnt (§ 78c Abs. 3 S. 1 StGB). Verjährung tritt aber spätestens dann ein, wenn das **Doppelte** der gesetzlichen Verjährungsfrist verstrichen ist, § 78c Abs. 3 S. 2 StGB (sog. absolute 96

Verjährung). Bei **Tateinheit** unterliegt jeder der verwirklichten Tatbestände seiner eigenen Verjährungsfrist, was dazu führen kann, dass eine prozessuale Tat bei Eintritt der Verjährung eines Delikts im Übrigen nur noch unter dem Gesichtspunkt einer oder mehrerer verbleibender Gesetzesverletzungen verfolgt werden kann. Ist dies der Fall, bedarf es hinsichtlich der von der Verjährung betroffenen Straftatbestände keiner formellen Einstellungsentscheidung nach §§ 206a Abs. 1, 260 Abs. 3 oder 354 Abs. 1, vielmehr werden diese im Rahmen des Schuldspruchs schlicht nicht mehr berücksichtigt. Bei mehreren Taten im prozessualen Sinn kommt es dagegen zur **Teileinstellung**.

97 **Fall 12:** Das AG spricht den Angekl. am 10.05.2019 vom Vorwurf eines am 03.06.2016 begangenen Hausfriedensbruchs frei. Auf die Berufung der StA hin verurteilt ihn das LG am 01.07.2020. Wäre eine Revision begründet?

Lösung: Fraglich ist, ob das Verfahrenshindernis der **Verjährung** vorliegt. Die für einen Hausfriedensbruch geltende dreijährige Verjährungsfrist nach § 78 Abs. 3 Nr. 5 StGB war zum Zeitpunkt der erstinstanzlichen Entscheidung noch nicht verstrichen, zum Zeitpunkt des Berufungsurteils dagegen schon. Nach § 78b Abs. 3 StGB wird der Ablauf der Verjährungsfrist jedoch bis zum rechtskräftigen Abschluss des Verfahrens gehemmt, sobald ein Urteil des ersten Rechtszuges fristgemäß ergangen ist. Die Grenze der absoluten Verjährung (sechs Jahre) wurde noch nicht erreicht. Die Tat ist also nicht verjährt; eine Revision wäre unbegründet.

5. Fehlender oder zurückgenommener Strafantrag

98 Man unterscheidet absolute und relative Antragsdelikte. Zu den **absoluten Antragsdelikten** gehören z.B. der Hausfriedensbruch (§ 123 Abs. 2 StGB), die Beleidigung (§§ 185, 194 Abs. 1 S. 1 StGB), der Haus- und Familiendiebstahl (§ 247 StGB; zu beachten sind hier auch die Verweise in §§ 259 Abs. 2, 263 Abs. 4, 266 Abs. 2 StGB) und der unbefugte Gebrauch eines Fahrzeugs (§ 248b StGB). Fehlt bei einem solchen Delikt ein form- und fristgerechter Strafantrag oder wurde er wirksam zurückgenommen, besteht ein Verfahrenshindernis, sodass das Verfahren zwingend einzustellen ist, sollte das staatliche Interesse an der Strafverfolgung auch noch so groß sein.

99 Bei den **relativen Antragsdelikten**, zu denen etwa die einfache Körperverletzung (§§ 223, 230 StGB), der Diebstahl bzw. die Unterschlagung geringwertiger Sachen (§ 248a StGB; zu beachten sind wiederum die Verweise in §§ 259 Abs. 2, 263 Abs. 4, 266 Abs. 2

StGB) und die Sachbeschädigung (§§ 303, 303c StGB) zählen, ist ein Strafantrag nicht zwingend erforderlich. Vielmehr kann die Staatsanwaltschaft das Verfahren auch dann betreiben, wenn sie das **besondere öffentliche Interesse** an der Strafverfolgung bejaht. Sollte dies geschehen, kann gerichtlich nur geprüft werden, ob eine das öffentliche Interesse bejahende Erklärung der Staatsanwaltschaft, die auch konkludent mit Anklageerhebung oder durch Beantragung einer Verurteilung in der Hauptverhandlung erfolgen und auch nachgeholt werden kann, überhaupt vorliegt, nicht jedoch, ob in der Sache tatsächlich ein öffentliches Interesse besteht, da dies allein die Staatsanwaltschaft zu entscheiden hat.

Klausurtipp: Aufgepasst, wenn ursprünglich § 224 StGB angeklagt war, in der Hauptverhandlung tatsächlich aber nur § 223 StGB festgestellt wird. Eine Verurteilung setzt dann nach § 230 StGB einen Strafantrag oder die Bejahung des besonderen öffentlichen Interesses voraus, die nicht konkludent in der ursprünglichen Bewertung der Tat als gefährliche Körperverletzung gesehen werden kann (*Fischer* § 230 Rn. 4).

100

Hinsichtlich der Voraussetzungen eines wirksamen Strafantrages sei auf eine Lektüre der §§ 77 ff. StGB verwiesen (lesen!). Antragsberechtigt ist der **Verletzte**, also der unmittelbar in seinen Rechtsgütern Betroffene, wozu etwa bei der Sachbeschädigung auch der Mieter der beschädigten Sache gehören kann; bei Richtern, Amtsträgern etc. ist auch der Dienstvorgesetzte antragsberechtigt, § 77a StGB (s. auch § 194 Abs. 3 StGB). Auch bei Minderjährigen und Personen, die unter Betreuung stehen, gelten Sonderregelungen nach § 77 Abs. 3 StGB. Der gem. § 158 Abs. 2 schriftlich (bei StA oder Gericht alternativ auch zu Protokoll) zu stellende Strafantrag muss nicht ausdrücklich als solcher bezeichnet werden, jedoch muss das **Strafverfolgungsverlangen unzweifelhaft** zum Ausdruck kommen (im Gegensatz zur bloßen Mitteilung oder Strafanzeige ohne Verfolgungsinteresse). Die **Frist** zur Stellung des Strafantrages beträgt gem. § 77b Abs. 1 StGB **drei Monate** und beginnt nach § 77b Abs. 2 StGB mit Kenntnis von Tat und Täter. Wird ein Strafantrag nach § 77d Abs. 1 S. 1 StGB zurückgenommen, was bis zum rechtskräftigen Abschluss des Verfahrens, also auch noch in der Rechtsmittelinstanz möglich ist (S. 2), kann er nicht nochmals gestellt werden (S. 3). Die Rücknahme ist jederzeit formlos möglich.

101

Vertiefungshinweis: *Loose/Henseler*, Antragsdelikte als Prüfungsgegenstand im Assessorexamen, in: JuS 2018, 346.

102

6. Verstoß gegen den „fair-trial"-Grundsatz

103 Lebhaft diskutiert werden Prozesshindernisse auch als Kompensation für besonders schwerwiegende Verstöße gegen **verfassungs- und menschenrechtliche Garantien** aus GG und EMRK, wobei jedoch äußerst umstritten ist, welche Rechtsfolgen im Einzelnen angemessen sind. Besondere Erwähnung verdienen die Fallgruppen der überlangen Verfahrensdauer und der rechtsstaatswidrigen Tatprovokation (jeweils Art. 6 Abs. 1 EMRK), deren Behandlung insbesondere von der nicht immer übereinstimmenden Rspr. europäischer und nationaler Gerichte beeinflusst wird.

104 Bei der **überlangen Verfahrensdauer** gewährt der BGH keine Kompensation im Rahmen der Strafzumessung mehr, sondern hat mittlerweile der sog. **Vollstreckungslösung** den Vorzug gewährt, nach der im Tenor von der eigentlich verwirkten Strafe ein Teil als vollstreckt erklärt wird, allerdings nicht etwa in Höhe der festgestellten Verzögerung, sondern allenfalls eines Bruchteils (näher *Fischer* § 46 Rn. 131, 135; *M-G/S* Art. 6 MRK Rn. 9 ff.). Ein Prozesshindernis aufgrund überlanger Verfahrensdauer kommt dagegen nur in Extremfällen langjähriger Untätigkeit der Justiz in Betracht.

105 In den Fällen der **rechtsstaatswidrigen Tatprovokation** genügte es nach der Rspr. lange Zeit als Kompensation, wenn die Strafe für den Angeklagten (deutlich) gemildert wurde (sog. **Strafzumessungslösung**). In den vergangenen Jahren zeichnete sich jedoch eine Wende ab: Nach einer Rüge des EGMR (NStZ 2015, 412) und entgegen der ständigen Rspr. hat der 2. Senat des BGH erstmals ein **Verfahrenshindernis** bejaht, nachdem der Angeklagte „unvertretbar übergewichtig" zur Tatbegehung gedrängt worden war (BGH NStZ 2016, 52; anders aber kurz zuvor noch der 1. Senat in BGHSt 60, 238). Zukünftig dürfte also eine „abgestufte" Lösung – von Strafmilderung bis hin zum Verfahrenshindernis – je nach der konkreten Schwere der Menschenrechtsverletzung zur Anwendung kommen, wobei es jeweils auf eine Gesamtbewertung aller Umstände ankommt.

106 **Klausurtipp:** Bei den beiden vorgenannten (in der Klausur wohl eher seltenen) Fallgruppen sollte ein Verfahrenshindernis nur in eindeutigen Extremfällen bejaht werden.

II. Besondere Fehler im Berufungsverfahren

107 In Prüfungssachverhalten ist der Revision nicht selten ein Berufungsverfahren vorausgegangen, womit allein das landgerichtliche Berufungsurteil (und nicht das erstinstanzliche Urteil des AG) Gegenstand der revisionsrechtlichen Prüfung ist. Einige schwerwiegende Fehler der Berufungsinstanz werden nach der Rspr. in der Revision **von Amts wegen** geprüft, weshalb es sich empfiehlt, sie – ebenso wie die Verfahrenshindernisse, zu denen sie teilweise gehören – vor den übrigen Revisionsgründen anzusprechen.

Hierzu zählen zunächst Fehler in Bezug auf die **Zulässigkeit der** **108** **Berufung**, da im Falle ihrer Unzulässigkeit das amtsgerichtliche Urteil in Rechtskraft erwachsen ist und es überhaupt nicht zu einem Berufungsverfahren hätte kommen dürfen (entgegenstehende Rechtskraft). Ist dies der Fall, hebt das Revisionsgericht das Berufungsurteil auf und verwirft die Berufung als unzulässig. Für die Assessorprüfung bedeutet dies, dass die Zulässigkeitsvoraussetzungen einer Berufung jedenfalls dem Grunde nach beherrscht werden sollten (s. §§ 312 ff. – lesen!).

Ebenfalls von Amts wegen hat das Revisionsgericht zu prüfen, ob **109** eine eventuelle **Berufungsbeschränkung** wirksam war (§ 318 Abs. 1). Denn war die Beschränkung nach der bereits dargestellten Trennbarkeitsformel (s.o. Rn. 53) unzulässig, hätte das Berufungsgericht das erstinstanzliche Urteil nicht nur im Rahmen der Beschränkung, sondern vollumfänglich prüfen müssen, sodass fehlerhafterweise noch gar keine vollständige berufungsrechtliche Prüfung stattgefunden hat. Neben den bereits genannten Varianten (s.o. Rn. 53) kann in diesem Zusammenhang etwa die Frage problematisch sein, ob eine Berufungsbeschränkung auf den Rechtsfolgenausspruch wirksam ist, wenn schon auf Tatbestandsseite (offensichtlich) keine Straftat vorliegt (str., abl. *M-G/S* § 318 Rn. 17, weil andernfalls das Berufungsgericht sehenden Auges über die Rechtsfolge einer nicht strafbaren Handlung befinden müsste). Zuletzt hat der BGH ferner entschieden, dass die Revision gegen ein Berufungsurteil nicht wirksam auf den Rechtsfolgenausspruch beschränkt werden kann, wenn das Berufungsgericht trotz unbeschränkt eingelegter Berufung (oder unwirksamer Beschränkung) keinen eigenen Schuldspruch mit den zugehörigen Feststellungen getroffen hat (BGH NStZ 2020, 182).

Auch ohne explizite Rüge prüft das Revisionsgericht schließlich **110** Verstöße gegen das **Verbot der reformatio in peius** (§ 331), wonach das Berufungsgericht die Art und Höhe der Rechtsfolgen nicht zum Nachteil des Angeklagten abändern darf, wenn lediglich er oder die Staatsanwaltschaft zu seinen Gunsten Berufung eingelegt hat (dies gilt gem. §§ 358 Abs. 2, 373 Abs. 2 auch im Revisions- und Wiederaufnahmeverfahren). Die Rspr. nimmt insoweit eine beschränkte Rechtskraft besonderer Art an (a.A. *M-G/S* § 331 Rn. 2). Da sich das Verschlechterungsverbot ausschließlich auf den **Rechtsfolgenausspruch** bezieht, ist eine Verschärfung des Schuldspruchs jedoch stets möglich. Stellt sich in der Berufungsinstanz etwa heraus, dass der Angeklagte statt des erstinstanzlich angenommenen Vergehens ein Verbrechen begangen hat, kann er zwar in der Berufung wegen des Verbrechens verurteilt, die ursprünglich verhängte Geldstrafe jedoch nicht (durch Erhöhung der Tagessätze oder der Gesamtsumme) erhöht oder in eine Freiheitsstrafe abgeändert werden, wodurch es in Extremfällen zur Verhängung von Geldstrafen wegen schwerster Straftaten kommen kann. Schließlich gilt das Verböserungsverbot auch für die Strafaussetzung zur Bewährung sowie grundsätzlich auch für Maßregeln der Besserung und Sicherung, gem. § 331 Abs. 2 jedoch nicht für Unterbringungen nach §§ 63, 64 StGB.

111 Prüfungsrelevant ist im Rahmen des § 331 ferner der Fall, in dem der Angeklagte **unbeschränkt** Berufung einlegt und die Staatsanwaltschaft ihre ebenfalls eingelegte Berufung auf den Rechtsfolgenausspruch **beschränkt**. Die Anwendung eines anderen Straftatbestands mit einem möglicherweise höheren Strafrahmen wäre hier nur deshalb möglich, weil der Angeklagte vollumfänglich Berufung eingelegt hat und der Schuldspruch deshalb nicht in Rechtskraft erwachsen ist. Der Verurteilung aus einem höheren Strafrahmen dürfte jedoch Sinn und Zweck des § 331 entgegenstehen, wonach der Angeklagte durch die Einlegung eines Rechtsmittels nicht schlechter gestellt werden darf. Denn hätte nur die Staatsanwaltschaft eine auf den Rechtsfolgenausspruch beschränkte Berufung eingelegt, hätte in der Berufungsinstanz nur aus dem niedrigeren Strafrahmen verurteilt werden dürfen. Freilich lässt sich dem wiederum entgegenhalten, dass sich der Angeklagte stets dem Risiko einer Berufung der Staatsanwaltschaft ausgesetzt sieht, unabhängig davon, wie diese im konkreten Fall ausgestaltet ist.

112 **Fall 13** (vgl. OLG Frankfurt a.M., Beschl. v. 16.02.2010 – 3 Ss 52/10 = NStZ-RR 2010, 250): Der Angekl. wird vom Strafrichter zu einer Freiheitsstrafe verurteilt. Dagegen legt er Berufung ein, die er auf den Rechtsfolgenausspruch beschränkt. Das LG verwirft die Berufung als unbegründet. Gegen das Berufungsurteil legt der Angekl. Revision ein und erhebt die allgemeine Sachrüge. Erst dem OLG fällt auf, dass das erstinstanzliche Urteil nicht unterschrieben wurde. Wie wird es entscheiden?

Lösung: Fraglich ist, ob die Entscheidung des LG allein über den Rechtsfolgenausspruch rechtmäßig war. Eine **Berufungsbeschränkung** ist nämlich unwirksam, wenn das erstinstanzliche Urteil entgegen § 275 Abs. 2 S. 1 nicht unterschrieben ist. Das völlige Fehlen der richterlichen Unterschrift steht (anders als das Fehlen einzelner Unterschriften im Rahmen von Kollegialentscheidungen) **dem vollständigen Fehlen der Urteilsgründe** gleich, weil in diesem Fall keine Gewähr dafür besteht, dass es sich nicht nur um einen bloßen Urteilsentwurf handelt (vgl. BGHSt 46, 204). Das erstinstanzliche Urteil beinhaltet also hinsichtlich des Schuld- und Strafausspruchs keinerlei prüfungsfähige Feststellungen, sodass die ausschließliche Rechtsfolgenentscheidung des LG **keine tragfähige Grundlage** hatte. Das LG hätte vielmehr über das gesamte Urteil entscheiden müssen (gilt auch bei offensichtlich unvollständigen, unklaren oder widersprüchlichen Feststellungen zur Tat, s. *M-G/S* § 318 Rn. 16). Das OLG wird deshalb das Berufungsurteil (nicht das erstinstanzliche Urteil!) aufheben und die Sache an eine andere Kammer des LG zurückverweisen.

III. Verfahrensrügen

1. Allgemeines

Mit der Verfahrensrüge macht der Revisionsführer geltend, dass das Tatgericht Prozessrecht verletzt hat. Dazu zählen grundsätzlich alle Rechtsnormen, die den Weg des Gerichts zum Urteil beschreiben, insbesondere solche aus **StPO** und **GVG**. Wie bereits ausgeführt, prüft das Revisionsgericht das Urteil aber nicht etwa umfassend auf Verfahrensfehler, sondern nur im Umfang zulässiger Rügen. Wegen der strengen Darlegungspflichten nach § 344 Abs. 2 S. 2 ist es (in der Praxis noch mehr als in der Klausur) entscheidend, zwischen Sach- und Verfahrensrüge sauber abzugrenzen. Im Grenzbereich kann dies durchaus Probleme bereiten und die Kombination beider Rügen erforderlich machen, etwa wenn ein Verfahrensvorgang als rechtsfehlerhaft gerügt wird, der im Urteil eine Erörterungspflicht ausgelöst hätte. 113

Klausurtipp: Wird im Gutachten ein Verfahrensverstoß bejaht, ist bei den Zweckmäßigkeitserwägungen (s.u. Rn. 329 ff.) kurz auf die entsprechenden Begründungserfordernisse für eine konkrete Verfahrensrüge einzugehen. Die Abgrenzung zur Sachrüge erfolgt grob gesagt danach, ob sich der Fehler schon aus dem Urteil selbst ergibt (dann Sachrüge) oder ob ein Blick in die Akten erforderlich ist (dann Verfahrensrüge). 114

Auf eine zulässige Rüge hin erfolgt die Prüfung des Verfahrensverstoßes regelmäßig wie folgt, wobei im Einzelnen auch ein abweichender Aufbau vertretbar ist, solange er zweckmäßig ist (s.u. Rn. 354): 115
- **Verfahrensverstoß** (erst absolute, dann relative Revisionsgründe),
- **Rügebefugnis** (kein Ausschluss wegen fehlender **Beschwer** des Angeklagten z.B. aufgrund der Rechtskreistheorie, kein **Rügeaus-**

schluss gem. § 238 Abs. 2 oder nach anderen Vorschriften, kein/e **Präklusion/Verwirkung/Verzicht**),
- **Beweisbarkeit** des Verfahrensverstoßes (insbesondere durch das Hauptverhandlungsprotokoll gem. § 274, sonst Freibeweis) und schließlich
- **Beruhen** des Urteils auf dem Verfahrensverstoß (§§ 337 Abs. 1, 338, fehlt insbesondere bei Heilung des Fehlers).

Zur besseren Verständlichkeit wird im Folgenden mit den allgemeinen Voraussetzungen einer Verfahrensrüge begonnen, bevor die einzelnen Revisionsgründe dargestellt werden.

2. Rügebefugnis

a) Beschwer

116 Über die bereits für die Zulässigkeit der Revision grundsätzlich erforderliche formelle Beschwer (s.o. Rn. 18 ff.) hinaus setzt die **materielle Beschwer** bei der Verfahrensrüge voraus, dass sich der konkrete Verfahrensfehler zum Nachteil des Revisionsführers ausgewirkt hat. Daran fehlt es insbesondere, wenn Fehler des Tatgerichts nur zu seinem Vorteil gereichen (z.B. zu Unrecht unterlassene Vernehmung eines Belastungszeugen) oder ein Fehler ausschließlich zu Lasten eines Mitangeklagten wirkt (z.B. unterbliebene Pflichtverteidigerbestellung). Ausreichend ist jedoch bereits eine **mittelbare Beschwer**, die etwa darin liegen kann, dass ein Beweisantrag eines anderen Verfahrensbeteiligten fehlerhaft abgelehnt wurde, der zumindest auch den Interessen des Angeklagten diente und den sich der Angeklagte erkennbar zu eigen machte. Wichtig ist bei Revisionen der **Staatsanwaltschaft** insbesondere die Beachtung von § **339**, wonach die Staatsanwaltschaft den Verstoß gegen Verfahrensnormen, die ausschließlich zugunsten der Angeklagten bestehen, nicht mit dem Ziel geltend machen darf, eine Aufhebung des Urteils zu dessen Nachteil zu erreichen (z.B. §§ 258 Abs. 2, 265 Abs. 1). Für die **Neben- und Privatklage** gilt Entsprechendes.

117 Im unmittelbaren Zusammenhang mit der materiellen Beschwer steht die sog. **Rechtskreistheorie** des BGH, deren dogmatische Einordnung jedoch umstritten ist. Ursprünglich entstammt sie dem Bereich der Beweisverwertungsverbote (grundlegend BGHSt 11, 213) und besagt, dass der Angeklagte das Urteil nicht wegen jedes prozessordnungswidrigen Verhaltens des Gerichts anfechten kann, sondern sein Rügerecht auf Verstöße gegen diejenigen Vorschriften beschränkt ist, die zumindest auch seinen Rechtskreis tangieren. Ob dies der Fall ist, muss im

Einzelfall unter Berücksichtigung des Schutzzwecks der Norm durch Auslegung ermittelt werden. Teilweise wird der Rechtskreistheorie eigene Bedeutung abgesprochen und sie nur als eine besondere Form der Beschwer oder als Teilaspekt im Rahmen der Abwägung über ein Beweisverwertungsverbot verstanden; in der Literatur wird sie überwiegend gänzlich abgelehnt. Je nach dogmatischem Verständnis ergeben sich Konsequenzen für den Prüfungsaufbau. Zutreffend dürfte nach herrschendem Verständnis aber jedenfalls die Annahme sein, dass eine Rechtsverletzung im Sinne eines Revisionsgrundes von vornherein ausscheidet, wenn der Rechtskreis des Revisionsführers durch den Verstoß nicht berührt wird.

Klausurtipp: Die Rechtskreistheorie ist beliebter Klausurgegenstand und führt etwa bei §§ 54, 55 Abs. 2, 81c Abs. 1 u. 2 (lesen!) dazu, dass der Angekl. sich grundsätzlich nicht auf ihre Verletzung berufen kann. In diesen Fällen sollten etwaige Verstöße dennoch kurz geprüft werden, um sodann unter Hinweis auf die Rspr. darzulegen, dass der Rechtskreis des Angekl. nicht berührt und der Fehler daher von ihm nicht gerügt werden kann. 118

b) Kein Rügeausschluss (Präklusion, Verwirkung, Verzicht)

Ein Verfahrensverstoß kann mit der Revision nach der nicht unumstrittenen Rspr. grundsätzlich nur dann geltend gemacht werden, wenn er in der Hauptverhandlung gem. **§ 238 Abs. 2** (lesen!) im Wege des dort normierten Zwischenrechtsbehelfs erfolglos gerügt und ein entsprechender Gerichtsbeschluss herbeigeführt worden ist (selbst beim Einzelrichter am AG, s. *M-G/S* § 238 Rn. 18). **Ausnahmen** hiervon gelten dann, wenn 119
– der Verfahrensfehler im Unterlassen einer Handlung liegt, zu deren Vornahme das Gericht **von Amts wegen** verpflichtet war,
– das Gericht bereits durch **Beschluss** entschieden hat,
– der **unverteidigte** Angeklagte keine Kenntnis von der Rügemöglichkeit des § 238 Abs. 2 hatte,
– sich der Verstoß auf **indisponible Rechtspositionen** bezieht oder
– sich das Gericht über **zwingende** Verfahrensvorschriften ohne Ermessensspielraum hinwegsetzt.

Neben der allgemeinen Vorschrift des § 238 Abs. 2 gibt es spezielle revisionsrechtliche **Präklusionsvorschriften**. Hervorzuheben sind insoweit vor allem die Besetzungsrüge (§§ 338 Nr. 1) mit ihrem Vorabentscheidungsverfahren (§§ 222a, 222b) und die Rüge der gerichtlichen Unzuständigkeit (§§ 338 Nr. 4, 6a, 16), die spätestens bis zum Beginn der Vernehmung des Angeklagten in der Hauptverhandlung 120 erhoben werden muss (s.u. Rn. 133, 144). Hinzuweisen ist ferner auf die vom BGH im Rahmen der Beweisverwertungsverbote entwickelte **Widerspruchslösung**, nach der insbesondere der Verwertung einer unter Verstoß gegen § 136 Abs. 1 i.V.m. § 163a Abs. 3 S. 2 oder Abs. 4 S. 2 erfolgten Beschuldigtenvernehmung in der Hauptverhandlung innerhalb der Frist des § 257 Abs. 1 u. 2, d.h. noch unmittelbar nach der Beweiserhebung, widersprochen werden muss (BGHSt 38, 214 – str.; s.u. Rn. 201).

121 Ein Rügeverlust kann weiterhin durch einen wirksamen **Verzicht** des Rügeberechtigten eintreten, was allerdings voraussetzt, dass es sich nicht um eine zwingende Verfahrensvorschrift wie etwa die Pflichtverteidigerbestellung nach §§ 140, 141 handelt. Verzichtbar sind dagegen die Ladung des Angeklagten und des Verteidigers (§§ 216, 218) oder die Zustellung der Anklageschrift (§ 201) sowie die insoweit geltenden Ladungs- und Einlassungsfristen.

122 | **Fall 14** (vgl. BGH, Urt. v. 10.08.2005 – 1 StR 140/05 = NJW 2005, 3295): Das LG hört im Rahmen der Beweisaufnahme Tonbänder einer akustischen Raumüberwachung des privaten Krankenzimmers des Angekl. Auf ihnen ist neben intimsten (Körper-)Geräuschen auch ein Selbstgespräch aufgezeichnet, in dem sich der Angekl. belastet. Die Verteidigung erhebt keine Einwände. Das LG verurteilt den Angekl. und stützt seine Überzeugung von der Täterschaft des Angekl. maßgeblich auf das Selbstgespräch. Kann die Verwertung mit der Revision gerügt werden?

Lösung: Fraglich ist, ob die Rüge **präkludiert** ist, weil der Angekl. der Verwertung nicht rechtzeitig **widersprochen** hat. Die Rspr. nimmt eine Widerspruchspflicht für solche Aussageinhalte an, die der **Disposition** des Angekl. unterliegen. Etwas anderes gilt für Beweisverwertungen, die den absolut geschützten **Kernbereich der privaten Lebensgestaltung** betreffen (s. jetzt auch § 100d Abs. 4). Hierzu zählen insbesondere auch die im Rahmen einer Überwachung eines besonders geschützten Raumes (Art. 13 GG) aufgezeichneten **Selbstgespräche**, die mangels Sozialbezugs dem Zugriff der Ermittler stets entzogen sind. In diesen Fällen muss das Gericht wegen der besonderen Bedeutung der Grundrechtsverletzung und der fehlenden Dispositionsbefugnis über die Menschenwürde **von Amts wegen** von der Verwertung absehen, wenn im Rahmen der Beweiserhebung Verstöße begangen wurden. Weil das unter den genannten Umständen geführte Selbstgespräch dem Kernbereich privater Lebensführung zuzurechnen ist und die Aufzeichnung (§ 100d Abs. 4) und

> Verwertung (§ 100d Abs. 2 S. 1) daher rechtswidrig war, bedurfte
> es ausnahmsweise keines vorherigen Widerspruchs.

3. Beweisbarkeit des Verfahrensverstoßes

Nachdem in der Klausur ein den Revisionsführer beschwerender 123
Rechtsfehler festgestellt worden ist, muss als nächstes geprüft werden, ob der Verstoß beweisbar ist. Gelingt der Nachweis nicht vollständig, gilt aber nicht etwa der Zweifelssatz, sondern die Unsicherheit geht zu Lasten des Revisionsführers.

Die Nichtbeachtung einer **wesentlichen Förmlichkeit** der Haupt- 124
verhandlung kann gem. § 274 S. 1 nur durch das **Sitzungsprotokoll** bewiesen werden. Was zu den wesentlichen Förmlichkeiten der Hauptverhandlung gehört, ergibt sich wiederum aus § 273, wobei hinsichtlich der Einzelheiten auf die Kommentierung in *M-G/S* § 273 Rn. 7 ff. zu verweisen ist – lesen! Beim Sitzungsprotokoll unterscheidet man zwischen negativer und positiver Beweiskraft. **Positive Beweiskraft** bedeutet, dass die im Protokoll beurkundeten wesentlichen Förmlichkeiten als geschehen gelten, selbst wenn sie sich nicht ereignet haben. Ergibt sich zum Beispiel aus dem Protokoll, dass eine Urkunde verlesen wurde, gilt sie als verlesen, selbst wenn die Verlesung tatsächlich nie stattgefunden hat. Unter **negativer Beweiskraft** versteht man, dass die nicht im Protokoll beurkundeten wesentlichen Förmlichkeiten als nicht geschehen gelten, selbst wenn sie tatsächlich (und anderweitig nachweisbar) stattgefunden haben. Deshalb wird eine Verfahrensrüge, die sich auf das Protokoll stützen kann, in der Regel erfolgreich sein, auch wenn es einen entsprechenden Fehler in Wahrheit gar nicht gegeben hat.

Die Beweiskraft des Protokolls entfällt nur dann, wenn das Proto- 125
koll offensichtlich lückenhaft, unklar oder widersprüchlich ist oder aber – sehr selten – der Nachweis der Fälschung gem. § 274 S. 2 gelingt. In derartigen Fällen kann das Revisionsgericht den tatsächlichen Verfahrensverlauf im Freibeweisverfahren ermitteln. Stets unzulässig ist jedoch die sog. **Protokollrüge**, also der bloße Vortrag, das Protokoll sei unrichtig, da das Urteil grundsätzlich nicht auf einer Unrichtigkeit des Protokolls, sondern nur auf der durchgeführten Hauptverhandlung beruhen kann. Eine wichtige Ausnahme machen Teile der Rspr. allerdings im Zusammenhang mit der Protokollierung von Verständigungsgesprächen nach § 273 Abs. 1a (BGHSt 58, 310; anders aber BGHSt 59, 130; s.a. BVerfG HRRS 2016 Nr. 97). Hier soll der Vortrag des Revisionsführers genügen, dass nicht dokumentierte Verständigungsgespräche stattgefunden haben, da der Verfahrensfehler dann

gerade in der mangelhaften Protokollierung als solcher besteht (s. zum Ganzen *M-G/S* § 344 Rn. 26 f. m.w.N.).

126 Problematisch ist eine nachträgliche **Protokollberichtigung** von Amts wegen, wenn sie einer zulässigen Verfahrensrüge die Grundlage entzieht. Nach der älteren Rspr. war eine solche Protokollberichtigung für das Revisionsgericht unbeachtlich (sog. **Verbot der Rügeverkümmerung**). Der Große Senat hat eine nachträgliche Korrektur zu Lasten des Revisionsführers mittlerweile jedoch **zugelassen**, sofern folgende Voraussetzungen erfüllt sind (BGHSt 51, 258 = NJW 2007, 2419 – lesen!): (1.) Übereinstimmende Erinnerung von Vorsitzendem und Urkundsbeamtem, s.u. Rn. 280, (2.) Mitteilung an den Angeklagten und Gewährung rechtlichen Gehörs und (3.) bei substantiiertem Widerspruch die Pflicht zur Aufklärung und Begründung. Wichtig ist, dass dem berichtigten Teil des Protokolls keine formelle Beweiskraft zukommt. Verbleiben dem Revisionsgericht Zweifel, kann es den von der Berichtigung betroffenen Sachverhalt daher per Freibeweis aufklären. Insgesamt ist das Problem hoch umstritten und berührt den Grundsatz des fairen Verfahrens ebenso wie die strikte Beweiskraft des Hauptverhandlungsprotokolls nach § 274 S. 1. Die Rechtsprechungsänderung des BGH, die das Gericht maßgeblich auf ein geändertes „anwaltliches Ethos", sprich eine zunehmend rechtsmissbräuchliche Haltung der Verteidiger stützt, stößt in der Literatur auf erheblichen Widerspruch, wurde aber vom BVerfG im Ergebnis „gehalten" (BVerfGE 122, 248 = NJW 2009, 1469 – lesen!).

127 Im Übrigen, soweit also keine „wesentlichen Förmlichkeiten" betroffen sind, kann der Verfahrensverstoß durch das Revisionsgericht im **Freibeweisverfahren** geklärt werden, wobei oftmals auch hier (mangels anderweitiger Erkenntnisquellen) das Sitzungsprotokoll herangezogen wird. Ansonsten können Verfahrensfehler auch mit den Urteilsgründen oder anderen Informationsquellen (insbesondere persönlichen Erklärungen der Verfahrensbeteiligten) bewiesen werden. Stets gilt jedoch das richterrechtlich entwickelte sog. **Rekonstruktionsverbot**, wonach Verfahrensfehler grundsätzlich ohne „Beweis über die Beweisaufnahme" nachgewiesen werden müssen.

128 **Klausurtipp:** Soweit sich ein Verfahrensfehler nicht schon aus dem Protokoll ergibt, wird der Sachverhalt regelmäßig Angaben enthalten, die einen Nachweis auf sonstige Weise ermöglichen wie z.B. Vermerke oder Stellungnahmen. Umgekehrt weisen solche Aktenstücke regelmäßig auf (beachtliche) Verfahrensfehler hin.

129 **Fall 15** (vgl. BGH, Beschl. v. 16.03.1999 – 4 StR 588/98 = NStZ 1999, 426): Das LG verurteilt den 17-jährigen Angekl. zu einer

Jugendstrafe. Mit der Revision rügt sein Verteidiger, dass der Mutter des Angekl. nicht das letzte Wort erteilt worden sei. Im Sitzungsprotokoll ist die Worterteilung tatsächlich nicht vermerkt. Der GBA sieht hingegen keinen Verfahrensfehler: Der Sitzungsniederschrift lasse sich lediglich entnehmen, dass der Mutter am Sitzungstag nach den Ausführungen der Jugendgerichtshilfe Gelegenheit zur Äußerung gegeben wurde, nicht aber, dass sie sich im Anschluss überhaupt noch im Sitzungssaal befunden hat. Mangels bewiesener Anwesenheit habe ihr somit auch nicht das Wort erteilt werden müssen. Ist die Revision begründet?

Lösung: Fraglich ist zunächst, welcher Sachverhalt durch das **Protokoll** bewiesen ist. In **negativer** Hinsicht beweist es, dass der Mutter des Angekl. entgegen **§ 67 Abs. 1 JGG i.V.m. § 258 Abs. 2** nicht das letzte Wort erteilt wurde. Ein Verfahrensverstoß läge freilich nur vor, wenn die Mutter zu diesem Zeitpunkt überhaupt anwesend war. Insoweit kommt ein Protokollbeweis jedoch nicht in Betracht, weil es sich bei der Abwesenheit von Personen, deren Anwesenheit das Gesetz **nicht zwingend** vorschreibt, nicht um eine **wesentliche Förmlichkeit** handelt. Das Revisionsgericht muss deshalb im Wege des Freibeweises (z.B. durch Einholung dienstlicher Äußerungen der Verfahrensbeteiligten) klären, ob die Mutter des Angekl. bis zum Schluss der Verhandlung anwesend war. Ist es hiervon überzeugt, wird das Urteil auch auf dem Verfahrensverstoß **beruhen**, es sei denn, dass ein Einfluss des letzten Wortes (insbesondere auf die Rechtsfolgen) ausnahmsweise auszuschließen war.

4. Absolute Revisionsgründe

130 Da bei den sog. **absoluten Revisionsgründen** nach § 338 das Beruhen des Urteils auf der Gesetzesverletzung unwiderlegbar vermutet wird, werden sie vorrangig geprüft. Insoweit ist zu beachten, dass § 338 selbst keine Verfahrensvorschrift ist, gegen die verstoßen werden kann. Vielmehr sind zunächst die für den Katalog der Vorschrift relevanten und möglicherweise verletzten Normen zu prüfen. Nach Abhandlung der weiteren Prüfungspunkte (Beweisbarkeit etc.) ist sodann unter Hinweis auf § 338 festzustellen, dass angesichts des Vorliegens eines absoluten Revisionsgrundes das Urteil auch auf der Rechtsverletzung beruht.

131 **Klausurtipp:** Sollte in der Klausur ein absoluter Revisionsgrund bejaht werden, ist die Prüfung (wie auch in der Praxis) fortzusetzen, weil es fahrlässig wäre, sich nur auf einen Fehler zu stützen, solan-

ge weitere in Betracht kommen. Außerdem wird in der Klausur regelmäßig ein umfassendes Gutachten gefordert.
Zurückhaltung ist derweil im Umgang mit dem umstr. Richterrecht geboten, wonach ein Beruhen trotz Vorliegens eines absoluten Revisionsgrundes ausnahmsweise denkgesetzlich ausgeschlossen sein kann (vgl. *M-G/S* § 338 Rn. 2). Verstöße gegen § 338 Nr. 6 (Öffentlichkeit) liefen bspw. ohne restriktive Anwendung dieser Ausnahme faktisch leer.

a) Vorschriftswidrige Besetzung des Gerichts (§ 338 Nr. 1)

132 Die sog. **Besetzungsrüge** sichert das Recht auf den gesetzlichen Richter nach Art. 101 Abs. 1 S. 2 GG i.V.m. § 16 S. 2 GVG. Vorschriften zur ordnungsgemäßen Besetzung des Gerichts finden sich insbesondere in den §§ 22, 29, 33–34, 59, 76, 115, 122 GVG und §§ 28, 29, 37, 44–44b DRiG (lesen!). Eine fehlerhafte Besetzung des Gerichts kann unterschiedliche Ursachen haben, wie etwa Fehler in der Geschäftsverteilung (die jedoch i.d.R. nur bei **Willkür** oder Rechtsmissbrauch revisibel sind; vgl. BGHSt 44, 161; *M-G/S* § 338 Rn. 7), Abweichung von der gesetzlich vorgeschriebenen Richterzahl (insbesondere durch die Verhinderung eines Richters), unrichtige Besetzung des Gerichts mit Schöffen (etwa wegen fehlerhafter Vereidigung nach § 45 Abs. 2 DRiG oder Fehlern im Auslosungsverfahren nach §§ 45, 77 GVG) oder aber Mängel in der Person des Richters oder des Schöffen selbst (blind – str., taub, stumm etc.).

133 In Verfahren, die im ersten Rechtszug vor dem **LG oder OLG** stattfinden, ist die **Rügepräklusion** nach § 338 Nr. 1 Hs. 2 zu beachten. Während die fehlerhafte Besetzung früher spätestens bis zur Vernehmung des (ersten) Angeklagten zur Sache lediglich gegenüber dem Tatgericht geltend zu machen war, wurde im Zuge der StPO-Reform 2019 in §§ 222a, 222b ein sog. Vorabentscheidungsverfahren eingeführt, das eine verbindliche Klärung durch das Rechtsmittelgericht schon vor oder zu Beginn der Hauptverhandlung ermöglichen soll. Für die Revisionsklausur sind im zweigliedrigen Instanzenzug nur noch Fälle relevant, in denen
– das Tatgericht trotz (von ihm selbst oder dem Rechtsmittelgericht) festgestellter Vorschriftswidrigkeit der Besetzung geurteilt hat (§ 338 Nr. 1 Hs. 2 lit. a – sehr selten) oder
– keine Vorabentscheidung vorliegt und eine der Varianten gemäß § 338 Nr. 1 Hs. 2 lit. b eingreift, zu denen Mitteilungsmängel (lit. aa), die fehlerhafte Zurückweisung eines form- und fristgerecht angebrachten Einwands (lit. bb) oder die Urteilsverkündung noch vor Ablauf der Prüffrist (lit. cc) zählen.

B. Begründetheit der Revision

Ist ein Richter oder Schöffe während der Verhandlung gänzlich abwesend, wozu auch Schlaf und sonstige geistige Abwesenheit gehören (*M-G/S* § 338 Rn. 10, 15), ist auch dies nach h.M. ein Besetzungsfehler nach § 338 Nr. 1 und nicht – wie man meinen könnte – ein Fall von § 338 Nr. 5, wobei der 3. Senat dies immerhin für den Fall bezweifelt hat, dass der Vorsitzende die Videovernehmung einer Zeugin (§ 247a) außerhalb des Sitzungssaals durchführt (BGH NJW 2017, 181).

Fall 16 (vgl. BGH, Urt. v. 07.11.2016 – 2 StR 9/15 = BGHSt 61, 296): Im Laufe eines langwierigen Verfahrens vor dem LG wird Beisitzerin B schwanger. Nachdem die Hauptverhandlung über Weihnachten für zwei Wochen unterbrochen war, ist im Fortsetzungstermin zu erkennen, dass B zwischenzeitlich entbunden haben muss. Das Gericht beantwortet jedoch entsprechende Nachfragen der Verteidigung nicht, weist eine förmliche Rüge zurück und verurteilt den Angekl. letztlich. Dringt eine auf die unrichtige Besetzung des Gerichts gestützte Verfahrensrüge durch?

Lösung: In formeller Hinsicht ist die Rüge nicht etwa deshalb ausgeschlossen, weil der Angekl. den Einwand der vorschriftswidrigen Besetzung nicht rechtzeitig i.S.d. § 222b Abs. 1 S. 1 erhoben hat. Tritt ein Mangel – wie vorliegend – erst nach diesem Zeitpunkt ein (oder ist objektiv erst später bemerkbar), greift die **Präklusion** nämlich nicht. Materiell kommt es somit darauf an, ob ein Verstoß gegen das **absolute Dienstleistungsverbot** nach § 3 Abs. 2 S. 1 MuSchG, das durch die jeweiligen landesrechtlichen Regelungen auf Richter entsprechend anwendbar ist, gleichzeitig eine Verletzung des **Art. 101 Abs. 1 S. 2 GG** nach sich zieht. Das LG verneinte dies unter Hinweis auf die Unabhängigkeit der Richterin, die über die Inanspruchnahme ihres Mutterschutzes frei entscheiden könne. Ohnehin sei das Beschäftigungsverbot keine gesetzliche Regelung über die Gerichtsbesetzung und der Schutzweck des MuSchG berühre auch nicht den **Rechtskreis** des Angeklagten. Der BGH sah dies anders. Angesichts der zwingenden Natur des Dienstleistungsverbots solle jedweder Entscheidungsdruck von betroffenen Frauen genommen werden, sich „freiwillig" überobligatorisch einzubringen. Weiterhin führe das Verbot zu einem gesetzlichen **Mitwirkungsverbot**, das in den Schutzbereich des Anspruchs auf den **gesetzlichen Richter** eingreife. Darüber könne auch die sachliche Unabhängigkeit der Richterin nicht hinweghelfen. Nach Ansicht des BGH ist die Besetzungsrüge folglich begründet. Nachdem die Unterbrechungsfristen des § 229 Abs. 3 S. 1 Nr. 2 im Jahre 2019 an Mutterschutz bzw. Elternzeit angepasst wurden, dürfte sich ein solcher Fall in der Praxis freilich kaum wiederholen, was aber nicht für die Klausur gelten muss.

b) Mitwirkung eines kraft Gesetzes ausgeschlossenen Richters oder Schöffen (§ 338 Nr. 2)

136 Die Gründe für die **Ausschließung** eines Richters sind abschließend in den §§ 22 f., 148a Abs. 2 geregelt und gelten über § 31 Abs. 1 auch für Schöffen und Urkundsbeamte. Nach Sinn und Zweck der Vorschriften soll vermieden werden, dass Personen an der Urteilsfindung mitwirken, die dem zu beurteilenden Sachverhalt und dem Angeklagten nicht (mehr) mit der nötigen Distanz und Unvoreingenommenheit gegenüberstehen. Bei den kraft Gesetzes bestehenden Ausschließungsgründen der §§ 22 Nr. 1–5, 23 wird dies unwiderlegbar vermutet. Wirkt z.B. ein Richter bei der Urteilsfindung mit, der selbst oder dessen Angehörige durch die Straftat verletzt wurde/n (§ 22 Nr. 1–3) oder der in einer **anderen prozessualen Rolle** mit der Sache (vor-)befasst war (§ 22 Nr. 4 und 5) bzw. in einer vorigen Instanz beteiligt war (§ 23 Abs. 1 und 2 – Achtung: der in die Tatsacheninstanz zurückgekehrte Rechtsmittelrichter ist nicht erfasst), ist er kraft Gesetzes von der Richterrolle ausgeschlossen, ohne dass es eines besonderen Antrages bedarf. Wirkt er dennoch mit, führt dies auf eine zulässige Rüge hin zur Aufhebung des Urteils in der Revision. Bezüglich § 22 Nr. 5 ist darauf hinzuweisen, dass „in der Sache" nicht zwingend im Sinne von Verfahrensidentität zu verstehen ist und dass grundsätzlich auch schriftliche Äußerungen im Rahmen von dienstlichen Erklärungen, jedenfalls soweit sie sich nicht nur auf prozessuale Umstände beziehen, erfasst sind (*M-G/S* § 22 Rn. 17, 20). Obwohl bei Mitwirkung eines ausgeschlossenen Richters an sich auch eine vorschriftswidrige Besetzung nach § 338 Nr. 1 vorliegt, greift die dort geregelte Präklusion nicht ein, da § 338 Nr. 2 als Spezialregelung vorgeht.

137 **Klausurtipp:** Sollte sich der Angekl. daran stören, dass einer der erkennenden Richter als Ermittlungsrichter mit der Sache vorbefasst war, ist klarzustellen, dass diese Konstellation vom Wortlaut des § 23 (lesen!) gerade nicht erfasst ist. Auch Besorgnis der Befangenheit nach § 24 kommt nur in Betracht, wenn die Vorentscheidung willkürlich unrichtig war (s.u. Rn. 140).

c) Mitwirkung eines wegen der Besorgnis der Befangenheit abgelehnten Richters oder Schöffen (§ 338 Nr. 3)

138 Anders als bei der Ausschließung kraft Gesetzes ist bei der Besorgnis der Befangenheit ein konkreter **Ablehnungsantrag** nach § 26

B. Begründetheit der Revision

erforderlich. Das Ablehnungsrecht steht gem. § 24 Abs. 3 der Staatsanwaltschaft, dem Beschuldigten und dem Privatkläger sowie nach § 397 Abs. 1 S. 3 auch dem Nebenkläger zu. Bei der Frage, ob ein Ablehnungsgrund i.S.v. § 24 Abs. 2 vorliegt, also Umstände, die geeignet sind, Misstrauen gegen die Unparteilichkeit des Richters zu rechtfertigen, kommt es auf einen **individuell-objektiven Maßstab** an. Der Ablehnende muss bei verständiger Würdigung des ihm bekannten Sachverhalts Grund zur Annahme haben, der Richter habe ihm gegenüber eine innere Haltung eingenommen, die seine Unparteilichkeit oder Unvoreingenommenheit störend beeinflussen **könnte** (*M-G/S* § 24 Rn. 8 m.w.N.). Ursache der Befangenheit können etwa eine besondere persönliche oder dienstliche Beziehung zu den Verfahrensbeteiligten, Entscheidungen und Verhalten im Zwischenverfahren und der Hauptverhandlung sowie schlicht irgendwelche unsachlichen Äußerungen sein. Grundsätzlich nicht ausreichend sind die persönlichen Verhältnisse des Richters (nicht mehr in den privaten Bereich fällt allerdings ein öffentliches Profil im Internet, auf dem ein Richter auf Fotos und in Kommentaren Späße auf Kosten der Angeklagten macht, s. BGH NStZ 2016, 218). Fehlerhafte Zwischenentscheidungen, die Kundgabe von unzutreffenden Rechtsansichten oder die Art und Weise der Verhandlungsführung können grundsätzlich nur bei **Willkür** oder schweren und offensichtlichen Fehlern die Besorgnis der Befangenheit begründen (vgl. zu allem die umfangreiche Kasuistik bei *M-G/S* § 24 Rn. 9 ff.). In geeigneten Fällen soll die Besorgnis durch Klarstellung, Erläuterung und ggf. Entschuldigung nachträglich beseitigt werden können.

Das **Ablehnungsverfahren** wurde durch die StPO-Reformen 2017 und 2019 erheblich verändert, um Verzögerungen durch Befangenheitsanträge zu reduzieren. Besteht ein Ablehnungsgrund, kann dieser gem. § 25 Abs. 1 grundsätzlich nur bis zum Beginn der Vernehmung des ersten Angeklagten über seine persönlichen Verhältnisse geltend gemacht werden, danach nur dann, wenn der Grund zu einem späteren Zeitpunkt hervortritt und die Ablehnung **unverzüglich** beantragt wird (§ 25 Abs. 2). Ohne schuldhaftes Zögern müssen neuerdings auch Ablehnungen vor Beginn der Hauptverhandlung erfolgen, wenn vor dem LG oder OLG verhandelt wird (§ 25 Abs. 1 S. 2). Bis zur Entscheidung über das Ablehnungsgesuch darf der abgelehnte Richter nur unaufschiebbare Handlungen vornehmen (§ 29 Abs. 1), wozu entgegen der früheren Rechtslage nun auch die Durchführung der Hauptverhandlung für längstens zwei Wochen oder bis zum übernächsten Verhandlungstag zählt (§ 29 Abs. 2, 3). Spätestens vor Urteilsverkündung muss über die Ablehnung entschieden worden sein. Darüber hinaus kann das Gericht dem Antragsteller durch Beschluss auferlegen, ein mündliches Ablehnungsgesuch innerhalb **angemessener Frist schriftlich** zu begründen (§ 26 Abs. 1 S. 2). Geht die schriftliche Begründung nicht rechtzeitig ein, kann der Antrag unter Mitwirkung des abgelehnten Richters als unzulässig verworfen werden (§ 26a Abs. 1 Nr. 2). Zu beachten ist, dass Verstöße gegen § 29 (etwa unter dem Gesichtspunkt, ob eine Prozesshandlung „unaufschiebbar" i.S.d. Abs. 1 war) lediglich einen relativen Revisionsgrund darstellen.

140 In der Klausur wird es regelmäßig um die Frage gehen, ob der Ablehnungsantrag „mit Unrecht" verworfen wurde (§ 338 Nr. 3 Alt. 2), was wiederum zu einer **inzidenten Prüfung** der §§ 24 ff. führt. Rechtswidrig verworfen wurde ein Ablehnungsgesuch nach der früheren Rspr. nur dann, wenn es in der Sache **begründet** war, selbst wenn es das Gericht in fehlerhafter Weise bereits als unzulässig nach § 26a behandelt hatte. Nach Intervention des BVerfG geht mittlerweile auch der BGH im Hinblick auf den gesetzlichen Richter (Art. 101 Abs. 1 S. 2 GG) nicht nur bei sachlicher Begründetheit, sondern auch dann von einer Verwerfung „mit Unrecht" aus, wenn das Gericht durch **willkürliche** Anwendung von § 26a Abs. 1 über das Ablehnungsgesuch entscheidet und es als **unzulässig** verwirft (*M-G/S* § 338 Rn. 28 m.w.N.). Willkür liegt regelmäßig vor, wenn sich das Gericht unter Mitwirkung des abgelehnten Richters bereits im Rahmen der Zulässigkeitsprüfung **inhaltlich** mit dem Ablehnungsgesuch auseinandersetzt und der abgelehnte Richter damit „in eigener Sache" eine Entscheidung trifft, von der er nach § 27 Abs. 1 gerade ausgeschlossen gewesen wäre. Denn nur bei gänzlich fehlender Darlegung eines Ablehnungsgrundes oder wenn die Begründung zur Rechtfertigung eines Ablehnungsgesuchs offensichtlich **völlig ungeeignet** ist, kann das Gesuch als unzulässig verworfen werden – die offensichtliche Unbegründetheit reicht hingegen nicht aus (typischer Fehler in der Praxis).

141 Zu beachten ist schließlich, dass gem. § 28 Abs. 2 S. 1 der Beschluss, durch den das Ablehnungsgesuch als unzulässig verworfen oder als unbegründet zurückgewiesen wurde, nach dem Gesetz eigentlich mit der **sofortigen Beschwerde** anzufechten ist. Nach § 28 Abs. 2 S. 2 kann die Entscheidung, sofern sie einen erkennenden Richter betrifft, jedoch nur zusammen mit dem Urteil angefochten werden. Hieraus folgt, dass das Revisionsgericht die Prüfung nach **Beschwerdegrundsätzen** (§§ 304 ff.) vorzunehmen und inzident zu prüfen hat, ob der ursprüngliche Ablehnungsantrag zulässig (Antragsberechtigung, Form, Frist, Glaubhaftmachung) und begründet (Besorgnis der Befangenheit) war. Da es sich bei der Rüge nach § 338 Nr. 3 ihrer Natur nach also um eine sofortige Beschwerde handelt, ist die revisionsrechtliche Prüfung nicht nur auf Rechtsfragen beschränkt, sondern erfasst auch Tatsachen, allerdings nur solche, die zum Zeitpunkt der tatrichterlichen Entscheidung bereits vorlagen. In der Sache darf das Revisionsgericht aus diesem Grund ausnahmsweise auch sein eigenes Ermessen an die Stelle des tatrichterlichen Ermessens setzen (*M-G/S* § 338 Rn. 27).

Merke: Kein Fall des § 338 Nr. 3 ist die Ablehnung eines **Sachverständigen** oder **Staatsanwalts**. Zwar kann ersterer nach § 74 Abs. 1 S. 1 aus denselben Gründen wie ein Richter abgelehnt werden. Eine fehlerhafte Zurückweisung des Antrags kann jedoch nur – ohne Geltung der Beschwerdegrundsätze – als relativer Revisionsgrund nach § 337 gerügt werden. Das gilt im Ergebnis auch für die Mitwirkung eines befangenen Staatsanwalts, der nicht abgelehnt, sondern allenfalls nach § 145 Abs. 1 GVG ersetzt werden kann, worauf das Gericht ggf. beim Dienstvorgesetzten hinwirken muss. 142

Fall 17 (vgl. BGH, Urt. v. 17.06.2015 – 2 StR 228/14 = NJW 2015, 2986): Während der Vernehmung eines Zeugen bedient eine beisitzende Richterin über einen Zeitraum von etwa zehn Minuten mehrfach ihr Mobiltelefon, um wegen Überschreitung der Sitzungszeit per SMS die Betreuung ihrer Kinder zu organisieren. Ein rechtzeitiges Ablehnungsgesuch des Angekl. wird als unbegründet zurückgewiesen. Der Angekl. wird schließlich vom LG verurteilt. Hat eine Verfahrensrüge wegen Verletzung von § 24 Abs. 1 und 2 i.V.m. § 338 Nr. 3 Erfolg? 143

Lösung: Fraglich ist, ob der **Ablehnungsantrag** zu Unrecht zurückgewiesen wurde. Der BGH bejahte dies mit folgenden Erwägungen: Auch aus der Sicht eines besonnenen Angekl. gebe die private Handynutzung während laufender Hauptverhandlung Grund zu der Befürchtung, die Richterin habe sich mangels uneingeschränkten Interesses an der dem **Kernbereich richterlicher Tätigkeit** unterfallenden Beweisaufnahme bereits auf ein bestimmtes Ergebnis festgelegt. Besonders schwer wog die Erklärung der Richterin, die Nachrichten bereits vorab gefertigt zu haben, um sie bei Bedarf schneller versenden zu können. Der BGH warf ihr deshalb vor, sie habe es von vornherein darauf angelegt, aktiv in der Hauptverhandlung nach außen zu kommunizieren, wodurch sie bewusst **private** Angelegenheiten über ihre Dienstpflichten gestellt habe. Anders als bei bloß unbedachtem Verhalten konnte die Besorgnis der Befangenheit daher auch nicht mit einer Richtigstellung oder Entschuldigung beseitigt werden, so dass die Verfahrensrüge Erfolg hat.

Darüber hinaus könnte man im Fallbeispiel wegen der Unaufmerksamkeit der Richterin an eine (geistige) **Abwesenheit** i.S.d. § 338 Nr. 1 denken, allerdings dürfte der Zeitraum wohl nicht erheblich genug sein (vgl. *M-G/S* § 338 Rn. 14).

d) Unzuständigkeit des Gerichts (§ 338 Nr. 4)

144 Da die sachliche Zuständigkeit (§ 6) bereits eine in jedem Verfahrensstadium von Amts wegen zu berücksichtigende Verfahrensvoraussetzung ist, handelt es sich bei Verstößen im Rahmen von § 338 Nr. 4 regelmäßig um Fälle der **funktionellen** (§ 74e GVG: Schwurgericht, Staatsschutz- und Wirtschaftsstrafkammer) sowie insbesondere um solche der **örtlichen Zuständigkeit** nach §§ 7 ff. (*M-G/S* § 338 Rn. 30 ff.). Zwar sind auch diese Verstöße von Amts wegen zu prüfen. Dies gilt gem. §§ 6a S. 1, 16 S. 1 jedoch nur bis zum Beginn der Hauptverhandlung, woraus folgt, dass ein ausschließlich aufgrund der mündlichen Verhandlung ergangenes Urteil niemals auf einem entsprechenden Fehler im Vorfeld beruhen kann. Nach dem Beginn der Hauptverhandlung ist ein Verstoß gegen die funktionelle oder die örtliche Zuständigkeit nur auf Rüge des Angeklagten hin beachtlich, die jedoch gem. §§ 6a S. 3, 16 S. 3 **präkludiert** ist, wenn sie nicht bis zum Beginn der Vernehmung des Angeklagten zur Sache erhoben wird. In der Klausur wird es daher bei § 338 Nr. 4 ähnlich wie bei § 338 Nr. 3 primär um Fälle gehen, in denen eine wirksam erhobene Rüge zu Unrecht zurückgewiesen wurde.

145 Ebenfalls unter § 338 Nr. 4 fallen Verstöße gegen den Vorrang der **Jugendgerichte** (§ 33 JGG), die gem. § 107 JGG auch für Verfehlungen Heranwachsender (18. bis 21. Lebensjahr, § 1 Abs. 2 JGG) zuständig sind. In die Zuständigkeit der Jugendgerichte fallen darüber hinaus nach §§ 26, 74b GVG auch Straftaten Erwachsener, wenn ein Kind oder ein Jugendlicher durch die Straftat verletzt oder unmittelbar gefährdet wurde (sog. Jugendschutzsachen). Die Sonderzuständigkeit der Jugendgerichte wird bei gleichrangigen Spruchkörpern (etwa große Strafkammer statt Jugendkammer) nach h.M. nicht von Amts wegen, sondern nur auf ausdrückliche Rüge hin geprüft. Stellt das Gericht fest, dass eigentlich ein Jugendgericht zuständig ist, hat es nach § 270 Abs. 1 an dieses zu verweisen (umgekehrt gilt dies gem. § 47a JGG jedoch nicht!). Schließlich ist zu beachten, dass es bei der Rüge der Missachtung des Vorrangs der Jugendgerichte keine Präklusionsvorschriften wie § 6a S. 3 gibt.

e) Vorschriftswidrige Abwesenheit von Verfahrensbeteiligten in der Hauptverhandlung (§ 338 Nr. 5)

146 Weil der körperlich abwesende Richter oder Schöffe bereits unter § 338 Nr. 1 fällt, gilt § 338 Nr. 5 ausschließlich für die übrigen Prozessbeteiligten wie den **Staatsanwalt** und den **Urkundsbeamten** der Geschäftsstelle (§ 226), den **Angeklagten** (§ 230 Abs. 1, 231 Abs. 1), den **notwendigen Verteidiger** (§ 140) und ggf. den **Dolmetscher**

B. Begründetheit der Revision

(§ 185 GVG). Wichtig ist, dass der betreffende Verfahrensbeteiligte nach h.M. während eines **wesentlichen Teils** der Hauptverhandlung abwesend sein muss. Dazu zählen etwa Verlesung des Anklagesatzes, Vernehmung des Angeklagten, Beweisaufnahme, Schlussvorträge und Verkündung der Urteilsformel. Unwesentlich sind dagegen z.B. Aufruf und Belehrung von Zeugen, Festsetzung von Ordnungsmitteln oder mündliche Eröffnung der Urteilsgründe. Im Übrigen sei auf die Kasuistik bei *M-G/S* § 338 Rn. 37 f. verwiesen.

> **Klausurtipp:** Stets ist am Ende der Prüfung eine Heilung zu erwägen, wenn der in Abwesenheit des Beteiligten vollzogene Teil der Hauptverhandlung wiederholt worden ist (s. *M-G/S* § 338 Rn. 3). 147

In Klausuren geht es meist um die grundsätzliche und **indisponible** 148 (BGH NStZ 2018, 739) Anwesenheitspflicht des **Angeklagten** in Verbindung mit den entsprechenden Ausnahmeregelungen in den §§ 231 Abs. 2, 231a Abs. 1, 231b Abs. 1, 232 Abs. 1, 233 Abs. 1, 247, 329, 387 Abs. 1, 412 (lesen!). Hier lassen sich unzählige Klausurfälle bilden, die i.d.R. jedoch mit Hilfe der Kommentierung zu lösen sein dürften. Nicht anwesend ist der Angeklagte (ebenso wie andere Verfahrensbeteiligte) übrigens auch, wenn er **zeitweise verhandlungsunfähig** ist – bei andauernder Verhandlungsunfähigkeit besteht dagegen ein Verfahrenshindernis (s.o. Rn. 79).

Im Examen sind insbesondere Probleme rund um **§ 247** beliebt, der 149 bei Zeugenvernehmungen in Abwesenheit des Angeklagten u.a. verlangt, dass der – vom Gericht und nicht bloß vom Vorsitzenden anzuordnende – Ausschluss des Angeklagten nicht länger dauern darf als die Zeugenvernehmung, sodass der Angeklagte bei der Entscheidung über die **Vereidigung** des Zeugen sowie bei der ggf. erfolgenden Vereidigung selbst wieder anwesend sein muss. Früher war umstritten, ob die Anwesenheitspflicht auch während der Verhandlung über die **Entlassung** des Zeugen besteht. Mit einer Entscheidung des Großen Senats (BGHSt 55, 87) hat der BGH nunmehr klargestellt, dass es sich hierbei ebenfalls nicht um einen Teil der Vernehmung i.S.v. § 247 handelt, sodass der Angeklagte nicht ausgeschlossen werden darf. Hinzuweisen ist ferner darauf, dass andere anlässlich der Zeugenvernehmung erfolgende Beweisvorgänge wie insbesondere Inaugenscheinnahmen oder die Verlesung von Urkunden ebenfalls in Anwesenheit des Angeklagten stattzufinden haben oder jedenfalls nach dessen Rückkehr zu wiederholen sind. Hinsichtlich der Verlesung von Urkunden kann hierbei die Abgrenzung zum Vorhalt als Vernehmungsbehelf problematisch sein (s.u. Rn. 270). Wenn und soweit der Angeklagte nach Wiederkehr in den Sitzungssaal vom Vorsitzenden nicht oder in fehlerhafter Weise über den Inhalt der Vernehmung unterrichtet wird (§ 247 S. 4), ist dies allerdings kein Fall der Abwesenheit gem. § 338 Nr. 5, sondern kann lediglich als relativer Revisionsgrund nach § 337 gerügt werden.

150 Handelt es sich um ein **Jugendstrafverfahren**, kann der jugendliche Angeklagte nach **§ 51 Abs. 1 JGG** aus erzieherischen Gründen von der Verhandlung ausgeschlossen werden. Nicht unter § 338 Nr. 5 fällt hingegen die Abwesenheit eines Vertreters der Jugendgerichtshilfe (§§ 38 Abs. 3 S. 1, 50 Abs. 3 JGG) oder eines Erziehungsberechtigten (§ 67 Abs. 1 JGG). Solche Verstöße können aber als relativer Revisionsgrund durchgreifen, falls das Urteil auf ihnen beruht.

151 Auch der **Verteidiger** kann vorschriftswidrig abwesend sein, sofern ein Fall der notwendigen Verteidigung nach **§ 140** (2019 umfassend reformiert – unbedingt lesen und vertiefen!) vorliegt. Hierunter fallen sowohl die fehlende Beiordnung als auch die (zeitweise) körperliche oder geistige Abwesenheit des Verteidigers. Entfernt sich der Verteidiger jedoch eigenmächtig und pflichtwidrig, ist die Rüge regelmäßig verwirkt.

152 > **Fall 18** *(aus Aktenvortrag)*: Der Angekl. wird vor dem Schöffengericht wegen gewerbsmäßigen Betruges (§ 263 Abs. 1, Abs. 3 S. 2 Nr. 1 StGB) angeklagt. Das Gericht lässt die Anklage unverändert zu. Obwohl auch eine Bandenmitgliedschaft naheliegt, ergeht in der Verhandlung weder ein Hinweis nach § 265 Abs. 1 noch wird ein Verteidiger beigeordnet. Der Angekl. wird schließlich anklagegemäß verurteilt und legt Revision ein. Hat seine Verfahrensrüge im Hinblick auf § 140 i.V.m. § 338 Nr. 5 Erfolg?
>
> **Lösung:** Fraglich ist, ob die Hauptverhandlung in Abwesenheit eines **Verteidigers** stattfinden durfte. Eine Beiordnung ist nach § 140 Abs. 1 Nr. 2 zwingend, wenn dem Angekl. ein **Verbrechen** „zur Last gelegt" wird. Zwar ist der banden- und gewerbsmäßige Betrug nach § 263 Abs. 5 StGB ein Verbrechen. Jedoch verlangt das Gesetz, dass dem Angekl. das Verbrechen in Anklage, Eröffnungsbeschluss oder durch gerichtlichen Hinweis tatsächlich vorgeworfen wird (*M-G/S* § 140 Rn. 12). Nehmen Gericht und Staatsanwaltschaft (fälschlicherweise) kein Verbrechen an, liegt kein Fall des § 140 Nr. 2 vor.
>
> Ein Verstoß ergibt sich hier jedoch aus dem 2019 neu gefassten § 140 Abs. 1 Nr. 1, wonach die Beiordnung bei Verfahren vor dem **Schöffengericht** zwingend ist. Darüber hinaus wäre sie auch wegen der „**Schwere der zu erwartenden Rechtsfolge**" (§ 140 Abs. 2 Var. 2) geboten, die wie nach altem Recht ab einer Straferwartung

von etwa einem Jahr (Gesamt-)Freiheitsstrafe (auch ausgesetzt zur Bewährung oder in Verbindung mit drohendem Widerruf in anderer Sache) anzunehmen sein dürfte. Mit der Anklage zum Schöffengericht hat die StA diese Schwelle überschritten (erwartetes Strafmaß von zwei bis vier Jahren Freiheitsstrafe, §§ 25, 28 GVG). Damit lag in zweifacher Hinsicht ein Fall notwendiger Verteidigung vor und der Verstoß gegen § 338 Nr. 5 kann mit Erfolg geltend gemacht werden.

Klausurtipp: Eine entgegen § 140 unterbliebene Pflichtverteidigerbestellung kann in der Klausur nicht nur im Rahmen von § 338 Nr. 5, sondern darüber hinaus etwa bei der Zustimmung zur Verlesung von Vernehmungsprotokollen nach § 251 Abs. 1 Nr. 1 (*M-G/S* § 251 Rn. 7) oder der Frage der Wirksamkeit eines Rechtsmittelverzichts (*M-G/S* § 302 Rn. 25a) bedeutsam sein. Insoweit kann sich die fehlerhaft unterlassene Beiordnung wie ein „roter Faden" durch die Klausur ziehen. 153

f) Verletzung des Öffentlichkeitsgrundsatzes (§ 338 Nr. 6)

Das strafprozessuale Prinzip der Öffentlichkeit ist in § 169 S. 1 GVG normiert und über § 338 Nr. 6 besonders geschützt. Der Öffentlichkeitsgrundsatz ist Ausprägung eines rechtsstaatlichen Strafverfahrens und garantiert, dass grundsätzlich jedem jederzeit der Zutritt zum Sitzungssaal offenstehen muss, weshalb ein revisibler Fehler bereits dann vorliegt, wenn einzelne Personen keinen Zugang hatten. Aufgrund der Schutzrichtung des Öffentlichkeitsgrundsatzes kann die Revision grundsätzlich nur auf eine Beschränkung, nicht aber auf eine unzulässige Erweiterung der Öffentlichkeit gestützt werden (letztere kann aber relativer Revisionsgrund nach § 337 sein, wobei das Urteil jedoch nur ausnahmsweise auf dem Fehler beruhen wird). Gründe für den **Ausschluss** der Öffentlichkeit finden sich in §§ 171a, 171b, 172 und 173 Abs. 2 GVG (lesen!). Eine **Beschränkung** der Öffentlichkeit kann etwa in der Weise erfolgen, dass einzelne Zuschauer aus dem Saal entfernt werden, entweder zur Aufrechterhaltung der Ordnung (§§ 176, 177 GVG) oder weil sie als Zeugen in Betracht kommen (§ 58 Abs. 1, näher *M-G/S* § 58 Rn. 5). Im Jugendstrafverfahren sieht § 48 JGG die **Nichtöffentlichkeit** vor, wenn sich das Verfahren ausschließlich gegen **Jugendliche** (14 bis 18 Jahre, § 1 Abs. 2 JGG) richtet. Bei Heranwachsenden (18 bis 21 Jahre) ist ein Ausschluss der Öffentlichkeit nach § 109 Abs. 1 S. 4 JGG nur möglich, wenn dies im Interesse des Angeklagten geboten ist. 154

Zum Ausschluss der Öffentlichkeit bedarf es eines **Gerichtsbeschlusses** gem. § 174 Abs. 1 S. 2 GVG. Fehlt der Beschluss gänzlich, 155 fehlt die erforderliche Begründung oder ist sie fehlerhaft oder wurde der Beschluss nicht öffentlich verkündet, ist die Revision in der Regel bereits begründet (vgl. *M-G/S* § 338 Rn. 48). Eine Ausnahme nimmt der BGH jedoch dann an, wenn die Voraussetzungen für einen zwingenden Ausschluss der Öffentlichkeit während der Schlussvorträge (§ 171b Abs. 3 S. 2 GVG) vorliegen (BGHSt 64, 64).

156 Ansonsten können Verstöße nach h.M. nur dann erfolgreich mit der Revision gerügt werden, wenn sie auf einem **Verschulden des Gerichts** beruhen (vgl. wie im Folgenden *M-G/S* § 338 Rn. 49). Entsprechende Verstöße können in der fehlerhaften Annahme eines Ausschlussgrundes, in der Nichtbeseitigung einer bekannten bzw. bemerkbaren Beschränkung oder in einer sonstigen die Öffentlichkeit unzulässig beschränkenden Maßnahme liegen. Wichtig ist, dass das Verschulden untergeordneter Mitarbeiter oder Beamter dem Gericht grundsätzlich **nicht zugerechnet** wird. Handelt es sich jedoch um grobe Verletzungen der Aufsichtspflicht, liegt darin ein selbstständiger Vorwurf.

157 Der Grundsatz der Öffentlichkeit findet seine natürlichen **Schranken** in den vorhandenen örtlichen Gegebenheiten, d.h. in der Regel in der Kapazität des Sitzungssaals, die allerdings nicht von vornherein offensichtlich unzureichend sein darf. Insbesondere bei Ortsterminen oder Verfahren mit großem Öffentlichkeitsinteresse kann es daher zulässige Beschränkungen der Öffentlichkeit geben (man denke an das umstrittene Auslosungsverfahren im Vorfeld des NSU-Prozesses, s. BVerfG NJW 2013, 1293).

158 **Fall 19** (vgl. OLG Celle, Beschl. v. 01.06.2012 – 322 SsBs 131/12 = NStZ 2012, 654): Bei einer auf dem Terminplan als öffentlich ausgewiesenen Sitzung des AG leuchtet während der Hauptverhandlung vor dem Saal das Schild „Nicht öffentlich". Obwohl der Verteidiger die Richterin zu Beginn der Verhandlung darauf aufmerksam macht, geht sie dem Hinweis nicht nach und verurteilt den Angekl. Dieser stützt seine (Sprung-)Revision auf § 169 S. 1 GVG i.V.m. § 338 Nr. 6, weil nicht ausgeschlossen werden könne, dass jemand durch das Signal von der Teilnahme an der Sitzung abgehalten wurde. Mit Erfolg?

Lösung: Fraglich ist zunächst, ob die Rüge **zulässig** erhoben wurde. Teilweise wird der Vortrag verlangt, dass tatsächlich eine Person vom Zutritt abgehalten wurde (*M-G/S* § 338 Rn. 50a). Dies dürfte jedoch dem Wesen der absoluten Revisionsgründe widersprechen, die das Beruhen gerade auch deshalb fingieren, weil der Nachweis im Einzelfall nur schwer geführt werden kann. Im vorliegenden Fall folgte das OLG daher auch dem Argument der GenStA nicht, der irreführende Eindruck habe durch einfache Erkundigung ausgeräumt werden können. Vielmehr sei der Öffentlichkeitsgrundsatz schon deshalb verletzt, weil die Anzeige Besuchern den **Eindruck** vermitteln könne, keinen Zutritt zur Hauptverhandlung zu haben. Die Richterin trifft schließlich auch ein **Verschulden**, weil sie den Hinweis des Verteidigers ignoriert hat.

g) Verspätete oder fehlende Urteilsbegründung (§ 338 Nr. 7)

Ein absoluter Revisionsgrund liegt schließlich dann vor, wenn das Urteil entweder keine Entscheidungsgründe enthält (in der Klausur eher selten – zu beachten ist aber, dass nicht unterschriebene Urteilsgründe dem Fehlen derselben gleichstehen, s.o. Rn. 112) oder das Urteil nicht innerhalb des sich aus § 275 Abs. 1 S. 2 und 4 ergebenden Zeitraums (grundsätzlich **fünf Wochen**; Verlängerung nach drei bzw. zehn Verhandlungstagen) zu den Akten gebracht wurde. Das wiederum ist der Fall, wenn das Urteil von allen Berufsrichtern unterschrieben wurde und zum Abtragen in die Geschäftsstelle bereitliegt. Der Vorgang ist in der Akte zu dokumentieren. Zu Problemen kann es hier etwa im Zusammenhang mit der Rechtfertigung einer zulässigen **Fristüberschreitung** bei Verhinderung (§ 275 Abs. 1 S. 4 – lesen!) oder bei der Unterschriftsverhinderung nach § 275 Abs. 2 S. 2 kommen. Details zu diesen vergleichsweise seltenen Problemen finden sich in der einschlägigen Kommentierung (*M-G/S* § 275 Rn. 12 ff., 20 ff.).

159

Fall 20 *(aus Examensklausur)*: Die Angekl. wird vom AG wegen Diebstahls verurteilt. Nach Verlesung des Tenors und Erörterung der Urteilsgründe äußert sie noch während der Rechtsmittelbelehrung erstmals, dass nicht sie den Diebstahl begangen habe, sondern ihr im Gerichtssaal befindlicher Ehemann; sie habe die Beute aber in Sicherungsabsicht für ihn aufbewahrt. Das AG tritt daraufhin mit Einverständnis aller Beteiligten erneut in die Hauptverhandlung ein und vernimmt den Ehemann der Angekl., der ihre Angaben bestätigt. Nach erneuter Beratung wird die Angekl. wegen Begünstigung verurteilt. Das später zugestellte schriftliche Urteil bezieht sich gemäß der „berichtigten" Verurteilung allein auf den Vorwurf der Begünstigung. Was ist der Angekl. zu raten und wie wäre zu entscheiden?

160

Lösung: Zu erkennen ist, dass **zwei Urteile** vorliegen, nämlich eines wegen Diebstahls und ein weiteres wegen Begünstigung. Das erste Urteil war gem. § 268 Abs. 2 S. 1 mit Verlesung der Urteilsformel und Eröffnung der Urteilsgründe verkündet und durfte deshalb durch das erkennende Gericht nicht mehr abgeändert werden

(*M-G/S* § 268 Rn. 10 f.). Daran ändert auch die Zustimmung der Verfahrensbeteiligten nichts, weil die Abänderungsbefugnis allein dem Rechtsmittelgericht zusteht. Nach der Verkündung des ersten Urteils wegen Diebstahls erging ein zweites Urteil wegen Begünstigung. Der Angekl. ist also zu raten, gegen beide Urteile **Revision** einzulegen.

Beide Revisionen wären auch begründet. Das erste Urteil (Diebstahl) war fehlerhaft, da es entgegen § 275 **keine schriftlichen Urteilsgründe** enthält. Vielmehr bezogen sich die schriftlichen Gründe allein auf den Vorwurf der Begünstigung. Das Fehlen der Gründe kann neben § 338 Nr. 7 auch mit der allgemeinen Sachrüge geltend gemacht werden (*M-G/S* § 338 Rn. 52). Das zweite Urteil (Begünstigung) ist wegen eines von Amts wegen zu beachtenden **Verfahrenshindernisses** in Gestalt des **Fehlens von Anklage und Eröffnungsbeschluss** aufzuheben. Zwar könnte es sich bei dem Diebstahlsgeschehen und der Begünstigungshandlung um einen einheitlichen Lebensvorgang und damit um eine einheitliche **prozessuale Tat** handeln. Dies kann aber dahinstehen, weil Anklage und Eröffnungsbeschluss jedenfalls durch das erste Urteil „verbraucht" wurden und daher keine Grundlage mehr für die weitere Verurteilung bilden konnten. Beide Urteile wären daher aufzuheben und die Sache einheitlich an eine andere Abteilung des AG zurückzuverweisen.

h) Unzulässige Beschränkung der Verteidigung (§ 338 Nr. 8)

161 Weil eine unzulässige Beschränkung der Verteidigung eine konkret-kausale Beziehung zum Urteil voraussetzt, behandelt die h.M. diesen **absoluten** Revisionsgrund der Sache nach wie einen **relativen**, weshalb er teilweise als überflüssig angesehen wird. In der Klausur ist es gleichwohl zulässig (aber auch komplizierter), Verstöße gegen verteidigungsspezifische Verfahrensvorschriften (z.B. Ablehnung von Beweisanträgen, Nichtzulassung von Fragen, unterlassene Bestellung eines Pflichtverteidigers etc.) im Rahmen von § 338 Nr. 8 zu prüfen. Relevant ist § 338 Nr. 8 vor allem dann, wenn der Grundsatz des fairen Verfahrens oder die gerichtliche Fürsorgepflicht verletzt wurden (insbesondere beim unverteidigten Angeklagten). In jedem Fall sollte darauf hingewiesen werden, dass die Regelung wie ein relativer Revisionsgrund zu behandeln ist, woraus folgt, dass das Beruhen des Urteils auf dem Fehler positiv festgestellt werden muss (s.u. Rn. 278 ff.).

162 **Klausurtipp:** Es vereinfacht den Aufbau und ist damit weniger fehleranfällig, Verstöße im Hinblick auf konkrete Verteidigungsrechte erst im Rahmen der relativen Revisionsgründe zu prüfen, weshalb hier von einer Prüfung innerhalb von § 338 Nr. 8 abgeraten wird.

5. Relative Revisionsgründe

Da es praktisch unbegrenzte Möglichkeiten gibt, das Verfahrensrecht nicht oder nicht richtig anzuwenden, ist eine abschließende Darstellung der relativen Revisionsgründe kaum jemals möglich. Zwar schadet Detailwissen in diesem Bereich natürlich nicht. Für eine gute Revisionsklausur ist das Pauken von Einzelproblemen aber nicht unbedingt notwendig, solange der Bearbeiter neben dem Prüfungsaufbau mit den Grundlagen des Strafprozesses und den immer wiederkehrenden Klausurklassikern vertraut ist. Darüber hinaus bietet die Kommentierung im *M-G/S* jeweils zu einzelnen Verfahrensvorschriften am Ende unter dem Punkt „Revision" sowie bei § 337 Rn. 7 ff. wichtige Hilfen. Freilich fehlt in der Klausur regelmäßig die Zeit für ein ausgiebiges Studium des Kommentars, sodass es unumgänglich ist, sich mit allgemeinen Aspekten der relativen Revisionsgründe und ausgewählten Problemschwerpunkten auseinanderzusetzen. 163

a) Allgemeines

Bei den relativen Revisionsgründen nach § 337 muss positiv festgestellt werden, dass das **Urteil** auf dem Fehler **beruht**. Gesetzesverstöße im Vorfeld der Hauptverhandlung, also vor allem im Rahmen des **Ermittlungsverfahrens**, begründen die Revision daher nur dann, wenn sie noch bis zur Hauptverhandlung fortwirken, in die Hauptverhandlung hineinwirken oder in der Hauptverhandlung an den Verfahrensverstoß angeknüpft wird. Das Urteil beruht nämlich nicht auf dem Ermittlungsverfahren, sondern immer nur auf der durchgeführten Hauptverhandlung. Mit der Revision kann daher nicht gerügt werden, dass im Zuge von Zwangsmaßnahmen im Ermittlungsverfahren Fehler begangen wurden. Vielmehr ist in solchen Fällen geltend zu machen, dass das Tatgericht die gewonnenen Erkenntnisse in der Hauptverhandlung verwertet hat, obwohl ein Verwertungsverbot bestand (Einzelheiten zum „Beruhen" unten Rn. 278 ff.). In der Klausur ist bei der Prüfung der verletzten Norm demgemäß nicht allein die Vorschrift zu nennen, gegen die im Ermittlungsverfahren verstoßen wurde (etwa §§ 136, 136a, 163a im Zusammenhang mit Vernehmungen). „Aufhänger" bei der Prüfung des relativen Revisionsgrundes ist in diesen Fällen vielmehr stets **§ 261**, nach dem das Gericht seine Überzeugung aus dem Inbegriff der Hauptverhandlung zu schöpfen hat, denn in rechtswidriger Weise verwertete Erkenntnisse hätten eben nicht zum 164

Gegenstand der Hauptverhandlung gemacht werden dürfen. Im Rahmen der Prüfung ist dann das Vorliegen des Verwertungsverbotes, das ggf. aus der im Ermittlungsverfahren verletzten Vorschrift folgt, inzident zu problematisieren. Umgekehrt, also falls sich das Gericht zu Unrecht durch ein Verbot an der Verwertung gehindert gesehen hat, kommt dagegen ein Verstoß gegen § 244 in Betracht (sog. Aufklärungsrüge, s.u. Rn. 231, 405).

165 **Formulierungsbeispiel:** „Das Landgericht stützt seine Überzeugung von der Täterschaft des Angekl. maßgeblich auf die Aussage des polizeilichen Zeugen P. Dieser bekundete in der Hauptverhandlung, dass der Angekl. die Tatbegehung in seiner Vernehmung am 01.01.2020 gestanden hat, und gab anschließend den wesentlichen Inhalt der Einlassung aus dem Ermittlungsverfahren wieder. Durch die Verwertung dieser Aussage könnte das Landgericht **§ 261 i.V.m. § 136a** verletzt haben. Dies ist der Fall, wenn der Berücksichtigung der Aussage ein Beweisverwertungsverbot entgegenstand. Ein solches könnte sich hier aus § 136a Abs. 3 S. 2 ergeben, sofern bei der Vernehmung des Angekl. verbotene Vernehmungsmethoden i.S.v. § 136a Abs. 1 zum Einsatz gekommen sind. Konkret könnte der Angekl. durch eine unzulässige Täuschung beeinflusst worden sein, indem der Zeuge P ihm bewusst wahrheitswidrig mitteilte, dass bereits erdrückende Beweise vorliegen und ‚die anderen' bereits gestanden haben. […]." Lesen Sie § 136a!

166 Andererseits können Verfahrensfehler auch noch **nach Ende der Hauptverhandlung** entstehen, etwa bei der Beratung des Gerichts (§ 260 Abs. 1), weil diese gar nicht stattgefunden oder eine in § 193 GVG nicht genannte Person teilgenommen hat, oder bei Verstößen gegen § 268 Abs. 3 oder § 275 Abs. 1 S. 2 (verspätete Verkündung oder Absetzung des Urteils – im Fall der verspäteten Absetzung dann sogar absoluter Revisionsgrund i.S.v. § 338 Nr. 7).

167 Eine weitere bei den relativen Revisionsgründen relevante Regelung enthält **§ 336**. Als Gegenstück zu § 305 S. 1 stellt die Vorschrift in S. 1 klar, dass das Revisionsgericht auch diejenigen **Entscheidungen** überprüft, die dem Urteil vorausgegangen sind. Auf gerichtlichen Entscheidungen vor Erlass des Eröffnungsbeschlusses wird das Urteil allerdings ebenfalls nur **beruhen**, sofern sie bis zum Urteil fortgewirkt haben. Von der Prüfung durch das Revisionsgericht ausgenommen sind gem. § 336 S. 2 aber Entscheidungen, die ausdrücklich für **unanfechtbar** erklärt oder mit der sofortigen Beschwerde anfechtbar sind. Unanfechtbare Entscheidungen finden sich etwa in §§ 28 Abs. 1, 30, 46 Abs. 2, 138d Abs. 6 S. 3 i.V.m. 138a, 247a Abs. 1 S. 2 sowie in §§ 52

Abs. 4, 54 Abs. 3, 171b GVG. Die **sofortige Beschwerde** ist z.B. statthaft in den Fällen der §§ 28 Abs. 2 S. 1, 46 Abs. 3, 81 Abs. 4 S. 1, 138d Abs. 6 S. 1 i.V.m. 138a, 138b, 231a Abs. 3 S. 3, 270 Abs. 3 S. 2 i.V.m. 210 Abs. 2.

b) Exkurs: Beweisverwertungsverbote

Auch in der Revisionsklausur sind Beweisverwertungsverbote beliebter Prüfungsgegenstand, was Anlass gibt, der Darstellung einzelner relativer Revisionsgründe entsprechende allgemeine Ausführungen voranzustellen (s. dazu *M-G/S* Einl. Rn. 50 ff.). **168**

aa) Herleitung und Begrifflichkeiten

Beweisverbote setzten Schranken bei der Gewinnung und Verwertung von Beweisen. Diese Schranken ergeben sich insbesondere aus verfassungsrechtlichen Wertungen, die sich an vielerlei Stelle auch in der StPO niederschlagen (vgl. etwa erneut § 136a). **169**

Merke: Die StPO kennt keine Wahrheitsfindung um jeden Preis! **170**

(1) **Beweiserhebungsverbote** untersagen bereits das Erheben bestimmter Beweise. Man unterteilt sie weiter in **171**
– **Beweisthemenverbote** – verbieten die Beweiserhebung bezüglich bestimmter Sachverhalte wie z.B. die dem Beratungsgeheimnis unterliegenden Vorgänge (§ 43 DRiG) oder bereits im Bundeszentralregister getilgte Vorstrafen (§ 51 Abs. 1 BZRG),
– **Beweismittelverbote** – untersagen die Nutzung bestimmter Beweismittel (Geltendmachung eines Zeugnisverweigerungsrechts nach § 52 führt zum Ausschluss des Zeugenbeweises, Sperrerklärung gem. § 96 führt zum Ausschluss des Urkundsbeweises) und
– **Beweismethodenverbote** – schließen bestimmte Arten der an sich zulässigen Beweisgewinnung aus (insbesondere verbotene Vernehmungsmethoden nach § 136a Abs. 1 und 2 – Täuschung, Ermüdung, Versprechen von Vorteilen etc.).

(2) **Beweisverwertungsverbote** sperren die Berücksichtigung bestimmter Ergebnisse bei der Erkenntnisgewinnung, insbesondere in der Beweiswürdigung des Urteils. Man unterscheidet **selbstständige** und **unselbstständige** Beweisverwertungsverbote. Beweisverwertungsverbote sind unselbstständig, wenn sie einen „Partner" in Gestalt einer verletzten Rechtsnorm haben; sie knüpfen daher immer an eine konkrete Gesetzesverletzung an. Selbstständige Beweisverwertungsverbote folgen dagegen unmittelbar aus grundgesetzlichen Wertungen, insbesondere der Menschenwürde, dem allgemeinen Persönlichkeitsrecht und dem Übermaßverbot. Klassisches und gleichzeitig kontrovers **172**

diskutiertes Beispiel für selbstständige Beweisverwertungsverbote ist etwa die Verwertung von privaten Tagebuch- oder Tonbandaufzeichnungen sowie von Erkenntnissen, die im Rahmen „privater" Ermittlungen gewonnen wurden (beides in der StPO nicht geregelt). Hinsichtlich der Verwertung von Tagebuch- oder Tonbandaufzeichnungen sei an die sog. **Sphärentheorie** des BVerfG (BVerfGE 34, 238) erinnert, die nach Sozialsphäre, Privatsphäre und Intimsphäre unterscheidet und nach der die Intimsphäre als Kernbereich privater Lebensführung unantastbar ist, während bei Eingriffen in die Privatsphäre eine Abwägung zwischen Strafverfolgungsinteresse und Persönlichkeitsrecht vorzunehmen ist. Der BGH lässt die Verwertung von Tagebuchaufzeichnungen, in denen der Täter über seine Tat und das Opfer schreibt, mit der wenig überzeugenden und letztlich zielorientierten Argumentation zu, nur die „Entfaltung", nicht aber der „Verfall" der Persönlichkeit werde durch die Grundrechte geschützt, und gibt im Übrigen dem Strafverfolgungsinteresse den Vorrang (BGHSt 19, 325; vgl. auch BGHSt 34, 397 – vom BVerfG mit einer 4:4-Entscheidung „gehalten"; zu allem näher auch *M-G/S* Einl. Rn. 56 f.).

173 (3) Bei **unselbstständigen Beweisverwertungsverboten** ergibt sich als Folge eines Gesetzesverstoßes nur in wenigen **gesetzlich geregelten** Fällen ein Beweisverwertungsverbot direkt aus dem Gesetz (vgl. §§ 100d Abs. 2 S. 1 u. Abs. 5 S. 1, 136a Abs. 3 S. 2, 160a Abs. 1 S. 2, 257c Abs. 4 S. 3; 97 Abs. 1 S. 3 InsO – lesen!). Im Übrigen – also dann, wenn das Gesetz zur Frage der Verwertbarkeit schweigt – muss nach der maßgeblich von der Rspr. vertretenen **Abwägungslehre** (s. *M-G/S* Einl. Rn. 55a) für jeden **Einzelfall** ermittelt werden, ob ein Gesetzesverstoß ein Beweisverwertungsverbot nach sich zieht oder nicht. Herangezogen werden sollte hierbei zunächst die bereits angesprochene **Rechtskreistheorie**, anhand derer vorab zu prüfen ist, ob die verletzte Norm nach ihrem Schutzzweck den Rechtskreis des Angeklagten berührt. Dient die Vorschrift zumindest auch dem Schutz des Angeklagten, ist eine **Gesamtabwägung** vorzunehmen zwischen dem Interesse des Angeklagten an der Wahrung seiner Rechtsposition und dem staatlichen Interesse an einer effektiven Strafrechtspflege, im Rahmen derer insbesondere das Gewicht der Rechtsverletzung der Schwere der Straftat gegenüberzustellen ist.

174 (4) Die Rspr. ist bei der Annahme eines Verwertungsverbotes generell sehr zurückhaltend (vgl. BGHSt 56, 127, 133: „nur aus übergeordneten wichtigen Gründen im Einzelfall"), weshalb es auch in der **Klausur** nicht vorschnell bejaht werden sollte. Stets empfiehlt es sich vorab klarzustellen, dass nicht jeder Verstoß automatisch zu einem Verwertungsverbot führt, sondern dies im Einzelfall unter Berücksichtigung aller Umstände im Wege der Abwägung zu ermitteln ist. Es lässt sich

B. Begründetheit der Revision

daher nur für wenige Fallkonstellationen abstrakt und generell sagen, wann ein Beweisverwertungsverbot vorliegt. Gleichwohl gibt es einige **Eckpunkte**, die als Orientierungshilfe dienen können:
- Verstöße gegen reine **Ordnungsvorschriften** wie z.b. §§ 64, 257 Abs. 2 führen nicht zu einem Verwertungsverbot.
- **Willkür** und **bewusste Umgehungen** durch die Strafverfolgungsbehörden ziehen regelmäßig ein Verwertungsverbot nach sich.
- Wenn einem **hypothetisch ordnungsgemäßen Verfahren** keine rechtlichen Hindernisse entgegengestanden hätten, kann dies für eine Verwertbarkeit der erlangten Beweise sprechen (z.b. Durchsuchung ohne richterliche Anordnung nach § 105, deren Voraussetzungen jedoch vorlagen, sodass sie hätte erlangt werden können – anders freilich wiederum bei willkürlicher Umgehung oder grober Verkennung des Richtervorbehalts, BGHSt 51, 285, 295). Für die Verwertung von personenbezogenen Daten, die durch Maßnahmen **nach anderen Gesetzen** erlangt wurden, ist die Figur des hypothetischen Ersatzeingriffs in § 161 Abs. 3 S. 1 ausdrücklich geregelt (s. auch den Verweis in § 479 Abs. 2 S. 1, falls Daten aus Maßnahmen, die nur bei Katalogtaten zulässig sind, in anderen Strafverfahren verwendet werden).
- Bei beharrlicher oder erheblicher Rechtsmissachtung (unterhalb der Schwelle der Willkür) kann die **Disziplinierung der Strafverfolgungsbehörden** ein Verwertungsverbot nötig erscheinen lassen (str.).
- Ist die **Aufklärung** der Tat ohne die betreffende Ermittlungsmaßnahme unmöglich oder wesentlich **erschwert**, kann dies gegen die Annahme eines Verwertungsverbotes sprechen (vgl. §§ 100a Abs. 1 S. 1 Nr. 3, 100c Abs. 1 Nr. 4, 110a Abs. 1 S. 3 – sog. Subsidiaritätsklauseln).
- Zumindest bei der Aufklärung **besonders schwerer Straftaten** (s. den Katalog in § 100b Abs. 2) wird oftmals das staatliche Interesse an der Wahrheitserforschung überwiegen, was jedoch immer auch von der Schwere des Rechtsverstoßes abhängt.

bb) Einzelfälle

Bei den im Folgenden dargestellten Beweisverwertungsverboten ist stets die Klausursituation zu reflektieren. Soweit ein Beweisverwertungsverbot bejaht wird, kann dies beim Vorliegen der weiteren Voraussetzungen, insbesondere dem „Beruhen", zur Annahme eines **relativen Revisionsgrundes** führen. Im Einzelnen:

(1) Die aus einer Zeugenvernehmung, der keine Belehrung nach § **52 Abs. 3 S. 1** vorausgegangen ist, gewonnenen Erkenntnisse sind mit Blick auf die Schutzrichtung des Zeugnisverweigerungsrechts von

Angehörigen nach § 52 regelmäßig **unverwertbar**, es sei denn, der Zeuge kannte sein Schweigerecht oder hätte auch bei ordnungsgemäßer Belehrung ausgesagt (*M-G/S* § 52 Rn. 34).

177 **Klausurtipp:** Es ist erneut darauf hinzuweisen, dass das Gericht gegen § 261 verstößt, wenn es die Aussage des im Ermittlungsverfahren ohne oder mit unrichtiger Belehrung vernommenen Zeugen in der Hauptverhandlung verwertet, sodass § 52 i.V.m. § 161a Abs. 1 S. 2 (StA) bzw. § 163 Abs. 3 S. 1 (Polizei) in der Klausur inzident zu prüfen ist (s.o. Rn. 164). Wird der Zeuge dagegen in der Hauptverhandlung fehlerhaft vernommen, verstößt das Gericht ggf. unmittelbar gegen § 52. Entsprechendes gilt für alle Ermittlungsmaßnahmen, insbesondere im Zusammenhang mit Zeugenvernehmungen, die sowohl im Ermittlungsverfahren als auch in der Hauptverhandlung vorgenommen werden können. Hier ist im Prüfungsaufbau stets sauber zu differenzieren.

178 (2) Beim Zeugnisverweigerungsrecht für bestimmte Berufsträger nach **§ 53** (lesen!) besteht grundsätzlich keine Belehrungspflicht der Ermittlungsbehörden oder des Gerichts, da das Gesetz insoweit keine Regelung wie § 52 Abs. 3 S. 1 enthält und davon ausgegangen wird, dass der professionelle Zeuge sein Schweigerecht kennt (*M-G/S* § 53 Rn. 44). Sagt er gleichwohl gegen den Angeklagten aus, soll daraus nach h.M. **kein Beweisverwertungsverbot** folgen, weil das Recht nach § 53 in erster Linie den aussagenden Berufsträger schütze und dieser lediglich nicht zur Aussage verpflichtet sei (vgl. BGHSt 9, 59; *M-G/S* § 53 Rn. 50; a.A. mit dem Argument, dass § 53 zumindest auch das Vertrauen des Angeklagten in die Verschwiegenheit schütze – vgl. § 203 StGB – gut vertretbar). Unabhängig von dem Bestehen eines Verwertungsverbotes kann eine unrichtige Belehrung oder ein unrichtiger Hinweis dahingehend, dass eine Entbindung nach § 53 Abs. 2 erfolgt sei, jedoch revisibel sein, wenn das Urteil darauf beruht, das heißt, wenn die Aussage des Zeugen im Urteil verwertet wurde und nicht auszuschließen ist, dass der Zeuge bei richtiger Belehrung nicht oder anders ausgesagt hätte (BGHSt 42, 73).

179 (3) Bei einer Zeugenaussage ohne Aussagegenehmigung nach **§ 54** besteht nach h.M. ebenfalls kein Verwertungsverbot, da die Vorschrift nicht den Schutz des Angeklagten bezwecke (*M-G/S* § 54 Rn. 32 m.w.N.).

180 (4) **Strittig** ist die Behandlung der unterbliebenen Belehrung nach **§ 55 Abs. 2** (lesen!). Nach der Rspr. besteht **kein Verwertungsverbot**, weil die Vorschrift primär den Zeugen vor Selbstbelastung schütze (BGHSt 1, 39; BGHSt 11, 213 – Rechtskreistheorie; *M-G/S* § 55

Rn. 17 m.w.N.). In der Literatur wird dagegen das ggf. zu Lasten des Angeklagten bestehende Selbstbegünstigungsinteresse des Zeugen betont, weshalb zumindest auch der Rechtskreis des Angeklagten tangiert sei. Unstreitig besteht ein Verwertungsverbot freilich bezüglich der Aussage des nicht oder unrichtig belehrten Zeugen in einem Strafverfahren, das im Anschluss an die Aussage **gegen den Zeugen selbst** eingeleitet wird – allerdings nur, wenn er der Verwertung rechtzeitig **widerspricht**.

(5) Verstöße gegen die Belehrungspflichten nach § 57 ziehen kein **181** Verwertungsverbot nach sich, weil es sich bei der Regelung um eine reine **Ordnungsvorschrift** handelt (*M-G/S* § 57 Rn. 7).

(6) Bei Verstößen gegen das Beschlagnahmeverbot nach § 97 **182** kommt es darauf an, ob Schriftstücke des von § 52 oder § 53 geschützten Personenkreises betroffen sind. Im ersteren Fall besteht aufgrund der zu § 52 angestellten Erwägungen regelmäßig ein Verwertungsverbot (Schutz des Verhältnisses Angeklagter-Angehöriger; *M-G/S* § 97 Rn. 46a ff. mit weiteren Einzelheiten). Bei Schriftstücken i.S.d. § 53 folgt ein Verwertungsverbot ggf. unmittelbar aus § 160a, wobei dort je nach betroffener Berufsgruppe in **absolute** und **relative Verwertungsverbote** unterschieden wird und die Norm weitergehend sogar ein „**Verwendungsverbot**" statuiert, sodass die gewonnenen Erkenntnisse auch nicht mittelbar als Spurenansatz verwertbar sind (beachte ferner die entsprechende Anwendung nach § 160a Abs. 1 S. 5 bei Ermittlungsmaßnahmen, die sich nicht zielgerichtet gegen einen Berufsgeheimnisträger richten, hierbei jedoch zufällig Erkenntnisse erlangt werden, über die dieser das Zeugnis verweigern dürfte – lesen!).

(7) Bei der **Telekommunikationsüberwachung** nach §§ 100a ff. **183** führen Verstöße gegen die Anordnungszuständigkeit gem. § 100e Abs. 1 oder gegen sonstige Formvorschriften oder Begründungsanforderungen regelmäßig noch nicht zu einem Verwertungsverbot, es sei denn, der Richtervorbehalt nach § 100e Abs. 1 S. 1 wird bewusst, etwa durch die willkürliche Annahme von **Gefahr im Verzug** missachtet. Verstöße gegen materielle Voraussetzungen ziehen hingegen regelmäßig ein Verwertungsverbot nach sich, etwa dann, wenn von vornherein kein Anfangsverdacht bzw. kein Verdacht einer Katalogtat nach § 100a Abs. 2 bestand oder wenn die Subsidiaritätsklausel nach § 100a Abs. 1 S. 1 Nr. 3 missachtet wurde (s. zu allem *M-G/S* § 100a Rn. 35 m.w.N.; zum überaus klausurträchtigen Begriff der „Gefahr im Verzug" sogleich Rn. 190 ff., 197). Hinzuweisen ist ferner auf das gesetzlich geregelte Verwertungsverbot nach § 100d Abs. 2 S. 1, das auf den Schutz des **Kernbereichs privater Lebensführung** gerichtet ist und die Verwertung entsprechender Erkenntnisse untersagt. Jenseits dieses absolut geschützten Bereichs verlangt die Rspr. auch bei Verstößen im

Rahmen von § 100a (wie bei einem Verstoß gegen §§ 136, 163a – dazu ausführlich unten Rn. 199 ff.), dass der Verwertung in der Hauptverhandlung rechtzeitig **widersprochen** wird (BGHSt 51, 1; näher *M-G/S* § 100a Rn. 39).

184 (8) Rege diskutiert wird ein Verwertungsverbot auch für Beweise, die im Wege einer sog. **legendierten Kontrolle** gewonnen wurden. Zu diesem kriminaltaktischen Mittel greifen die Strafverfolger, wenn sie durch verdeckte Ermittlungen von einer Straftat Kenntnis erhalten, die sie verhindern wollen, ohne die Beschuldigten durch Offenlegung des Verfahrens zu warnen und die weitere Aufklärung krimineller Strukturen zu gefährden. In diesen Fällen werden meist Verkehrspolizei oder Zoll eingeschaltet, die bei einer präventiv-polizeilichen Kontrolle dann „zufällig" auf Drogen oder andere inkriminierte Gegenstände stoßen. Die strafprozessuale Verwertbarkeit derartiger Beweise wird vor allem unter dem Aspekt bezweifelt, dass die gefahrenabwehrrechtlichen Befugnisse regelmäßig geringere Eingriffsvoraussetzungen aufweisen als die der StPO (z.B. § 10 ZollVG). Während die Literatur in der „Legendierung" einer Durchsuchung dementsprechend ganz überwiegend die bewusste Umgehung des Richtervorbehalts (§ 105) sieht und ein Beweisverwertungsverbot fordert, hat der BGH die Verwertung zuletzt in mehreren Entscheidungen (entgegen früheren Bedenken) für **grundsätzlich zulässig** erachtet, solange die Staatsanwaltschaft zeitnah, wahrheitsgemäß und vollständig informiert wird und auch dem Beschuldigten spätestens mit Anklageerhebung der maßgebliche prozessuale Sachverhalt offengelegt wird (BGH NJW 2017, 3173; NStZ 2018, 296; NStZ-RR 2018, 146). Dabei verneint der BGH bei sog. **doppelfunktionalen Maßnahmen** einen Vorrang der StPO und begründet die Verwertbarkeit maßgeblich mit § 161 Abs. 3 S. 1 (**hypothetischer Ersatzeingriff**). Allerdings erscheint bereits die präventive Stoßrichtung solcher Maßnahmen und damit ihre „Doppelfunktionalität" **zweifelhaft**, denn sie erfolgen i.d.R. nicht zur Abwehr einer Gefahr, sondern sind primär auf die Sicherstellung von Beweisen gerichtet, sodass es in Wahrheit meist ausschließlich um Strafverfolgungsinteressen gehen dürfte. Die Zulässigkeit repressiver Maßnahmen bestimmt sich indes allein nach der StPO mit ihren spezifischen Sicherungen der Beschuldigtenrechte; diese dürfen nicht mithilfe des für die Ermittler „bequemeren" Gefahrenabwehrrechts umgangen werden. Die Annahme eines Beweisverwertungsverbots dürfte deshalb je nach Einzelfall ebenso gut vertretbar sein.

185 (9) Ob eine Aussage verwertet werden darf, die der **Beschuldigte** in einer **Vernehmung** getätigt hat, ohne dass ihm nach dem neuen § 141 Abs. 1 in Fällen notwendiger Verteidigung auf seinen ausdrücklichen Antrag hin bereits im Ermittlungsverfahren ein **Pflichtverteidiger**

B. Begründetheit der Revision

beigeordnet worden war, erscheint zweifelhaft (zu entsprechenden Belehrungsmängeln s.u. Rn. 203). Während der BGH ein Verwertungsverbot in der Vergangenheit im Wege einer Abwägung regelmäßig noch abgelehnt hat (BGHSt 47, 172; 47, 233), dürfte diese Fallgruppe künftig neu zu beurteilen sein. Denn die Umsetzung der sog. PKH-Richtlinie hat das nationale Recht der notwendigen Verteidigung im Jahr 2019 grundlegend verändert, indem nunmehr insbesondere eine frühzeitige Pflichtverteidigerbestellung im Ermittlungsverfahren sichergestellt werden soll. Verstöße gegen dieses elementare Beschuldigtenrecht dürften daher konsequenterweise zu einem Verwertungsverbot führen, sodass die erste höchstrichterliche Entscheidung hierzu mit Spannung erwartet werden darf.

(10) Ebenfalls im Zusammenhang mit der Verteidigerbestellung im Vorverfahren kann sich die Frage stellen, wie mit der Aussage eines **richterlich** vernommenen **Zeugen** umzugehen ist, die unter (vorwerfbarem) Verstoß gegen § 140 Abs. 1 Nr. 10 i.V.m. Art. 6 Abs. 3 lit. d EMRK zustande gekommen ist. Wurde dem Beschuldigten eine **konfrontative Befragung** des Zeugen durch einen Verteidiger vorenthalten, soll nach h.M. kein Verwertungsverbot eingreifen, sondern nur der Beweiswert des Vernehmungsergebnisses derart gemindert sein, dass eine Feststellung auf die Angaben des vernehmenden Richters nur dann gestützt werden darf, wenn sie durch weitere Umstände außerhalb der Aussage bestätigt werden (sog. **Beweiswürdigungslösung**). Gegen diese Art Beweisregel hat der 3. Senat allerdings zuletzt in einem obiter dictum Bedenken angemeldet und sich stattdessen für eine strikt an § 261 orientierte Gesamtbetrachtung der Zeugenaussage ausgesprochen, bei der die Vorwerfbarkeit des Konventionsverstoßes keine eigenständige Bedeutung haben soll (BGH NStZ 2018, 51). Fast zeitgleich beschäftigte sich der 1. Senat dagegen – ebenfalls nicht tragend – mit einem in diesen Fällen möglicherweise eingreifenden Beweisverwertungsverbot und einer entsprechenden Widerspruchspflicht (BGH NStZ 2017, 602), sodass zusätzliche Bewegung in die Frage gekommen ist. Erfahrungsgemäß nehmen Prüfungsämter solche Differenzen gerne zum Anlass, das Problem in eine Klausur einzukleiden.

(11) Die Missachtung der **Benachrichtigungspflicht** nach § 168c Abs. 5 (lesen!) hat grundsätzlich zur Folge, dass die Angaben des Beschuldigten, des Zeugen oder des Sachverständigen, die in Abwesenheit der eigentlich zur Anwesenheit berechtigten Personen gemacht wurden, nicht verwertet werden dürfen, wobei die Rspr. auch hier verlangt, dass der Verwertung in der Hauptverhandlung rechtzeitig **widersprochen** wird (s. zu den Einzelheiten *M-G/S* § 168c Rn. 6 f., 9 m.w.N.). Hinsichtlich richterlicher Vernehmungsprotokolle nach § 168c Abs. 1 ist zu beachten, dass diese bei fehlender Benachrichti-

gung ggf. noch als nicht-richterliche Protokolle nach § 251 Abs. 1 mit der Konsequenz eines geringeren Beweiswertes verlesen werden können (*M-G/S* § 168c Rn. 6, § 251 Rn. 15).

188 | **Fall 21** (vgl. BGH, Beschl. v. 09.07.2002 – 1 StR 177/02 = NStZ-RR 2003, 290): Der Angekl. wird wegen Mordes zu lebenslanger Freiheitsstrafe verurteilt. Das LG stützt die Verurteilung trotz Widerspruchs auf ein nach § 100a überwachtes Telefongespräch, das der Bruder des Angekl. vom Anschluss des Angekl. aus mit seiner Mutter geführt hatte, als sich der Angekl. bereits in Untersuchungshaft befand. In der Hauptverhandlung machen sowohl Mutter als auch Bruder von ihrem Zeugnisverweigerungsrecht nach § 52 Gebrauch. Wie wird der BGH auf die zulässige Revision hin entscheiden?

Lösung: Fraglich ist, ob die aus dem Inhalt des Telefonats gewonnenen Erkenntnisse **verwertbar** sind. Der BGH lehnt ein Verwertungsverbot unter Hinweis auf die Gesetzessystematik ab. Wo der Gesetzgeber ein Beweisverwertungsverbot bei zeugnisverweigerungsberechtigten Personen habe schaffen wollen, habe er dies – wie etwa in §§ 97 Abs. 1 Nr. 1, 100d Abs. 5 – ausdrücklich angeordnet. § 100a enthalte dagegen keine entsprechende Einschränkung. Dass der Angekl. den Anschluss nach seiner Inhaftierung nicht mehr nutzten konnte, hindere dessen weitere Überwachung angesichts der fortbestehenden Nutzungsmöglichkeit von Nachrichtenmittlern nicht.
Zumindest das gesetzessystematische Argument des BGH begegnet angesichts des fragmentarischen Regelungscharakters der Beweisverwertungsverbote Bedenken (jedenfalls soweit nicht ausdrücklich auf die Gesetzesmaterialien zu §§ 100a ff. Bezug genommen werden kann). Gleichwohl dürfte die Verwertung im Ergebnis zulässig sein. Denn auch aus **§ 252** folgt nichts Gegenteiliges, da die Angaben von Mutter und Bruder des Angekl. nicht in einer Vernehmung oder zumindest einer vernehmungsähnlichen Situation gemacht wurden (s. zu § 252 ausführlich unten Rn. 234 ff.). Angesichts der Schwere der in Rede stehenden Straftat sowie des Umstandes, dass sich § 100a nach dessen Abs. 3 auch gegen Dritte richten kann, ist die Verwertung der Erkenntnisse daher zulässig (a.A. vertretbar). Etwas anderes dürfte nur dann gelten, wenn Mutter und Bruder des Angekl. bereits ausdrücklich von ihrem Recht nach § 52 Gebrauch gemacht hätten und die Ermittlungsbehörden in bewusster Umgehung von § 52 gehandelt hätten, wofür es im Fallbeispiel jedoch keine Anhaltspunkte gibt.

c) Einzelne klausurrelevante relative Revisionsgründe

Zurück zu den relativen Revisionsgründen. Die nachfolgende Darstellung greift einige besonders klausurrelevante Normkomplexe auf, während weitere relative Revisionsgründe im Anschluss daran lediglich stichwortartig behandelt werden und bei Bedarf anhand der Kommentierung im *M-G/S* studiert werden können.

aa) Verstöße gegen §§ 81a, 100e und 105

(1) Während § 81a Abs. 2 a.F. bei Blutprobenentnahmen im Straßenverkehr lange Zeit ein Examensklassiker war, ist dieses Problemfeld durch die StPO-Reform 2017 erheblich beschnitten worden, weil der **Richtervorbehalt** bei Verdacht von **bestimmten Verkehrsdelikten** (insbesondere §§ 315c, 316 StGB, nicht aber § 315b StGB) – nach langer und vehementer Forderung der Praxis und mit dem „Segen" des BVerfG (NJW 2008, 3053) – **abgeschafft** worden ist (§ 81a Abs. 2 S. 2). Stattdessen liegt die Anordnungskompetenz in diesen Fällen fortan bei den Ermittlungsbehörden, und zwar nach dem Willen des Gesetzgebers „gleichrangig", sodass die Polizei vor der Anordnung der Blutentnahme nicht noch einmal die Staatsanwaltschaft kontaktieren muss, solange es hierzu keine ausdrückliche (ggf. bloß allgemeine) Anweisung gibt. Diese Neuregelung hat zur Folge, dass viele Detailfragen im Zusammenhang mit drohendem Alkoholabbau und damit einhergehendem Beweismittelverlust, die bis dahin im Rahmen des Tatbestandsmerkmals „Gefahr in Verzug" (= Gefährdung des Untersuchungserfolges durch Verzögerung) zu diskutieren waren, gegenstandslos geworden sind. Dies gilt allerdings nur für die in § 81a Abs. 2 S. 2 ausdrücklich genannten Verkehrsstraftaten, sodass durchaus damit zu rechnen ist, dass Klausurersteller die sich aus der Eilkompetenz der Ermittlungsbehörden ergebenden Rechtsprobleme hin zu anderen Delikten oder Ermittlungsmaßnahmen (wie z.B. Durchsuchung, Onlinedurchsuchung, TKÜ) verlagern, die ebenfalls wegen Gefahr im Verzug unmittelbar durch die Ermittlungsbehörden angeordnet werden können. Aus diesem Grund ist es nach wie vor notwendig, sich mit den wesentlichen Auslegungsregeln der Eilkompetenz vertraut zu machen, die maßgeblich von der Rspr. zur Blutprobenentnahme geprägt sind.

(2) Hintergrund der umstrittenen Rechtslage und der zahlreichen höchst- und verfassungsgerichtlichen Entscheidungen insbesondere zu § 81a Abs. 2 a.F. war die Handhabung von Blutentnahmen durch die Praxis, die sich durch eine bisweilen äußerst extensive Auslegung des Begriffs „Gefahr im Verzug" beschreiben lässt. Dem ist das BVerfG in mehreren grundlegenden Entscheidungen ausdrücklich entgegengetre-

ten (BVerfG NJW 2007, 1345; BVerfG NJW 2010, 2864; s.a. BVerfGE 103, 142 = NJW 2001, 1121 in Bezug auf Durchsuchungen nach § 102). Danach ist der Begriff der „Gefahr im Verzug" **eng auszulegen**. Zwecks Gewährleistung effektiver richterlicher Kontrolle muss grundsätzlich immer versucht werden, eine ggf. **mündliche** richterliche Entscheidung herbeizuführen. Insbesondere darf von einer Kontaktaufnahme mit dem Richter nicht unter pauschalem Hinweis auf die allgemeine Gefahr des Beweismittelverlustes und die mitunter zeitaufwendige Übersendung schriftlicher Unterlagen (auf die in der Praxis viele Eilrichter bestehen) abgesehen werden (s. *M-G/S* § 81a Rn. 25a, § 105 Rn. 3). Da der Richtervorbehalt bei einer lediglich abstrakten Bestimmung der Gefährdungslage praktisch bedeutungslos würde, muss eine drohende Beeinträchtigung des Untersuchungserfolges ferner stets mit **Tatsachen** begründet werden, die sich auf den **Einzelfall** beziehen und in der Ermittlungsakte zu **dokumentieren** sind.

192 (3) Was aus der Rspr. des BVerfG für den Einzelfall folgt und wann Gefahr im Verzug tatsächlich noch angenommen werden kann, ist teilweise umstr. und noch nicht abschließend geklärt. Soweit es im Rahmen von § 81a Abs. 2 a.F. um Blutproben im Zusammenhang mit Alkoholkonsum ging, mussten jedenfalls zur allgemeinen „Gefahr" des Alkoholabbaus weitere Gesichtspunkte hinzutreten, die eine besondere Eilbedürftigkeit der Maßnahme rechtfertigten. Eine derartige Dringlichkeit dürfte vor allem bei nächtlichen Maßnahmen anzunehmen sein, wenn ein richterlicher Bereitschaftsdienst nur zur Tagzeit besteht, der Ermittlungsrichter aus anderen Gründen nicht erreichbar ist oder wenn sich der Beschuldigte zu entfernen versucht (*M-G/S* § 81a Rn. 25c, § 105 Rn. 2b). Eine Eilkompetenz der Ermittlungsbehörden besteht allerdings insgesamt nicht mehr, wenn der Ermittlungs- oder Eilrichter **bereits mit der Sache befasst wurde**, wobei dies auch dann gilt, wenn der Richter auf die Vorlage eines schriftlichen Vorgangs besteht oder überhaupt keine Entscheidung trifft (BVerfG NJW 2015, 2787; BGHSt 61, 266; *M-G/S* § 81a Rn. 25a, § 105 Rn. 2b). Eine Ausnahme wird lediglich dann zugelassen, wenn nach Befassung des Richters neue Tatsachen hinzutreten oder bekannt werden, die nunmehr die Annahme von Gefahr im Verzug rechtfertigen. Eine Eilanordnung scheidet aber wiederum dann aus, wenn entweder überhaupt kein richterlicher Bereitschaftsdienst eingerichtet wurde oder eine Einrichtung zur Nachtzeit unterblieb, obwohl hierfür ein über den Einzelfall hinausgehendes Bedürfnis bestand (BVerfG NJW 2019, 1428; *M/G-S* § 105 Rn. 2a m.w.N.).

193 (4) Was die im Ergebnis entscheidende Frage des Vorliegens eines **Beweisverwertungsverbotes** bei rechtswidriger Annahme von Gefahr im Verzug betrifft, gilt auch im Rahmen von §§ 81a, 100e und 105, dass nicht jeder Verstoß automatisch ein Verwertungsverbot zur Folge hat, sondern dies – wie stets – im Wege der Abwägung unter Berücksichtigung aller Umstände, insbesondere des **Gewichts des Rechtsverstoßes**, im Einzelfall zu bestimmen ist. Insoweit ist zu beachten, dass es sich regelmäßig um einen Verstoß gegen **formelle Voraussetzungen** handelt und den Ermittlungsbehörden die Anordnung nicht schlechthin untersagt ist (was nach neuem Recht durch die originäre Anordnungskompetenz für Blutentnahmen bei Verkehrsdelikten nach § 81a Abs. 2 S. 2 noch einmal besonders deutlich wird). Ferner kann, insbesondere bei schweren Straftaten, das öffentliche Interesse an der Verfolgung erheblich sein und zu raschem Handeln im Einzelfall zwingen. Ein Verwertungsverbot kommt daher regelmäßig nur dann in Betracht, wenn das Handeln bzw. Unterlassen der Ermittlungsbeamten auf **Willkür**, einer völligen Negierung des Richtervorbehalts oder jedenfalls auf einer **groben Verkennung der Rechtslage** beruht (*M-G/S* § 105 Rn. 19). Dass die Entscheidung der handelnden Polizeibeamten unter keinem denkbaren Gesichtspunkt mehr vertretbar ist, wird angesichts der Bewertungsschwierigkeiten gerade in Grenzfällen aber selten der Fall sein, sofern die Beweggründe der Beamten zumindest in sich schlüssig und (noch) nachvollziehbar sind. Entsprechende Klausursachverhalte enthalten deshalb in der Regel deutliche Hinweise, etwa in Form eines polizeilichen Vermerks, in dem die Befassung des Richters als bloße „Förmelei" abgetan wird. Bezüglich § 81a Abs. 2 a.F. setzte nach der jüngeren obergerichtlichen Rspr. (vgl. *M-G/S* § 81a Rn. 34 m.w.N.) ein Verwertungsverbot außerdem voraus, dass – wie bei §§ 100a, 136 – der Verwertung der gewonnenen Erkenntnisse in der Hauptverhandlung unmittelbar nach der entsprechenden Beweiserhebung widersprochen wurde (**Widerspruchslösung**). In einer vielbeachteten Entscheidung hat der 2. Senat hingegen obiter dictu bezweifelt, ob dies auch bei fehlerhaften **Durchsuchungen** und **Beschlagnahmen** gelte (BGHSt 61, 266), was angesichts des grundgesetzlichen Richtervorbehalts in Art. 13 Abs. 2 GG gut nachvollziehbar erscheint. In der Folge hat der 5. Senat jedoch entschieden, dass auch die Rüge unzulässiger Verwertung von Durchsuchungsfunden einen Widerspruch in der Hauptverhandlung erfordert (BGH NJW 2018, 2279).

Bei der Frage, ob polizeilich angeordnete Blutproben bei Verdacht **194** eines der in § 81a Abs. 2 S. 2 genannten **Verkehrsdelikte** verwertbar sind, liegt es angesichts der Abschaffung des Richtervorbehalts auf der Hand, dass an die bisherige Rspr. nicht mehr angeknüpft werden kann. Stattdessen kommt ein Verwertungsverbot allenfalls dann noch in Betracht, wenn **sonstige Verstöße** begangen wurden.

(5) Im Hinblick auf Durchsuchungsanordnungen nach § 105 macht **195** – wie bei allen Zwangsmaßnahmen – die **Einwilligung** des Beschul-

digten die richterliche Anordnung entbehrlich, sofern sie ausdrücklich, eindeutig und frei von Willensmängeln erklärt wird (*M-G/S* § 105 Rn. 1) – die bloße Duldung ohne Widerspruch genügt dagegen nicht. Darüber hinaus müssen die übrigen Voraussetzungen des § 102 gewahrt sein.

196 **Klausurtipp:** Bevor lang und breit auf die Problematik „Gefahr im Verzug" eingegangen wird, sollte stets geprüft werden, ob nicht bereits eine wirksame Einwilligung vorliegt.

197 **Fall 22** (vgl. OLG Düsseldorf, Beschl. v. 23.06.2016 – III-3 RVs 46/16 = NStZ 2017, 177): Bei einem Einsatz in einem Mehrfamilienhaus bemerken die Beamten zufällig starken Marihuana-Geruch aus der Wohnung des Angekl. Obwohl es mittags ist, gelingt es ihnen über einen Zeitraum von 15 Minuten nicht, eine richterliche Durchsuchungsanordnung zu erwirken. Währenddessen sind andere Hausbewohner auf den Einsatz aufmerksam geworden und fragen nach dem Anlass. Weil die Polizisten ihre Entdeckung und die Vernichtung von Beweismitteln befürchten, entschließen sie sich dazu, beim Angekl. zu klopfen und „Polizei" zu rufen. Statt zu öffnen, verriegelt jener jedoch die Tür und die Polizisten vernehmen laute Geräusche aus der Wohnung. Der Einsatzleiter ordnet daraufhin wegen „Gefahr im Verzug" die sofortige Durchsuchung an, die zum Fund einer Cannabisplantage führt. Nach Belehrung räumt der Angekl. den Vorwurf ein. Später wird er trotz umfassenden Verwertungswiderspruchs verurteilt. Hat seine Revision mit einer Verfahrensrüge Aussicht auf Erfolg?

Lösung: In Betracht kommt ein Verstoß gegen § 261 i.V.m. § 105 Abs. 1 S. 1, indem das Gericht seine Überzeugung auf Beweismittel gestützt hat, deren Verwertung ihm untersagt war. Zu überprüfen ist zunächst die **Beweiserhebung**, also die Frage, ob sich die Polizei bei der Anordnung der Durchsuchung auf ihre Eilkompetenz stützen durfte. Das wird man verneinen müssen, weil zunächst noch gar kein Beweismittelverlust drohte. Denn der Angekl. selbst hatte die Polizei (anders als seine Nachbarn) nicht bemerkt und zur Mittagszeit bestand die Aussicht, rechtzeitig einen Richter zu erreichen. Im Rahmen der sich anschließenden **Abwägung**, ob aus dem Verstoß ein Beweisverwertungsverbot folgt, ist besonders zu berücksichtigen, dass die Beamten die Gefährdung des Untersuchungszwecks durch das Klopfen und Rufen ohne Notwendigkeit **selbst herbeigeführt** haben. Darin liegt eine **grobe Missachtung** des Richtervorbehalts, die gleichzeitig den Rückgriff auf die Figur einer hypothetisch rechtmäßigen Erlangung der Beweise sperren dürfte (s.o. Rn. 174). Da der Angekl. der Verwertung auch widersprochen hat, dürfte hier im Ergebnis also ein Beweisverwertungsverbot greifen.

Spannend ist die Frage, ob das **Geständnis** des Angekl. verwertbar ist. Zwar wurde er zuvor belehrt, aber er tätigte seine Angaben offensichtlich unter dem Eindruck, durch die (unverwertbaren) Sachbeweise bereits überführt zu sein, sodass er keinen Anlass hatte, von seinem Schweigerecht Gebrauch zu machen. Im Originalfall wurde das Geständnis aus diesem Grund tatsächlich ohne weitere Abwägung für unverwertbar erklärt. Weil dem deutschen Recht die anglo-amerikanische „fruit of the poisonous tree"-Doktrin jedoch fremd ist und eine **Fernwirkung** nur höchst ausnahmsweise in Betracht kommt, erscheint die Annahme eines absoluten Verwertungsverbots indessen fraglich. Soweit die Beamten den Angeklagten im Rahmen der Vernehmung mit der vorgefundenen Cannabisplantage konfrontiert haben, könnten die Angaben des Angekl. indes wegen des **Vorhalts unzulässig erlangter Erkenntnisse** unverwertbar sein (vgl. BGH NStZ 2019, 227). Weil die Konfrontation mit den erdrückenden Beweisen das Schweigerecht vorliegend massiv entwertet und die Sachbeweise zudem auf einer groben Verletzung des Richtervorbehalts beruhen, erscheint es gut vertretbar, in diesem Fall im Rahmen einer Abwägung auch zu einem Verwertungsverbot für das Geständnis zu gelangen.

Klausurtipp: Erneut ist die Klausursituation zu reflektieren. Gegenstand der revisionsrechtlichen Prüfung sind stets Fehler des erkennenden Gerichts, die bei § 105 Abs. 1 darin bestehen, dass die im Ermittlungsverfahren gewonnenen Erkenntnisse in der Hauptverhandlung verwertet werden, obwohl ein Verwertungsverbot bestehen könnte. „Aufhänger" der Prüfung ist daher erneut § 261 i.V.m. § 105 Abs. 1. Bei der (inzidenten) Prüfung von § 105 Abs. 1 ist es nicht erforderlich, alle Einzelheiten der kaum noch überschaubaren Rspr. zu beherrschen, sondern unter Auswertung des Akteninhalts vernünftig zu argumentieren und abzuwägen. Merken Sie sich dazu folgende Eckpunkte:
– der Begriff der Gefahr im Verzug ist eng auszulegen,
– angesichts der Bedeutung des grundgesetzlichen Richtervorbehaltes (vgl. Art. 13 Abs. 2 GG) ist grundsätzlich immer eine richterliche Anordnung herbeizuführen, daher keine pauschale Annahme von Gefahr im Verzug allein aufgrund des durch Zeitablauf regelmäßig drohenden Beweismittelverlustes,

– nicht jeder Verstoß gegen § 105 Abs. 1 führt zu einem Verwertungsverbot,
– vielmehr ist dies im Rahmen einer **Gesamtwürdigung** unter Einbeziehung der Schwere des Tatvorwurfs und der Beweislage zu bestimmen, wobei es stets darauf ankommt, ob die Eilentscheidung grob rechtsfehlerhaft oder willkürlich war.

bb) Verstöße gegen §§ 136, 163a

199 (1) § 136 statuiert diverse vor der Vernehmung des Angeklagten zu beachtende Belehrungspflichten. Über die Verweisung des § 163a Abs. 3 und 4 gelten diese Pflichten auch für Polizei und Staatsanwaltschaft, die verpflichtet sind, dem Beschuldigten spätestens am Ende des Ermittlungsverfahrens rechtliches Gehör zu gewähren. In diesem Zusammenhang ist der Beschuldigte nach § 136 Abs. 1 zu belehren über

– den **Tatvorwurf** inkl. der anzuwenden Vorschriften (S. 1),
– sein Recht, die **Aussage zu verweigern** (S. 2),
– sein Recht, einen **Verteidiger** seiner Wahl zu **konsultieren** (S. 2),
– sein Recht auf **Hilfe**, einen Verteidiger seiner Wahl zu **kontaktieren** (insbesondere Hinweis auf anwaltlichen Notdienst; S. 3, 4),
– das Recht, **Beweisanträge** zu stellen (S. 5),
– sein Recht, im Falle **notwendiger Verteidigung** die **Bestellung** eines Verteidigers zu beantragen (§§ 140 f.), aber auch Hinweis auf die Kostenfolge des § 465 bei Verurteilung (S. 5) sowie
– das Recht auf **schriftliche Äußerung** und die Möglichkeit eines TOA (S. 6).

200 (2) Ob ein Verstoß gegen die Belehrungspflichten der §§ 136, 163a Abs. 3, 4 ein **Verwertungsverbot** nach sich zieht, war lange Zeit umstritten. Während der BGH die Regelungen früher noch als reine Ordnungsvorschriften interpretiert und unter Annahme eines Umkehrschlusses zu § 136a Abs. 3 S. 2 ein Verwertungsverbot abgelehnt hat (BGHSt 22, 170; BGHSt 31, 395), nimmt die st. Rspr. nunmehr bei unterbliebener Belehrung über das **Schweigerecht** ein Verwertungsverbot an (BGHSt 38, 214). Das ist sachgerecht und entspricht der Auffassung, die in der Literatur bereits seit langem herrschend ist. Das Recht, keine Angaben zur Sache machen müssen, gehört zu den fundamentalen rechtsstaatlichen Prinzipien des Strafverfahrens. Zur effektiven Wahrung der Aussagefreiheit ist der Beschuldigte durch die Belehrung vor **irrtumsbedingten Selbstbelastungen** zu schützen, die dadurch entstehen können, dass er aufgrund der Befragung durch staatliche Stellen annimmt, zur Aussage verpflichtet zu sein. Zudem gebietet der Vergleich zu § 243 Abs. 5, bei dem ein Verstoß gegen die

B. Begründetheit der Revision

Belehrungspflicht in der Hauptverhandlung nach allgemeiner Meinung grundsätzlich ein Verwertungsverbot nach sich zieht, die Annahme eines Verwertungsverbotes auch für §§ 136, 163a Abs. 3, 4, da das Schutzbedürfnis hinsichtlich unbedachter Äußerungen im Ermittlungsverfahren regelmäßig sogar noch größer ist. Heute dürfte die Annahme eines Verwertungsverbotes daher kaum noch in Zweifel gezogen werden (vgl. *M-G/S* § 136 Rn. 20a m.w.N.).

(3) Nach der restriktiven Handhabung der Rspr. besteht ein Verwertungsverbot allerdings dann nicht, wenn der Beschuldigte sein Schweigerecht trotz unterlassener Belehrung **kannte** (was vorausgesetzt werden kann, wenn er in Gegenwart seines Verteidigers vernommen wurde oder juristisch gebildet ist) oder der verteidigte bzw. entsprechend belehrte Angeklagte der Verwertung seiner Aussage in der Hauptverhandlung nicht bis zu dem in § 257 Abs. 1 und 2 genannten Zeitpunkt widerspricht (**Widerspruchslösung**). In beiden Fällen ergibt nach Ansicht des BGH die Abwägung, dass dem Interesse an der Aufklärung der Tat und der Durchführung des Verfahrens Vorrang gebührt (BGHSt 38, 214; a.A. jedenfalls in Bezug auf die Widerspruchslösung vertretbar; s. aber auch BVerfG NJW 2013, 907 mit ausdrücklicher Billigung). Ein Verwertungsverbot besteht ferner nicht bei **Spontanäußerungen**, also Aussagen, die der Beschuldigte von sich aus gegenüber den Ermittlern tätigt, sowie bei einer lediglich **informatorischen Befragung** des Beschuldigten, weil er etwa am Tatort anwesend ist, ohne dass bereits ein Anfangsverdacht gegen ihn besteht. Nach h.M. setzt die Beschuldigteneigenschaft – subjektiv – den Verfolgungswillen der Strafverfolgungsbehörde voraus, der sich – objektiv – in einem Willensakt manifestiert. Ob jemand Beschuldigter oder Zeuge ist, hängt also maßgeblich davon ab, wann nach kriminalistischer Erfahrung genügend tatsächliche Anhaltspunkte vorliegen, um ihn einer konkreten Straftat zu verdächtigen. Bei der Beurteilung, ob diese Schwelle bereits überschritten ist, wird den Ermittlungsbehörden zwar im Einzelfall ein **Beurteilungsspielraum** zugebilligt (BGHSt 51, 367; BGH NStZ 2019, 539). Mit Blick auf die elementare Bedeutung des Schweigerechts darf der maßgebliche Zeitpunkt allerdings nicht aus ermittlungstaktischen Interessen nach hinten verlagert werden, sodass auch eine mutwillig verzögerte Belehrung zu einem Beweisverwertungsverbot führen kann.

(4) Ein Verwertungsverbot wird grundsätzlich auch bei Verstößen gegen die Pflicht zur Belehrung über das Recht auf **Verteidigerkonsultation** angenommen, weil diesem dasselbe Gewicht wie dem Schweigerecht zukommt (BGHSt 47, 172; offengelassen noch in BGH NStZ 1997, 609; *M-G/S* § 136 Rn. 10 f., 21). Entsprechende Fehler können sich etwa daraus ergeben, dass

72   *Kapitel 2. Prüfungsaufbau*

- dem Beschuldigten das Recht bewusst verschwiegen wird,
- die gewünschte Hinzuziehung eines Verteidigers verwehrt wird,
- der Beschuldigte bei der Kontaktaufnahme mit einem Verteidiger nicht unterstützt wird und er sich daraufhin zur weiteren Aussage bereit erklärt, ohne dass er erneut über sein Recht belehrt wird,
- die Vernehmung fortgesetzt wird, ohne dass auf den bereits kontaktierten Verteidiger gewartet wird oder
- der Beschuldigte irrig davon ausgeht, sich wegen Mittellosigkeit keinen Verteidiger leisten zu können, obwohl ein Fall der **notwendigen Verteidigung** nach § 140 vorliegt.

203 (5) Während ein unterlassener Hinweis auf das Recht, die **Bestellung eines Pflichtverteidigers** zu beanspruchen, die Verwertung bislang nicht hinderte (BGH NStZ 2018, 671 m. abl. Bespr. *Jäger*), dürfte diese Frage anlässlich der StPO-Reform 2019 neu zu beurteilen sein. Denn nunmehr kann der Beschuldigte die Bestellung eines Pflichtverteidigers gem. § 141 Abs. 1 S. 1 selbst beantragen, wodurch dem bisherigen Argument der Rspr., dass der Beschuldigte kein eigenes Antragsrecht habe, der Boden entzogen wurde. Nicht nur § 136 Abs. 1 S. 5 und § 141 Abs. 1 S. 1, sondern auch §§ 58 Abs. 2 S. 5, 114b Abs. 2 S. 1 Nr. 4a sehen zudem eine entsprechende Belehrungspflicht vor. Will man das Recht auf den sog. Verteidiger der ersten Stunde insbesondere für mittellose Beschuldigte nicht entwerten, dürfte die Annahme eines Verwertungsverbots künftig zwingend sein.

204 (6) **Kein Verwertungsverbot** besteht hingegen bei Verstößen gegen § 136 Abs. 1 S. 5 und 6, Abs. 2 und 3, also bei unterbliebener Belehrung über das Recht, Beweisanträge zu stellen und sich schriftlich äußern zu können (*M-G/S* § 136 Rn. 21a). Auch Verstöße gegen den seit dem 01.01.2020 geltenden § 136 Abs. 4 (Videodokumentation der Beschuldigtenvernehmung; zwingend bei bestimmten schwerwiegenden Vorwürfen oder besonderer Schutzbedürftigkeit des Beschuldigten) sollen nach der Gesetzesbegründung nicht zur Unverwertbarkeit der Aussage führen, weil es sich um eine bloße Ordnungsvorschrift handele, was zumindest in Fällen willkürlicher Unterlassung fragwürdig erscheint.

205 (7) Nach wie vor **klausurrelevant** ist im Zusammenhang mit § 136 die sog. **Hörfalle**, bei der Ermittler ein privates Telefongespräch veranlassen, um es dann mitzuhören, oder den Beschuldigten von Privatpersonen auf sonstige Weise aushorchen lassen (s. hierzu insbesondere die Entscheidung des Großen Senats in BGHSt 42, 139 – lesen!). Soweit ein derartiger Sachverhalt in der Klausur zu begutachten ist, wird es abermals um die Frage gehen, ob aus dem Vorgehen der Ermittlungsbehörden ein **Verwertungsverbot** folgt. Zumeist wird es sich anbieten, die entsprechende Prüfung im Rahmen des § 261 mit § 136 zu beginnen und herauszuarbeiten, dass ein Verstoß gegen die Belehrungspflichten mangels Vernehmung nicht in Betracht kommt, da eine solche nach dem herrschenden **formellen Vernehmungsbegriff** voraussetzt, dass dem Beschuldigten in **amtlicher Funktion** gegenübergetreten wird. Eine analoge Anwendung von § 136 sollte angesichts von Sinn und Zweck der Vorschrift ebenfalls abgelehnt werden, weil der Beschuldigte in den Hörfallen-Fällen nicht durch die Autorität des Befragenden und die hieraus möglicherweise folgende Annahme einer **Aussagepflicht** zu einer Einlassung veranlasst werden kann. Ein Verstoß gegen § 136a wegen unzulässiger Täuschung wird von der h.M. ebenfalls abgelehnt, da kein Irrtum hervorgerufen oder unterhalten, sondern lediglich die Unwissenheit des Beschuldigten ausgenutzt werde, was als erlaubte **kriminalistische List** zu qualifizieren sei (a.A. freilich gut vertretbar). Das schlichte Mithören ist auch keine Telefonüberwachung, womit ein Verstoß gegen §§ 100a, 100e ebenfalls ausscheidet (der Schutz des Fernmeldegeheimnisses endet am Endgerät des Teilnehmers; *M-G/S* § 100a Rn. 1). Schließlich liegt auch kein Eingriff in das Recht auf informationelle Selbstbestimmung vor, weil grundsätzlich jeder damit rechnen muss, dass privat vermittelte Informationen weitergegeben werden.

Letztlich bleibt daher nur – soweit man der h.M. folgt – eine Verletzung des Rechts auf ein **faires Verfahren**. Ob eine derartige Verletzung vorliegt, ist erneut im Rahmen einer Abwägung zu beurteilen, bei der einerseits der Umstand, dass der Beschuldigte überlistet wird und die daraus folgende Selbstbelastung jedenfalls den **nemo-tenetur-Grundsatz** tangiert, und andererseits das Interesse an einer effektiven Strafverfolgung sowie die Schwere der verfolgten Straftat gegenüberzustellen sind. Nach der Rspr. sollen „Hörfallen" dann zulässig sein, wenn es sich um **Straftaten von erheblichem Unrechtsgehalt** handelt und andere Ermittlungsmethoden aussichtslos oder erheblich weniger erfolgversprechend sind. Bei der Frage, ob eine schwere Straftat in diesem Sinne vorliegt, bietet sich abermals ein Rückgriff auf die **Kataloge** der §§ 98a, 100a, 110a an. Der Einsatz von Privatpersonen auf Veranlassung der Ermittlungsbehörden zieht also nicht generell ein Verwertungsverbot nach sich. Vielmehr ist einmal mehr im Einzelfall vor dem Hintergrund des Grundsatzes der Verhältnismäßigkeit (keine Wahrheitsfindung um jeden Preis) zu entscheiden, ob die rechtsstaatlichen Grenzen überschritten sind. **206**

Klausurtipp: Prägen Sie sich im Zusammenhang mit der Hörfallen-Problematik folgende Prüfungsreihenfolge ein (beachten Sie, dass es sich um einen unverbindlichen Vorschlag handelt, dessen **207**

konkrete Ausgestaltung den Gegebenheiten des Einzelfalls unterliegt – Aufbaufragen sind Zweckmäßigkeitsfragen):

– Verstoß gegen § 136 (-), da mangels amtlichen Gegenübertretens keine Vernehmung vorliegt,
– analoge Anwendung von § 136 (-), da die Gefahr der irrigen Annahme einer Aussagepflicht nicht besteht,
– i.d.R. keine aktive Täuschung nach § 136a, sondern bloße Ausnutzung der Unwissenheit als zulässige „kriminalistische List" (str.),
– Verstoß gegen das aus den Grundrechten hergeleitete Recht auf informationelle Selbstbestimmung (-), da jeder mit der Weitergabe privater Informationen rechnen muss,
– Verstoß gegen §§ 100a, 100e (-), da mangels technischen Zugriffs auf den Übermittlungsvorgang keine Telefonüberwachung vorliegt,
– Verstoß gegen den Grundsatz des fairen Verfahrens möglich und im Wege einer Gesamtabwägung zu ermitteln.

208 (8) Um ein „Gefühl" für die Hörfallen-Problematik zu entwickeln und im Einzelfall zu einem vertretbaren Ergebnis zu gelangen, werden im Folgenden einige Fallkonstellationen aus der Rspr. dargestellt, bei denen Verstöße jeweils angenommen oder abgelehnt wurden. Es ist zu betonen, dass es sich jeweils um die Auffassung der Rspr. handelt und die gegenteilige Ansicht mit entsprechender Begründung oftmals ebenso gut vertretbar sein dürfte.

209 – **Schlichtes Mithören** eines privaten Telefongesprächs durch einen Polizeibeamten führt beim Verdacht einer **schweren Straftat** nicht zu einem Verwertungsverbot (BGHSt 42, 139).

210 – Nach Ansicht des BGH besteht auch in dem Fall, dass ein belastendes Telefongespräch zwischen dem Beschuldigten und einem Familienangehörigen **provoziert** wird, trotz der aus §§ 52, 252 folgenden Wertung kein Verwertungsverbot (BGHSt 33, 217; vgl. auch oben Rn. 188). So sei eine gezielte telefonische Benachrichtigung des Ehemanns, die beschuldigte Ehefrau werde alsbald verhaftet, keine unzulässige Täuschung, sondern erlaubte **kriminalistische List**, womit die Angaben der Beschuldigten, die sie in einem darauffolgenden Telefonat gegenüber ihrem Ehemann oder einem Mitbeschuldigten über die Tat macht, verwertbar seien.

211 – Etwas anderes gilt hingegen, wenn einem inhaftierten Beschuldigten ein Mithäftling auf die Zelle gelegt wird, der **im Auftrag der Ermittlungsbehörden** den Beschuldigten **gezielt** aushorchen soll (BGH NStZ 1989, 33; s.a. BGHSt 55, 138). In diesem Fall liegt ein

Verstoß gegen § 136a vor, weil zur Heimlichkeit der Maßnahme weitere Umstände hinzutreten, die die Freiheit des Beschuldigten, sich über seine Taten zu äußern, zusätzlich beeinträchtigen. Zwar liegt auch hier die ebenfalls von § 136a vorausgesetzte Vernehmungssituation nicht vor. Eine analoge Anwendung der Vorschrift ist jedoch geboten, da sich die Ermittlungsbehörden gezielt hinter der eingesetzten Privatperson verbergen und sich ihr Verhalten daher **zurechnen** lassen müssen. Im Fallbeispiel kommt entscheidend hinzu, dass der Beschuldigte aufgrund der Inhaftierung praktisch keine Möglichkeit hatte, sich dem Einfluss des Mithäftlings zu entziehen.

— Ein Verwertungsverbot soll auch dann bestehen, wenn ein Mithäftling zwar nicht (nachweisbar) auf Veranlassung der Ermittlungsbehörden handelt, neben die allgemeinen Bedingungen der Haft jedoch weitere Formen der Willensbeeinflussung durch **Drohung** oder **Betäubungsmittelwirkung** treten und die Ermittlungsbehörden dies entweder wussten oder jedenfalls hätten wissen und unterbinden können (sog. Wahrsagerinnen-Fall – BGH NJW 1998, 3506). 212

— Ohne Hinzutreten solcher besonderen Umstände beanstandete der BGH die Verwertung in einem anderen Fall hingegen nicht, solange die Ermittler die belastenden Informationen lediglich **passiv entgegennehmen** (BGH NJW 2017, 1828). Zuvor hatte ein Mithäftling den Beschuldigten aus eigenem Antrieb mittels Täuschung ausgehorcht, weil er hoffte, auf diese Weise seine eigene vorzeitige Entlassung zu erreichen. Der BGH verneinte jedoch eine generelle Pflicht der Ermittlungsbehörden, derartige „Spitzeleien" unter Gefangenen zu unterbinden. 213

— Ein Verwertungsverbot wurde dagegen in dem Fall angenommen, in dem der in anderer Sache inhaftierte Beschuldigte zu einem **fingierten Gespräch** beim Anstaltsleiter gebeten und dort seine Stimme zwecks Vergleichs mit der Stimme des Erpressers aus einem anderen Verfahren ohne sein Wissen aufgezeichnet wurde (BGHSt 34, 39). Denn das Verbot, den Beschuldigten zur aktiven Mitwirkung im Strafverfahren zu zwingen, darf nicht durch **Täuschung** umgangen werden. 214

— In einem wieder anderen Fall nahm der BGH ein Verwertungsverbot an, weil ein **verdeckter Ermittler** dem im Ermittlungsverfahren schweigenden Beschuldigten durch beharrliche Fragen Äußerungen entlockt hatte, die er in einer förmlichen Vernehmung unter keinen Umständen gemacht hätte (BGH NStZ 2007, 714). 215

— Schließlich hielt der BGH in einem Einzelfall auch Angaben außerhalb einer Vernehmung wegen Verstoßes gegen die verfassungsrechtlich garantierte **Selbstbelastungsfreiheit** für unverwertbar, nachdem eine Polizistin die gesundheitlich schwer beeinträchtigte 216

Beschuldigte auf dem Weg ins Krankenhaus trotz ihrer zuvor ausdrücklich erklärten Aussageverweigerung in ein Gespräch verwickelt und schließlich sogar in die ärztliche Untersuchung begleitet hatte, um die selbstbelastenden Angaben gegenüber dem behandelnden Arzt mitzuhören (sog. Traunsteiner Brandstiftungsfall – BGH NJW 2018, 1986).

217 | **Fall 23** (vgl. BGH NJW 2009, 3589; BGHSt 51, 376; BGHSt 53, 112; OLG Hamm NStZ-RR 2009, 283): Das LG verurteilt den in der Hauptverhandlung schweigenden Angekl. u.a. wegen versuchten Totschlags. Gegen das Urteil legt der Angekl. Revision ein und trägt vor, dass seine Angaben aus dem Ermittlungsverfahren nicht hätten verwertet werden dürfen. Denn nachdem er sich in der Tatnacht selbst gestellt und die Tat pauschal eingeräumt habe, habe er den Beamten während der Fahrt zu einer anderen Polizeidienststelle unaufgefordert Einzelheiten zur Vorgeschichte der Tat berichtet, ohne zuvor belehrt worden zu sein. Dort angekommen habe er nach nunmehr erfolgter Belehrung weitere Angaben zum Kerngeschehen der Tat gemacht. Hierbei sei er – was ebenfalls zutreffend ist – nicht darüber aufgeklärt worden, dass seine bisherigen Angaben mangels Belehrung unverwertbar seien. Er habe die weiteren Angaben ferner auch deshalb gemacht, weil ihm mitgeteilt worden sei, dass er „sowieso schon alles gesagt habe" und weitere Angaben im Hinblick auf die erfolgende Spurensicherung auch entlastenden Charakter haben könnten. Hat die Revision Erfolg?

Lösung: Die Revision dürfte wegen Verstoßes gegen § 261 i.V.m. § 136 begründet sein. Die während der Fahrt auf die Dienststelle gemachten Angaben unterlagen mangels Belehrung einem **Verwertungsverbot**. Zwar handelte es sich zunächst um ein sog. **Spontangeständnis**, sofern – wovon ausgegangen werden soll – vor dem Erscheinen des Angekl. bei der Polizei noch keinerlei Tatverdacht gegen ihn bestand. Vor der Fahrt hätte aber eine Belehrung erfolgen müssen, da ein Tatverdacht spätestens zu diesem Zeitpunkt offensichtlich bestand und entsprechende Maßnahmen (vorläufige Festnahme gem. § 127) ergriffen wurden. Daran dürfte auch der Umstand nichts ändern, dass die Beamten den Angekl. nicht gezielt befragten, sondern dessen Äußerungen lediglich passiv entgegennahmen. Denn ebenso wie der hinsichtlich der Annahme eines Anfangsverdachts bestehende **Ermessensspielraum** nicht dazu missbraucht werden darf, die erforderliche Belehrung möglichst weit hinauszuschieben, darf eine sich aufdrängende Belehrung nicht unterbleiben, wenn abzusehen ist, dass der Beschuldigte über eine längere Zeit hinweg spontane Angaben über schwere Straftaten macht, die ihn erheblich belasten. Dies gilt insbesondere dann, wenn der Beschuldigte bereits mit Zwangsmaßnahmen (Festnahme, Durchsuchung etc.) belegt wurde. Auch wenn daher im Ergebnis keine gezielte Verletzung der Belehrungspflicht vorliegen sollte, kommt das Verhalten der Beamten einer **Umgehung** doch äußerst nahe, sodass ein Verstoß gegen § 136 mit der Folge eines Verwertungsverbotes zu bejahen sein dürfte.

Einem Verwertungsverbot dürfte auch die weitere nach Belehrung abgegebene Einlassung des Angekl. auf der Polizeidienststelle unterliegen. Hat der Beschuldigte bereits ohne Belehrung Angaben zur Tat gemacht, hat im Falle einer weiteren Vernehmung eine sog. **qualifizierte Belehrung** dahingehend zu erfolgen, dass die bisherigen Äußerungen mangels Belehrung nicht verwertet werden dürfen. Hierdurch soll der Beschuldigte vor der irrtümlichen Annahme bewahrt werden, ohnehin bereits überführt zu sein. Eine derartige Belehrung gab es im vorliegenden Fall nicht. Da der Angeklagte jedoch im Übrigen nach § 136 belehrt wurde, ist fraglich, ob hieraus auch ein Verwertungsverbot folgt. Die Rspr. nimmt insoweit erneut eine **Interessenabwägung** vor, bei der es maßgeblich darauf ankommen soll, ob der Beschuldigte der Ansicht ist, von seiner bisherigen Aussage nicht mehr abrücken zu können. Dagegen spricht hier, dass der Angekl. sich bei seiner späteren Vernehmung nicht etwa darauf beschränkte, seine bisherigen Angaben zu wiederholen, sondern zusätzliche Angaben zum Kerngeschehen der Tat machte, die zuvor noch nicht bekannt waren. Im Ergebnis entscheidend dürfte jedoch sein, dass der Angekl. die weiteren Angaben zumindest auch unter dem Eindruck der Äußerung der Polizeibeamten tätigte, er habe die Tat ohnehin bereits zugegeben, sodass die weitere Einlassung gerade nicht ohne die Annahme, bereits überführt zu sein, abgegeben worden sein dürfte. Obwohl daher eine erhebliche Straftat im Raum steht, dürfte im Ergebnis ein Verwertungsverbot zu bejahen sein (a.A. vertretbar).

cc) Verstöße gegen § 244

218 (1) Im Zentrum der Regelung steht der Begriff des Beweisantrags, der durch die StPO-Reform 2019 erstmals eine – der bisherigen Rspr. entnommene – gesetzliche Definition erfahren hat. Ein **Beweisantrag ist nach § 244 Abs. 3 S. 1 das ernsthafte Verlangen eines Prozessbeteiligten, Beweis über eine bestimmt behauptete konkrete Tatsache, die die Schuld- oder Rechtsfolgenfrage betrifft, durch ein bestimmt bezeichnetes Beweismittel zu erheben.** Dem Antrag muss ferner zu entnehmen sein, „weshalb das bezeichnete Beweismittel die behauptete Tatsache belegen können soll." Damit hat der Gesetzgeber auch das früher umstrittene Erfordernis der sog. **Konnexität** zwischen Beweismittel und Beweisbehauptung ins Gesetz aufgenommen. Am Beispiel des Zeugenbeweises bedeutet dies, dass sich aus dem Antrag ergeben muss, warum der Zeuge gerade zu der Beweisbehauptung eine Aussage treffen kann. Folgt dies nicht bereits aus dem Sinnzusammenhang des Antrages, sind hierzu explizite Ausführungen erforderlich (s. zu allem *M-G/S* § 244 Rn. 17 ff.). Entspricht das Begehren den genannten Voraussetzungen nicht, handelt es sich um einen bloßen **Beweisermittlungsantrag**. Während ein Beweisantrag nur aus den abschließenden Gründen der §§ 244 Abs. 3 bis 5, 245 durch **Gerichtsbeschluss** (§ 244 Abs. 6 S. 1) abgelehnt werden darf, ist ein Beweisermittlungsantrag lediglich im Rahmen der **gesetzlichen Aufklärungspflicht** nach § 244 Abs. 2 zu beachten und vom Vorsitzenden nach § 238 Abs. 1 zu bescheiden. Eine weitere Kategorie bildet schließlich die **Beweisanregung**, die aus Rechtsgründen keinen Beweisantrag darstellt, weil sie die Erhebung ins Ermessen des Gerichts stellt (s. *M-G/S* § 244 Rn. 26 f.).

219 (2) Die Frage, ob ein Beweisantrag vorliegt, gestaltet sich mitunter schwierig und ist deshalb beliebter Klausurgegenstand. So kann es bereits an einer konkret behaupteten Tatsache fehlen, wenn bei einem Zeugenbeweis lediglich das Beweisziel angegeben wird und die behauptete Tatsache in einer sog. **Negativtatsache** besteht (also z.B. darin, was der Zeuge *nicht* bemerkt hat), es sei denn, der Sachverhalt ist einfach gelagert und die **Auslegung des Antrages** ergibt, was aus der nicht wahrgenommenen Tatsache positiv folgt. An einem Beweisantrag fehlt es ferner, wenn eine Tatsache „**ins Blaue**" oder aufs „**Geratewohl**" behauptet wird, ohne dass – ggf. auf Nachfrage des Gerichts – irgendwelche vernünftigen Anhaltspunkte für die geäußerte Behauptung bestehen. Freilich ist hier Vorsicht geboten, da der Antragsteller von der behaupteten Tatsache nicht überzeugt sein muss, sondern es ausreicht, wenn er diese bloß vermutet. Kein Beweisantrag liegt auch dann vor, wenn Beweis darüber erhoben werden soll, **ob, wann, wie oder wo** eine Tatsache eingetreten ist, da sie dann gerade nicht bestimmt behauptet wird.

220 (3) Sollte die Prüfung ergeben, dass das zurückgewiesene Beweisbegehren den o.g. Anforderungen an einen Beweisantrag genügt, wird regelmäßig auf die **Ablehnungsgründe** der §§ 244 Abs. 3 bis 5, 245 (lesen!) einzugehen sein, die im Zuge der StPO-Reform von 2019 neu systematisiert und teilweise geändert wurden. Insoweit ist zwischen den für alle Beweismittel geltenden allgemeinen Ablehnungsgründen in § 244 Abs. 3 und den besonderen Ablehnungsgründen nach Abs. 4

B. Begründetheit der Revision

für den Sachverständigen- sowie nach Abs. 5 für den Auslandszeugen- und Augenscheinbeweis zu unterscheiden. Generell darf ein Beweisantrag aufgrund des **Verbotes der Beweisantizipation** nicht mit der Begründung abgelehnt werden, dass das Gegenteil der behaupteten Tatsache bereits bewiesen sei (Ausnahme jedoch bei Offenkundigkeit nach § 244 Abs. 3 S. 3 Nr. 1 und beim Sachverständigenbeweis nach § 244 Abs. 4 S. 2). Weiter ist die Erkenntnis wichtig, dass dem Revisionsgericht ein **Auswechseln**, d.h. das Ersetzen eines zu Unrecht durch das Tatgericht angenommenen Ablehnungsgrundes durch einen anderen tragfähigen, regelmäßig nicht gestattet ist, da der Antragsteller im Falle der Anwendung des zutreffenden Ablehnungsgrundes sein Antrags- und Prozessverhalten entsprechend hätte anpassen können, sodass ein Beruhen des Urteils auf dem Fehler gerade nicht ausgeschlossen werden kann – obwohl der Antrag nach einem anderen Ablehnungsgrund hätte abgelehnt werden können. Dies gilt grundsätzlich auch bei der förmlichen Bescheidung eines irrtümlich als Beweisantrag behandelten Beweisermittlungsantrages nach § 244 Abs. 3 bis 5. Anders ist dies wiederum bei einem nur im Falle einer bestimmten Abschlussentscheidung des Gerichts gestellten **Hilfsbeweisantrag**, über den erst im Urteil entschieden wird, da weiteres Prozessverhalten hiervon gerade nicht mehr beeinflusst werden kann (vgl. *M-G/S* § 244 Rn. 90a). Im Folgenden sollen die einzelnen Ablehnungsgründe und ihre wichtigsten Problembereiche ohne Anspruch auf Vollständigkeit skizziert werden:

– Die **Unzulässigkeit** der Beweiserhebung (§ 244 Abs. 3 S. 2) kann sich auf das **Beweismittel** selbst (z.B. Mitangeklagter oder Privatkläger als Zeuge; nicht aber Berufsgeheimnisträger ohne Schweigepflichtentbindung, weil allein sie entscheiden, ob sie trotz der Strafdrohung in § 203 StGB aussagen), auf das **Beweisthema** (z.B. Inhalt des Beratungsgeheimnisses) oder die -**methode** (verbotene Vernehmungsmethoden) beziehen. Der Ablehnungsgrund besteht ferner dann, wenn ein **Hilfsbeweisantrag** die Schuldfrage betreffend für den Fall einer bestimmten Rechtsfolgenentscheidung gestellt wird (z.B. Behauptung eines Alibis im Falle der fehlenden Strafaussetzung zur Bewährung), da ein solcher Antrag in sich **widersprüchlich** ist (*M-G/S* § 244 Rn. 22a). 221

– Überflüssigkeit wegen **Offenkundigkeit** (§ 244 Abs. 3 S. 3 Nr. 1) setzt voraus, dass die zu beweisende Tatsache oder ihr Gegenteil (!) **allgemein-** oder **gerichtskundig** ist. Allgemeinkundig ist, was jeder verständige und erfahrene Mensch weiß oder unschwer aus allgemein zugänglichen Quellen entnehmen kann; gerichtskundig, was der Richter im Zusammenhang mit seiner dienstlichen Tätigkeit zuverlässig in Erfahrung gebracht hat (näher *M-G/S* § 244 Rn. 51 f.). 222

223 – **Bedeutungslosigkeit** der behaupteten Tatsache (§ 244 Abs. 3 S. 3 Nr. 2): **Tatsächlich** bedeutungslos ist die unter Beweis gestellte Tatsache, wenn sie keine zwingenden, sondern nur mögliche Schlussfolgerungen zulässt und das Gericht aufgrund der bereits durchgeführten Beweisaufnahme diese Schlüsse gerade nicht ziehen möchte, was jedoch eingehend und unter Darlegung der bisherigen Beweisergebnisse zu begründen ist (*M-G/S* § 244 Rn. 56). Bei Tatsachen, die sich unmittelbar auf ein Merkmal des objektiven Tatbestandes beziehen, ist aufgrund von möglicher **Doppelrelevanz** Vorsicht geboten, da solche Tatsachen auch für die Strafzumessung Bedeutung haben können. So darf z.B. ein Antrag zum Beweis der Tatsache, dass die eingetretenen Verletzungen nicht lebensbedrohlich waren, nicht mit der Begründung abgelehnt werden, § 224 Abs. 1 Nr. 5 StGB setze nach h.M. ohnehin nur die Eignung der Handlung zur Schaffung einer abstrakten Lebensgefahr voraus, da Art und Schwere der Verletzung im Rahmen der Strafzumessung von erheblicher Bedeutung sind. **Rechtlich** bedeutungslos ist eine Beweistatsache, wenn sie die gesetzlichen Merkmale der Straftat nicht berührt.

224 – Bei der **Erwiesenheit** der Beweistatsache (§ 244 Abs. 3 S. 3 Nr. 3) darf der Beweisantrag wegen des **Verbots des Beweisantizipation** nicht mit der Begründung abgelehnt werden, dass das **Gegenteil** der Behauptung bereits bewiesen sei (Ausnahme wiederum: § 244 Abs. 4 S. 2). Vielmehr bezieht sich der Ablehnungsgrund nur auf Tatsachen, die zugunsten oder zuungunsten des Angeklagten bereits **positiv** festgestellt wurden.

225 – **Völlige Ungeeignetheit** des Beweismittels (§ 244 Abs. 3 S. 3 Nr. 4) liegt vor, wenn seine Verwendung zur Sachaufklärung nichts beizutragen vermag, also die erstrebte Beweiserhebung nach sicherer Lebenserfahrung das behauptete Ergebnis nicht erbringen kann. Beispiele sind etwa der sog. **Lügendetektortest** (so jedenfalls BGHSt 44, 308 und nachfolgend BGH NStZ 2011, 474) oder ein Zeuge, der wegen seines körperlichen Zustands die behaupteten Wahrnehmungen gar nicht gemacht haben kann. Nach Ansicht des BGH sind Zeugen ferner auch dann ungeeignet, wenn sie endgültig von ihrem Zeugnis- bzw. Auskunftsverweigerungsrecht nach §§ 52 ff. Gebrauch gemacht haben.

226 – Die **Unerreichbarkeit** des Beweismittels (§ 244 Abs. 3 S. 3 Nr. 5) wird in der Klausur meist Zeugenaussagen betreffen, wobei an ihre Annahme aufgrund der richterlichen Aufklärungspflicht **strenge Maßstäbe** anzulegen sind. Grundsätzlich muss das Gericht alle ihm möglichen Aktivitäten entfalten, um den Zeugen zu ermitteln. Die Ladung eines **Auslandszeugen** kann nach § 244 Abs. 5 S. 2 allerdings unterbleiben, wenn die Aussage zur Erforschung der Wahrheit nicht erforderlich ist (insoweit gilt das Verbot der Beweisantizipation wie beim **Augenscheinsbeweis** nach § 244 Abs. 5 S. 1 also nicht). Bei **verdeckten Ermittlern** (§ 110a), Informanten und V-Leuten ist das Gericht gehalten, auf die Beseitigung einer die Unerreichbarkeit begründenden **Sperrerklärung** (vgl. § 96) hinzuwirken (s. *M-G/S* § 244 Rn. 66). Fehlt eine Aussagegenehmigung nach **§ 54**, ist die Beweiserhebung bereits **unzulässig** (s.o. Rn. 221), so dass in der Praxis meist der sog. V-Mann-Führer als Zeuge vom Hörensagen vernommen wird.

– Der Ablehnungsgrund der **Wahrunterstellung** (§ 244 Abs. 3 S. 3 Nr. 6) kommt schließlich nur bei Tatsachen **zugunsten des Angeklagten** und nur dann in Betracht, wenn nicht Gründe der Sachaufklärung die Beweiserhebung gebieten. Wichtig ist, dass sich eine Wahrunterstellung immer auf die konkrete und durch das Gericht nicht veränderte Beweistatsache beziehen muss und nicht auf die als wahr unterstellte Annahme, dass sich die Beweistatsache sicher aus dem Beweismittel (etwa einer Zeugenaussage) ergeben wird. Dies nämlich wäre abermals verbotene Beweisantizipation. **227**

– Die ehemals in § 244 Abs. 3 geregelte **Verschleppungsabsicht** ist mit der StPO-Reform 2019 aus dem Katalog der Ablehnungsgründe verschwunden. Wenn die beantragte Beweiserhebung nichts Sachdienliches zu Gunsten des Antragstellers erbringen kann, er sich dessen bewusst ist und (ggf. neben anderen Motiven) die Verschleppung des Verfahrens bezweckt, verliert sein Gesuch vielmehr fortan die Eigenschaft als Beweisantrag und kann vom Vorsitzenden beschieden werden (§ 244 Abs. 6 S. 2), dessen Entscheidung zur Wahrung der revisionsrechtlichen Rügemöglichkeit nach § 238 Abs. 2 zu beanstanden ist. Bei der Annahme von Verschleppungsabsicht soll dem Tatgericht ein Beurteilungsspielraum zukommen, der nach Maßgabe der Amtsaufklärungspflicht gem. § 244 Abs. 2 auszufüllen und in der Revision nur eingeschränkt überprüfbar ist. Oftmals werden solche Beweisbegehren aber bereits **bedeutungslos** oder **ungeeignet** sein. **228**

– Über diese Ablehnungsgründe hinausgehend hat der Gesetzgeber im Zuge der StPO-Reform 2017 in § 244 Abs. 6 S. 3–5 weitere verfahrensrechtliche Vorkehrungen geschaffen, um **Verzögerungen** zu vermeiden, wenn Beweisanträge erst nach Abschluss des gerichtlichen Beweisprogramms (etwa im Plädoyer) gestellt werden und noch vor der Urteilsfällung durch Beschluss beschieden werden müssen. Nach Schluss der Beweisaufnahme kann der Vorsitzende nunmehr eine **angemessene Frist** setzen (S. 3) und über verspätete Beweisanträge (erst) im Urteil entscheiden (S. 4 Hs. 1), es sei denn, die Stellung war vor Fristablauf „nicht möglich" (S. 4 Hs. 2). Eine **229** solche Fristsetzung dürfte aber nur bei tatsächlichen Anhaltspunkten für eine Verzögerungstaktik zulässig sein (*M-G/S* § 244 Rn. 95b). Richtet sich die Revision gegen die Bestimmung der Frist, muss der Rüge eine Beanstandung nach § 238 Abs. 2 vorausgegangen sein. Wichtig ist, dass die **Verfristung keinen neuen Ablehnungsgrund** bildet (vgl. § 246 Abs. 1), sondern nur die verfahrensökonomische Bescheidung im Urteil erlaubt, die sich nach wie vor allein nach den § 244 Abs. 3–5 richtet. Weiter ist zu beachten, dass die Zurückstellung im pflichtgemäßen **Ermessen** des Gerichts steht. Ein i.S.d. § 337 Abs. 1 beachtlicher Fehler kann sich also auch daraus ergeben, dass die Ablehnung hätte früher erfolgen müssen, weil sie das Prozessverhalten des Antragstellers womöglich beeinflusst hätte.

230 Von der Erhebung **präsenter Beweismittel**, also solcher, auf die in der Hauptverhandlung sofort zugegriffen werden kann, darf nur unter den noch einmal engeren Voraussetzungen des **§ 245** (lesen!) abgesehen werden. Hinsichtlich des in Abs. 1 S. 2 der Vorschrift genannten **Verzichts** ist zu beachten, dass eine Erklärung auch des Angeklagten nicht erforderlich ist, wenn er wirksam nach §§ 231 Abs. 2, 329 Abs. 2 ausgeschlossen wurde (anders bei § 247) oder verteidigt ist. Der Verzicht, der auch schlüssig (aber nicht durch Schweigen) oder teilweise erklärt werden kann, ist grundsätzlich bedingungsfeindlich und endgültig. Hinsichtlich § 245 Abs. 2 ist darauf hinzuweisen, dass Zeugen und Sachverständige nur dann **präsent** sind, wenn sie vom Angeklagten nach §§ 220, 38 oder von der Staatsanwaltschaft gem. § 214 Abs. 3 geladen wurden und erschienen sind.

231 (4) Da die Sachaufklärung das zentrale Anliegen des Strafprozesses ist, können Verstöße gegen die allgemeine richterliche Aufklärungspflicht nach § 244 Abs. 2 ebenfalls mit der Revision gerügt werden. Die sog. **Aufklärungsrüge** ist aber nur dann begründet, wenn das Gericht Ermittlungen unterlassen hat, zu denen es sich aufgrund der Amtsaufklärungspflicht bei verständiger Würdigung der Sachlage **gedrängt** sehen musste, oder das Gericht zu Unrecht von einem Beweisverwertungsverbot ausging (für den umgekehrten Fall aber § 261, s.o. Rn. 164). Stets gilt hierbei jedoch das sog. **Rekonstruktionsverbot**, nach dem ein Nachweis nur ohne Nachbildung der Beweisaufnahme erbracht werden kann (s. insgesamt *M-G/S* § 244 Rn. 12, 100 ff. auch zum notwendigen Revisionsvorbringen). Materielle Fehler im Rahmen der Beweiswürdigung können die Verfahrensbeteiligten hingegen mit der Sachrüge geltend machen, soweit ein sog. Darstellungsmangel vorliegt (s.u. Rn. 283 ff.).

232 **Klausurtipp:** Aus den vorstehenden Ausführungen ergibt sich, dass in der Klausur grundsätzlich **dreistufig** vorgegangen werden sollte.

(1.) Zunächst sollte geprüft werden, ob es sich bei dem Beweisbegehren überhaupt um einen **Beweisantrag** oder eben nur um einen **Beweisermittlungsantrag** handelt (der Begriff Beweisermittlungsantrag wird in der Klausur freilich selten ausdrücklich genannt werden). (2.) Liegt ein Beweisantrag vor, ist zu untersuchen, ob die Ablehnung formgemäß, d.h. durch Gerichtsbeschluss nach § 244 Abs. 6 erfolgte. (3.) Schließlich ist die Ablehnungsentscheidung des Gerichts auf Rechtsfehler hin zu prüfen, wobei das Ergebnis wiederum von der grundsätzlichen Einordnung des Begehrens abhängig sein kann. Im Einzelnen ergibt sich folgendes:

– Wird kein Beweisantrag gestellt, kann eine fehlerhafte Sachaufklärung nur mit der **Aufklärungsrüge** geltend gemacht werden. Hierbei darf in der Klausur – was im Rahmen der Sachrüge allerdings strikt zu unterbleiben hat – ausnahmsweise eine **inhaltliche Prüfung** dahingehend vorgenommen werden, ob die bisherigen Beweisergebnisse zur Nutzung weiterer Erkenntnisquellen gedrängt haben.

– Liegt ein Beweisantrag vor, geht das Gericht aber irrtümlich von einem Beweisermittlungsantrag aus, liegt der Fehler bereits darin, dass der Beweisantrag nicht nach §§ 244 Abs. 3 bis 6, 245 beschieden wurde. Hierauf beruht das Urteil auch meist, weil nicht ausgeschlossen werden kann, dass der Beweis nach Prüfung der Ablehnungsgründe erhoben worden oder jedenfalls die Beweisaufnahme insgesamt anders verlaufen wäre. An dem Beruhen fehlt es aber dann, wenn sich aus den Erwägungen des Gerichts ergibt, dass die Beweistatsache uneingeschränkt als **wahr unterstellt** wurde (*M-G/S* § 244 Rn. 107) oder sie für die Entscheidung offensichtlich **bedeutungslos** war (BGH NStZ-RR 2012, 81), da die fehlende Ablehnung die Entscheidung dann nicht beeinflusst haben kann.

– Geht das Gericht irrtümlich von einem Beweisantrag aus, obwohl lediglich ein Beweisermittlungsantrag vorliegt, liegt kein Rechtsfehler vor, solange die Ablehnungsentscheidung des Gerichts den Anforderungen der §§ 244 Abs. 3 bis 5, 245 gerecht wird. Wenn nämlich sogar ein Beweisantrag hätte abgelehnt werden können, wird erst recht kein Verstoß gegen die richterliche Aufklärungspflicht in Betracht kommen. Entspricht die Ablehnungsentscheidung diesen Vorgaben jedoch nicht, kann die Aufklärungspflicht verletzt sein, was dann gesonderter Prüfung bedarf. Darüber hinaus kann die fehlerhafte Bescheidung des Beweisermittlungsantrages zu einem **geänderten** und möglicherweise nachteiligen **An-**

trags- und **Prozessverhalten** geführt haben, was ebenfalls zu einem Beruhen des Urteils auf dem Verstoß führen kann.

– Liegt tatsächlich ein Beweisantrag vor, der auch als solcher beschieden wird, darf in der Klausur regelmäßig nur der vom Tatgericht herangezogene Ablehnungsgrund geprüft werden, da ein **Auswechseln** der Begründung durch das Revisionsgericht wegen dessen Einfluss auf das Prozessverhalten des Antragstellers regelmäßig **nicht zulässig** ist. Es wäre in der Klausur daher grob fehlerhaft, in diesem Fall alle möglichen in Betracht kommenden Ablehnungsgründe der Reihe nach durchzuprüfen – es sei denn, es handelt sich um einen Hilfsbeweisantrag.

233 | **Fall 24** (vgl. BGH, Beschl. v. 20.09.2011 – 4 StR 434/11 = NStZ 2012, 463): Vor dem LG wird gegen den Angekl. seit längerer Zeit wegen des Vorwurfs des schweren Raubes verhandelt. Nach einem Hinweis des Gerichts, dass es die Anordnung einer Unterbringung nach § 64 StGB erwägt, beantragt die Verteidigerin, ein Sachverständigengutachten zu den Voraussetzungen einer Unterbringung einzuholen, weil der im Übrigen schweigende Angekl. nur in einer Exploration Angaben zu seinem Trinkverhalten machen werde. Das LG lehnt dies ab und führt zur Begründung aus, ein Mitglied der Kammer verfüge über einen Abschluss der Medizin und könne seine Sachkunde den übrigen Richtern vermitteln. Es verurteilt den Angekl. schließlich zu einer Freiheitsstrafe und sieht wegen der ungeklärten Alkoholabhängigkeit davon ab, die Maßregel anzuordnen. Hat eine Revision des Angekl. mit der Sach- und Verfahrensrüge Erfolg?

Lösung: Fraglich ist zunächst, ob die Revision **zulässig** ist. Nach umstr. Rspr. des BGH fehlt dem Angekl. die notwendige **Beschwer**, wenn er mit der Sachrüge lediglich die unterlassene Anordnung einer Maßregel beanstandet (s. *M-G/S* vor § 296 Rn. 10). Anders dürfte dies jedoch dann zu beurteilen sein, wenn mit der Verfahrensrüge die prozessualen Umstände der unterlassenen Anordnung – hier die fehlende Einholung des Sachverständigengutachtens – angegriffen werden, da insoweit kein Unterschied zu sonstigen verfahrensrechtlichen Fehlern ersichtlich ist. Die damit zulässige Verfahrensrüge ist auch begründet. Grundsätzlich genügt es nach der Rspr. bei Kollegialgerichten, wenn ein Richter über die erforderliche Sachkunde verfügt und sie seinen Kollegen vermittelt (*M-G/S* § 244 Rn. 72). Allerdings spricht das Gesetz dem Gericht in **§ 246a Abs. 1** die Sachkunde bei bestimmen Maßregelanordnungen (§§ 63,

64, 66 ff. StGB) generell ab und verpflichtet es zum Sachverständigenbeweis. Bei § 64 StGB gilt dies nach Ansicht des BGH jedenfalls dann, wenn das Gericht die Nichtanordnung der Maßregel weder auf einen sicheren Ausschluss einer hinreichenden Erfolgsaussicht noch auf ein ausgeübtes Ermessen stützt. Das LG hat somit gegen §§ 244 Abs. 4 S. 1, 246a Abs. 1 S. 2 verstoßen, sodass die Revision insoweit Erfolg hat.

dd) Verstöße gegen § 252

(1) Die äußerst prüfungsrelevante Regelung des § 252 verbietet nach ihrem Wortlaut die **Verlesung** der Aussage eines vor der Hauptverhandlung vernommenen Zeugen, der erst in der Hauptverhandlung von seinem Zeugnisverweigerungsrecht Gebrauch macht. Nach st. Rspr. untersagt die Vorschrift jedoch auch **jede andere – auch mittelbare – Art** der Verwertung der Zeugenaussage, sodass insbesondere der Vernehmungsbeamte nicht über den Inhalt der vor der Hauptverhandlung getätigten Aussage gehört werden darf (dasselbe gilt für Video- und Tonbandaufnahmen). Dieses umfassende Verwertungsverbot folgt unmittelbar aus dem **Normzweck**. Danach soll dem Zeugen die Entscheidung, ob er für oder gegen einen Angehörigen aussagen möchte, bis zur Hauptverhandlung erhalten bleiben und der Zeuge in der Hauptverhandlung frei entscheiden, ob seine frühere, vielleicht übereilte oder unbedachte Aussage verwertet werden kann. § 252 trägt damit als Ergänzung zu § 52 der **Zwangslage** der zeugnisverweigerungsberechtigten Person Rechnung, die nur unzureichend beseitigt würde, wenn die bereits zuvor gemachte Aussage verwertbar bliebe. Der Zeuge kann deshalb eine einmal getätigte Aussage in der Hauptverhandlung folgenlos wieder beseitigen, ohne sie durch eine neue und möglicherweise wahrheitswidrige Aussage ersetzen zu müssen.

234

Klausurtipp: Lesen Sie den vorstehenden Absatz noch einmal und prägen Sie sich den Normzweck von § 252 gut ein; er ist der Schlüssel zur Lösung vieler Streitstände und Probleme.

235

(2) Hinsichtlich des persönlichen Anwendungsbereichs von § 252 ist nach h.M. wie folgt zu differenzieren (s. zum Folgenden auch *M-G/S* § 252 Rn. 2 ff. m.w.N.):

236

– Bezüglich Personen, die sich in der Hauptverhandlung auf ein Zeugnisverweigerungsrecht nach § 52 berufen, greift § 252 dem Zweck der Regelung entsprechend stets ein, ganz gleich, zu welchem Zeitpunkt das Angehörigenverhältnis entstanden ist. Insbesondere muss ein **Verlöbnis** nicht bereits im Ermittlungsverfahren bestanden haben, sondern es genügt, dass es vor der Vernehmung in der Haupt-

237

verhandlung begründet wurde. Freilich muss das Verlöbnis **wirksam sein**, was bei fehlendem ernsthaften Willen oder noch bestehender anderer Ehe nicht der Fall ist.

238 — Bei **Berufsgeheimnisträgern** und ihren Helfern im Sinne von §§ 53, 53a kommt § 252 hingegen nur dann zur Anwendung, wenn das Zeugnisverweigerungsrecht im Zeitpunkt der früheren Vernehmung bereits bestand, was mangels Pflichtenkollision wiederum dann nicht gilt, wenn der Zeuge zu diesem Zeitpunkt von der Schweigepflicht entbunden war.

239 — Bei im öffentlichen Dienst stehenden Personen im Sinne von **§ 54** soll § 252 nur dann eingreifen, wenn bei der früheren Vernehmung keine Aussagegenehmigung vorlag, der Zeuge aber in Unkenntnis der fehlenden Genehmigung gleichwohl ausgesagt hat. Wird die Genehmigung später widerrufen, soll dies einer Verwertung nicht entgegenstehen.

240 — Für das **Auskunftsverweigerungsrecht gem. § 55 gilt § 252** nach h.M. **nicht** (vgl. etwa BGH NJW 2007, 2197). Dies folgt zum einen aus dem Wortlaut (Recht, das „**Zeugnis**" zu verweigern) und zum anderen daraus, dass § 252 als Ergänzung zu § 52 den Zeugen vor voreiligen Aussagen in Bezug auf das Angehörigenverhältnis zum Angeklagten, nicht aber vor Selbstbelastung schützen soll.

241 (3) In sachlicher Hinsicht setzt § 252 voraus, dass die früheren Angaben der zeugnisverweigerungsberechtigten Person in einer **Vernehmung** gemacht wurden. Nach seinem Sinn und Zweck ist § 252 aber auch auf andere **vernehmungsähnliche** Szenarien anwendbar, da die von § 252 in Bezug genommene Zwangslage nicht zwingend davon abhängt, ob es sich um eine förmliche Vernehmung handelt. Deshalb greift die Vorschrift immer dann, wenn dem Zeugen in **amtlicher Funktion** gegenübergetreten wurde und der Zeuge aufgrund der Autorität der befragenden Person zu Angaben veranlasst worden sein könnte. Erfasst sind daher insbesondere auch Angaben im Rahmen von **informatorischen Befragungen** (BGHSt 29, 230), Angaben in einem polizeilich zugesandten **Zeugenfragebogen** (OLG Stuttgart VRS 63, 52) oder Angaben gegenüber der Jugendgerichtshilfe im Jugendstrafverfahren (BGH NJW 2005, 765). § 252 gilt also nur dann nicht, wenn es sich um Äußerungen des Zeugen handelt, die dieser außerhalb einer amtlichen Befragung aus **freien Stücken** gemacht hat, wie vor allem **Spontanäußerungen** ohne vorherige Aufforderung oder Angaben im Rahmen von Strafanzeigen oder Notrufen. Ebenso wenig erfasst § 252 mündliche oder schriftliche Äußerungen **gegenüber Privatpersonen**, insbesondere gegenüber anderen Zeugen (s. *M-G/S* § 252 Rn. 7 ff. m.w.N. aus der Rspr.). Werden Privatpersonen allerdings erkennbar im

B. Begründetheit der Revision

Auftrag der Ermittlungsbehörden tätig, kann § 252 anwendbar sein. Dies gilt vor allem im Falle des **Sachverständigen**, gegenüber dem der Zeuge ggf. ebenfalls belastende Angaben machen kann. Handelt es sich hierbei um sog. **Zusatztatsachen** (bei denen im Unterschied zu Befundtatsachen keine besondere Sachkunde erforderlich ist), darf der Gutachter in der Hauptverhandlung nicht zum Inhalt der Äußerungen gehört werden.

Hat der zeugnisverweigerungsberechtigte Zeuge gegenüber dem **242 Verteidiger** des Angeklagten Angaben gemacht, darf auch der Verteidiger nicht als Zeuge zum Inhalt der Aussage vernommen werden (BGH NJW 2000, 1277). Zwar liegt bei einer „Vernehmung" durch den Verteidiger keine amtliche Befragung vor. Wenn aber bereits eine ggf. nach §§ 145d, 164 StGB strafbewehrte Zeugenaussage gegenüber der Polizei nicht verwertet werden darf, muss dies erst recht für Angaben gegenüber dem Verteidiger gelten, der im Gegensatz zu den Strafverfolgungsbehörden einseitig im Interesse des Beschuldigten handelt. Hinzu kommt, dass andernfalls wesentliche Teile der Hauptverhandlung dem Machtbereich des Gerichts entzogen und dem Verteidiger zugewiesen würden. Dass es sich im Wesentlichen um entlastende Angaben handeln dürfte, spielt für die Anwendung von § 252 keine Rolle, da die Vorschrift für be- und entlastende Angaben gleichermaßen gilt.

(4) Von dem Verwertungsverbot nach § 252 gibt es eine bedeutsame **243 Ausnahme**. Nach st. Rspr. ist die Einführung der Aussage des zeugnisverweigerungsberechtigten Zeugen in die Hauptverhandlung dann zulässig, wenn die früheren Angaben im Rahmen einer **richterlichen Vernehmung** gemacht wurden (s. etwa BGHSt 46, 189; 49, 68; 57, 254). Der hierfür oft genannte Grund, das Gesetz bringe – wie §§ 251 Abs. 2, 254 zu entnehmen sei – der richterlichen Vernehmung erhöhtes Vertrauen entgegen, überzeugt allerdings nur bedingt. Vielmehr ist die Begründung erneut im **Normzweck** zu suchen: Die Aussage vor dem Ermittlungsrichter ist mit der Zeugenaussage in der Hauptverhandlung vergleichbar. Der Zeuge kann und muss sich in dieser verfahrensrechtlich hervorgehobenen Situation der Verbindlichkeit seiner Angaben sowie des Umstandes bewusst sein, dass er diese nicht mehr ohne weiteres wieder beseitigen kann (BGHSt 49, 72). Eine **Güterabwägung** ergibt dann, dass angesichts des vor einem Richter erklärten Verzichts auf das Zeugnisverweigerungsrecht das Interesse an der Sachaufklärung Vorrang vor dem Interesse des Zeugen genießt, sich die Entscheidung über die Ausübung des Rechts bis zur Hauptverhandlung erhalten zu können (BGHSt 45, 342). Es ist daher grundsätzlich möglich, die frühere Aussage des Zeugen durch **Vernehmung des Richters** oder Vorführung der Bild-Ton-Aufzeichnung nach § 255a

Abs. 2 (BGH NStZ 2020, 181) in die Hauptverhandlung einzuführen (die Verlesung der Aussage verbietet § 250 S. 2), was zugleich der Hintergrund vieler ermittlungsrichterlicher Zeugenvernehmungen in der Praxis ist.

244 Die Möglichkeit der Vernehmung des Richters setzt allerdings voraus, dass das Zeugnisverweigerungsrecht bereits zum **Zeitpunkt der richterlichen Vernehmung** bestand (1.), hierüber ordnungsgemäß belehrt wurde (2.) und der Zeuge wirksam auf sein Recht **verzichtet** hat (3.). Wird also etwa ein Verlöbnis erst nach der richterlichen Vernehmung begründet, ist eine spätere Vernehmung des Richters ausgeschlossen, da der Zeuge seinerzeit noch gar nicht verbindlich auf das noch nicht bestehende Zeugnisverweigerungsrecht verzichten konnte. Ferner muss der Zeuge tatsächlich auch als **Zeuge** vernommen worden sein (4.). War er zunächst ebenfalls Beschuldigter, darf die Aussage auch dann nicht eingeführt werden, wenn eine Belehrung nach § 52 Abs. 3 erfolgt ist (BGH NStZ-RR 2001, 261), da aufgrund der prozessualen Rolle des „Zeugen", insbesondere unter dem Gesichtspunkt der **Selbstverteidigung**, ebenfalls keine freie und verbindliche Entscheidung über die Ausübung des Zeugnisverweigerungsrechts vorliegt.

245 (5) Die Ausnahme für richterliche Vernehmungen hat in den letzten Jahren noch einmal an Prüfungsrelevanz gewonnen, weil der 2. Senat des BGH zwischenzeitlich beabsichtigte, eine Verwertung davon abhängig zu machen, dass der Zeuge über die spätere Verwertungsmöglichkeit zuvor besonders belehrt worden ist **(qualifizierte Belehrung)**. Seinen Anfragebeschluss begründete der 2. Senat maßgeblich damit, dass sich nicht rechtskundige Zeugen über die verfahrensrechtlichen Konsequenzen regelmäßig keine Gedanken machen und sich der Endgültigkeit ihres Handelns nicht immer bewusst sein werden. Weil die übrigen Strafsenate sich davon nicht überzeugen ließen, kam es zu einer Entscheidung des Großen Senats, mit der die **ständige Rspr.** – wenig überraschend – **bestätigt** wurde (BGHSt 61, 221). Gegen eine Pflicht zur qualifizierten Belehrung spreche zum einen, dass es an einer ausdrücklichen Regelung im Gesetz fehle – was freilich ein schwaches Argument ist, denn schon die Erweiterung des Anwendungsbereichs von § 252 auf die Vernehmung der Verhörsperson und die Gegenausnahme für richterliche Vernehmungen stehen nicht im Gesetz. Zum anderen fordere die Rspr. eine qualifizierte Belehrung sonst nur in Fällen, in denen es einen vorangegangenen Verfahrensfehler auszugleichen gelte. Daran fehle es aber bei der grundsätzlich zulässigen richterlichen Vernehmung des Zeugen.

246 (6) Unabhängig davon kann der Zeuge nach h.M. in die Verwertung seiner früheren Aussage **einwilligen**, auch wenn er in der Hauptverhandlung von seinem Zeugnisverweigerungsrecht Gebrauch macht (BGH NJW 2000, 596; *M-G/S* § 252 Rn. 16a). Voraussetzung ist allerdings, dass er zuvor über die Folgen seines Verzichts und das sonst bestehende Verwertungsverbot ausdrücklich belehrt wurde. Begründet wird diese Ausnahme damit, dass § 252 primär dem Schutz des Zeugen dient und dieser gute Gründe für eine solche Entscheidung haben kann. Im Falle einer Einwilligung ist es daher möglich, auch nichtrichterliche Verhörspersonen als Zeugen zu vernehmen (eine Verlesung des Protokolls scheitert dagegen in der Regel an § 250 S. 2; s. aber § 251). Da es sich bei ihnen (wie bei dem Ermittlungsrichter) um sog. Zeugen „vom Hörensagen" handelt, ist hierbei stets der geminderte Beweiswert der Aussage zu berücksichtigen, zumal sich der Zeugnisverweigerungsberechtigte auf diese Weise einer konfrontativen Befragung in der Hauptverhandlung entzieht (s.o. Rn. 186).

(7) Wie bei den im Rahmen der §§ 136, 136a thematisierten Hörfallen-Fällen stellt sich weiterhin auch bei § 252 das Problem von Äußerungen gegenüber **verdeckten Ermittlern** oder Privatpersonen, die nicht erkennbar im Auftrag der Strafverfolgungsbehörden tätig werden. Da solche Angaben nicht in einer Vernehmung oder wenigstens vernehmungsähnlichen Situation getätigt werden, unterfallen sie dem Anwendungsbereich des § 252 grundsätzlich nicht (BGHSt 40, 211). Angesichts der sich aufdrängenden **Umgehungsgefahr** kann ein Verwertungsverbot allerdings wegen eines Verstoßes gegen den **Grundsatz des fairen Verfahrens** in Betracht kommen, wenn der Zeuge im Rahmen seiner polizeilichen Vernehmung bereits von seinem Zeugnisverweigerungsrecht Gebrauch gemacht hatte und im Anschluss gezielt ein V-Mann auf ihn angesetzt wurde. 247

Klausurtipp: Da die im Zusammenhang mit § 252 bestehenden Probleme vielschichtig und komplex sind, eignen sie sich hervorragend für die Examensklausur und tauchen dementsprechend häufig auf. Dies gilt auch für die Anklage-Klausur, da das aus der Vorschrift folgende Verwertungsverbot bereits im Ermittlungsverfahren greifen kann, wenn sich der Zeuge nachträglich auf sein Verweigerungsrecht beruft. Die exakte Kenntnis des Normzwecks und eine daran ausgerichtete Argumentation werden in der Klausursituation im Zweifel von höherem Nutzen sein als das Auswendiglernen der zahlreichen Einzelprobleme. 248

ee) Verstöße im Zusammenhang mit einer Verständigung nach § 257c

(1) Bereits vor Einführung der Vorschrift im Jahre 2009 waren nach Auffassung des BGH **Verständigungen im Strafverfahren** insbeson- 249

dere dahingehend möglich, dass das Gericht dem Angeklagten für den Fall eines Geständnisses eine Strafobergrenze in Aussicht stellt (BGHSt 43, 195). In einer viel beachteten Entscheidung des Großen Senates aus dem Jahre 2005 (BGHSt 50, 40) stellte der BGH im Einzelnen Anforderungen an eine wirksame Absprache auf, die der Gesetzgeber mit der im Rahmen des sog. Verständigungsgesetzes eingeführten zentralen Norm des § 257c im Wesentlichen übernahm. Mit seinem Grundsatzurteil vom 19.03.2013 erklärte das BVerfG die Regelung für verfassungskonform (BVerfGE 133, 168 – lesen!).

250 (2) Aufgrund der geltenden Amtsaufklärungspflicht, des Schuldprinzips und des Grundsatzes des fairen Verfahrens sind Verständigungen per se ein Fremdkörper im deutschen Strafverfahrensrecht und deshalb bereits im Allgemeinen erheblichen Bedenken ausgesetzt (dass die Amtsaufklärungspflicht nach § 257c Abs. 1 S. 2 formal unberührt bleibt, ändert daran wenig). Das BVerfG mahnt deshalb die strenge Beachtung der gesetzlichen Vorgaben an, sodass insbesondere informelle oder heimliche „Deals" außerhalb der Voraussetzungen von § 257c gänzlich unzulässig sind. Gegenstand einer Verständigung dürfen ferner ausschließlich die **Rechtsfolgen**, nicht aber der Schuldspruch oder sonstige materiell-rechtliche Fragen sein. Das im Rahmen einer Verständigung abgegebene Geständnis, das nach § 257c Abs. 2 S. 2 Ziel einer Absprache sein soll, darf ferner nicht ungeprüft unter Verzicht auf jedwede Sachaufklärung übernommen werden (BGH NStZ 2009, 467). Gem. § 257c Abs. 3 ist außerdem der Grundsatz schuldangemessenen Strafens unter Anwendung der Regeln der Strafzumessung zu wahren. Nochmals hinzuweisen ist außerdem auf das **Verbot des Rechtsmittelverzichts** nach § 302 Abs. 1 S. 2, das im Falle von informellen „Deals" unter Missachtung von § 257c entsprechend anwendbar ist (BGH NStZ 2014, 113; s. aber auch Rn. 65 zur zulässigen Umgehung durch kurzfristige Rücknahme des Rechtsmittels). Zu den sich im Rahmen von § 257c stellenden Problemen gehört ferner etwa die Frage, ob das in § 257c Abs. 4 S. 3 normierte **Verwertungsverbot** ebenfalls entsprechend anwendbar ist, wenn ein unter Missachtung von § 257c durchgeführter „Deal" nachträglich entfällt, was im Wege eines Erst-recht-Schlusses zu bejahen sein dürfte (vgl. dazu *M-G/S* § 257c Rn. 31).

251 (3) In der Klausur ist generell zu beachten, dass das BVerfG Fehler im Zusammenhang mit § 257c in die Nähe der absoluten Revisionsgründe gerückt hat, sodass selbst bei Verstößen gegen die Transparenz- und Dokumentationspflichten nach §§ 243 Abs. 4, 257c Abs. 3, 273 Abs. 1a regelmäßig von einem **Beruhen** des Urteils auf dem Fehler auszugehen sei (BVerfGE 133, 168; sehr krit. BGH NJW 2016, 513).

B. Begründetheit der Revision

Neben den bereits angesprochenen Problematiken ist für die Revisionsklausur (nicht abschließend) auf folgende Fehler hinzuweisen:
- Verständigung über **tatsächliche Feststellungen**, den **Schuldspruch** oder die Anwendung von **Maßregeln** der Besserung und Sicherung, 252
- Vereinbarung von **„Punktstrafen"** ohne Angabe von Strafober- und Strafuntergrenze (vgl. aber BGH StV 2011, 75, wonach der Angeklagte bei fehlender Strafuntergrenze nicht beschwert sein soll), 253
- Verständigungen über **Strafrahmenverschiebungen** für gesetzlich benannte minder oder besonders schwere Fälle (solche Regelbeispiele sind tatbestandsähnlich und daher wie der Schuldspruch nicht verständigungsfähig; weitergehend BVerfGE 133, 168 auch für unbenannte minder schwere Fälle; dagegen BGH NStZ 2017, 363), 254
- unsachgemäße Verknüpfung von **prozessualem Wohlverhalten** und Strafmilderung (*M-G/S* § 257c Rn. 14 f.), 255
- unzulässiger **Druck** durch Inaussichtstellen (zu) hoher Strafen für den Fall, dass die Absprache nicht zustande kommt (BGH NStZ 2010, 293 – zu weit geöffnete „Sanktionsschere"), 256
- unsachgemäß **niedrige Strafe**, was bei einem „Strafrabatt" von mehr als 30% naheliegen kann, im Übrigen aber eine Frage des Einzelfalls sein dürfte (BGHSt 50, 40; BGH NStZ 2011, 592; *M-G/S* § 257c Rn. 19), 257
- **fehlende** oder fehlerhafte **Belehrung** nach § 257c Abs. 5 (*M-G/S* § 257c Rn. 32c m.w.N.). 258

Fall 25 (vgl. BGH, Urt. v. 10.07.2013 – 2 StR 47/13 = NJW 2013, 3045 sowie BVerfG, Beschl. v. 26.08.2014 – 2 BvR 2400/13 = NJW 2014, 3504): Das LG verurteilt den Angekl. Sein Verteidiger legt Revision ein und macht Verfahrensfehler geltend. Insbesondere habe es die Vorsitzende versäumt, zu Beginn der Hauptverhandlung mitzuteilen, ob Erörterungen im Sinne einer Verständigung stattgefunden haben. Dass es zuvor solche Gespräche gegeben hat, behauptet der Verteidiger nicht. Hat die Revision Erfolg? 259

Lösung: Das LG könnte gegen die **Mitteilungspflicht** nach § 243 Abs. 4 S. 1 verstoßen haben. Aufgrund des unklaren Gesetzeswortlauts ist der **Umfang** der Mitteilungspflicht umstritten. Der BGH vertrat zunächst die Auffassung, dass es keiner Mitteilung bedürfe, wenn überhaupt keine Gespräche über eine Verständigung stattgefunden haben, weil in diesem Fall das Regelungskonzept des § 257c nicht tangiert sei. Dem widersprach das BVerfG vehement und forderte insbesondere wegen der in der Vorschrift zum Ausdruck kommenden gesetzgeberischen Intention stets auch die sog. **Negativmitteilung** dergestalt, dass keine Gespräche mit dem Ziel einer

Verständigung stattgefunden haben. Zu beachten ist darüber hinaus, dass durch BVerfGE 133, 168 Verstöße gegen die Transparenzbestimmungen der Verständigung in die **Nähe absoluter Revisionsgründe** gerückt wurden, sodass ein Beruhen nur ausnahmsweise auszuschließen sein soll. Daran fehle es allenfalls, wenn zweifelsfrei feststehe, dass es keinerlei Gespräche über eine Verständigung gegeben habe, was wiederum eine gerichtliche Aufklärung der entsprechenden Verfahrenstatsachen voraussetzt. Offen gelassen hat das BVerfG, welche Anforderungen an die Zulässigkeit einer entsprechenden Verfahrensrüge zu stellen sind. Gemäß den strengen Anforderungen der Rspr. in Bezug auf **§ 344 Abs. 2 S. 2** verlangt der BGH den **konkreten Vortrag**, dass vor der Hauptverhandlung überhaupt verständigungsrelevante Gespräche geführt wurden (BGH NJW 2015, 266). Darüber hinaus ist deren Inhalt so vollständig wiederzugeben, dass dem Revisionsgericht die Überprüfung möglich ist, ob die Umstände einer Verständigung ausdrücklich oder konkludent im Raum standen (BGH NStZ 2017, 424). Anders als sonst muss der Revisionsführer also zur Frage des Beruhens dezidiert vortragen. Da dies im Fallbeispiel nicht geschehen ist, dürfte die Verfahrensrüge bereits unzulässig sein.

260 **Klausurtipp:** Liegt in der Klausur eine noch nicht begründete Revision vor, sollte das im Falle der unterlassenen Negativmitteilung nach § 243 Abs. 4 S. 1 bestehende besondere Begründungserfordernis unbedingt angesprochen werden.

ff) Weitere relative Revisionsgründe

261 Um den Umfang dieses Kurzlehrbuchs nicht zu sprengen, werden weitere relative Revisionsgründe im Folgenden nur überschlägig behandelt, wobei jedoch auch insoweit die wichtigsten Probleme zumindest knapp angerissen werden sollen. Eine erschöpfende Darstellung ist dagegen – wie bereits erwähnt – weder möglich noch notwendig. Im Einzelnen:

262 – Fehler beim **Gang der Hauptverhandlung** nach § 243, insbesondere die unterbliebene **Verlesung des Anklagesatzes** (§ 243 Abs. 3): Kein Verstoß liegt vor, wenn durch die fehlende Verlesung die Informationsfunktion der Anklageschrift nicht beeinträchtigt wurde, was insbesondere bei Schöffenbeteiligung exakt zu prüfen ist (s.u. Rn. 280). Unterbleibt der **Hinweis auf die Aussagefreiheit** (§ 243 Abs. 5), kann es am Beruhen fehlen, wenn der Angeklagte sich ohnehin nicht zur Sache eingelassen hat, dies erst nach verspäteter Belehrung tut oder ihm sein Recht von vornherein bekannt war. Werden die **Vorstrafen** entgegen § 243 Abs. 5 S. 5 nicht durch Ver-

lesung des BZR-Auszugs in die Verhandlung eingeführt oder erfolgt dies bereits vor der Vernehmung zur Sache, ist dies zwar fehlerhaft, kann aber vom Angeklagten mangels Beruhens regelmäßig nicht erfolgreich gerügt werden.
- In der Hauptverhandlung unterbliebene **Belehrung von Zeugen** nach § 52 Abs. 3 S. 1: Wurde die Belehrung im Ermittlungsverfahren unterlassen (§§ 161a Abs. 1 S. 2, 163 Abs. 3 S. 1), erfolgt die Prüfung in der Klausur im Rahmen von § 261 (s.o. Rn. 164 f. und 177). Wegen des aus einer Verletzung von § 52 Abs. 3 S. 1 i.d.R. folgenden Verwertungsverbots ist stets auf Angaben im Sachverhalt zu achten, die auf ein Angehörigenverhältnis hindeuten (§§ 1589 f. BGB). Das Recht nach § 52 erlischt mit dem Tod des angehörigen Beschuldigten oder dem rechtskräftigen Abschluss des gegen den Angehörigen gerichteten Strafverfahrens.   263
- Fehler bei der **Vereidigung** nach § 59 und der Belehrung über Eidesverweigerungsrechte nach § 61, insbesondere im Zusammenhang mit den **Vereidigungsverboten** in § 60 (etwa Minderjährigkeit oder Tatbeteiligung): Bei rechtswidriger Vereidigung wird das Beruhen wegen des erhöhten Beweiswerts einer beeidigten Aussage regelmäßig nicht auszuschließen sein, es sei denn, das Gericht schenkt der Aussage gerade keinen Glauben, hält sie für unerheblich oder würdigt sie nach Bemerken des Fehlers wie eine nicht-beeidigte Aussage. Hat der Vorsitzende die Vereidigung angeordnet, ist eine Beanstandung nach § 238 Abs. 2 erforderlich, da die Rüge sonst präkludiert ist.   264
- Wurde an mehreren Sitzungstagen verhandelt, ist immer auf die Einhaltung der **Unterbrechungsfrist** des § 229 zu achten, wonach die Hauptverhandlung grundsätzlich nur für **drei Wochen** (= 21 Tage) unterbrochen werden darf (wichtige Ausnahmen in Abs. 2 und 3; s.a. § 10 EGStPO zur COVID-19-Pandemie). Eine Fortsetzung im Sinne von § 229 Abs. 4 S. 1 liegt zudem nur dann vor, wenn tatsächlich zur Sache verhandelt wurde (*M-G/S* § 229 Rn. 11). Bei mehrtägigen Verhandlungen kann außerdem die Frist des § 268 Abs. 3 S. 2 überschritten werden, wenn das Urteil nicht spätestens **elf Tage** nach Schluss der Verhandlung **verkündet wird**, wobei für die Berechnung § 229 Abs. 3, 4 S. 2, 5 entsprechend gilt (S. 3). Das Beruhen eines Urteils auf solchen Überschreitungen kann nur in besonderen Ausnahmefällen ausgeschlossen werden.   265

Klausurtipp: Achtung, nach h.M. handelt es sich nicht um eine Frist im Sinne der §§ 42, 43, sodass weder der Tag, an dem die Unterbrechung angeordnet wird, noch derjenige, an dem die Verhandlung fortgesetzt bzw. das Urteil verkündet wird, einzurechnen ist (BGH NStZ 2020, 622).   266

267 — Die **Nichtzulassung** von **Fragen** als Verstoß gegen §§ 240 Abs. 2, 241 Abs. 2 kann die Revision begründen, wenn vom Zwischenrechtsbehelf nach § 238 Abs. 2 Gebrauch gemacht wurde (näher *M-G/S* § 241 Rn. 23).

268 — Verstoß gegen § 261 dergestalt, dass das Gericht seine Überzeugung nicht aus dem Inbegriff der Hauptverhandlung geschöpft hat, indem es Beweismittel berücksichtigt hat, die in der Hauptverhandlung unter Verstoß gegen den **Grundsatz der Mündlichkeit** nicht zur Sprache kamen (sog. **Inbegriffsrüge**; plastisches Beispiel in BGH NStZ 2017, 375, wo das Tatgericht im schriftlichen Urteil telefonische Nachfragen an den Sachverständigen verwertete, die der Berichterstatter erst nach der Urteilsverkündung gestellt hatte), oder weil das Schweigen des Angeklagten in unzulässiger Weise be- bzw. verwertet wurde (*M-G/S* § 261 Rn. 15 ff.). Zulässig ist allerdings die Bewertung von **Teilschweigen** (sog. beredtes Schweigen), da sich der Angeklagte in diesem Falle selbst zum Gegenstand der Beweiswürdigung gemacht hat.

269 — Fehler bei der Einführung von Vernehmungsprotokollen in die Hauptverhandlung und sonstige Fehler im Zusammenhang mit dem **Unmittelbarkeitsgrundsatz** (insbesondere § 250), von dem es allerdings zahlreiche **examensrelevante Ausnahmen** gibt: So erlaubt **§ 251** (lesen!) unter bestimmten Voraussetzungen, dass die Vernehmung eines Zeugen, Sachverständigen oder Mitbeschuldigten durch die Verlesung einer schriftlichen Erklärung ersetzt wird, wobei Abs. 2 der Vorschrift erweiterte Möglichkeiten für die Verlesung (rechtmäßig errichteter) richterlicher Vernehmungsniederschriften vorsieht und Abs. 3 die Verlesung zu anderen Zwecken als unmittelbar zur Urteilsfindung gestattet. Stets ist ein **Gerichtsbeschluss** gem. § 251 Abs. 4 S. 1 erforderlich, dessen Fehlen ebenso wie eine fehlende oder mangelhafte Begründung mit der Revision gerügt werden kann. In gleicher Weise kann eine fehlende Zustimmung nach § 251 Abs. 1 Nr. 1 u. 2 revisibel sein.

270 — Nach § 253 dürfen Teile des Protokolls über eine frühere Vernehmung als Urkunde verlesen werden, wenn ein Zeuge oder Sachverständiger sich an eine Tatsache nicht mehr erinnert, wobei hierdurch jedoch nicht die Vernehmung des Zeugen, sondern die des Vernehmungsbeamten durch den Urkundsbeweis **ersetzt** wird (*M-G/S* § 253 Rn. 1). Davon zu unterscheiden ist der **Vorhalt** als Vernehmungsbehelf, der dazu dient, die Erinnerung eines Zeugen an frühere Aussagen zu reaktivieren (*M-G/S* § 249 Rn. 28) und bei dem nur das, was der Zeuge auf den Vorhalt hin als eigene Wahrnehmung bekundet, als Beweisergebnis im Rahmen des Zeugenbeweises verwertbar ist.

B. Begründetheit der Revision 95

- Weitere Ausnahmen vom Unmittelbarkeitsgrundsatz enthalten **271** schließlich die **§§ 254, 256**, wonach richterlich protokollierte und auch videografierte Geständnisse des Angeklagten (§ 254 Abs. 1) sowie bestimmte Erklärungen von Behörden und Sachverständigen (§ 256 – lesen!) verlesen bzw. vorgeführt werden dürfen. Letzteres betrifft besonders häufig ärztliche Atteste über Körperverletzungen (Nr. 2; Achtung, die Beschränkung auf bestimmte Tatvorwürfe wurde 2017 abgeschafft), Blutproben und Gutachten zur BAK (Nr. 3) sowie Ermittlungsberichte (Nr. 5). Angeordnet wird die Verlesung bei §§ 254, 256 jeweils vom Vorsitzenden, sodass der Verteidiger nach § 238 Abs. 2 vorgehen muss, wenn er etwaige Fehler in der Revision rügen will.
- Fehlender oder fehlerhafter **rechtlicher Hinweis** nach § 265: Nach **272** Abs. 1 ist der Angeklagte auf eine Veränderung der rechtlichen Bewertung hinzuweisen, bevor er abweichend von der Anklage verurteilt werden darf. Ein Hinweis ist nach Abs. 2 Nr. 1 der Vorschrift auch dann erforderlich, wenn in der Hauptverhandlung besondere straferhöhende Umstände hervortreten (insbesondere Qualifikationen und Regelbeispiele) oder die Anordnung einer Maßnahme (§ 11 Nr. 8 StGB), Nebenstrafe, Nebenfolge oder Maßregel der Besserung und Sicherung in Betracht kommt. Die neue Vorschrift in § 265 Abs. 2 Nr. 2 bezieht sich insbesondere auf Erörterungen i.S.d. § 257b, deren Inhalt einen Vertrauenstatbestand beim Angeklagten schaffen kann. Während früher umstritten war, ob ein Hinweis analog § 265 Abs. 1 auch bei Änderung eines **tatsächlichen Gesichtspunkts** erforderlich ist, stellt der neue § 265 Abs. 2 Nr. 3 nunmehr klar, dass dies der Fall ist, wenn die Änderung so **erheblich** ist, dass sie Einfluss auf das Verteidigungsverhalten haben kann. Aktuell umstritten ist dagegen, ob auf obligatorische Einziehungsentscheidungen hinzuweisen ist, wenn die zugrundeliegenden Anknüpfungstatsachen bereits in der Anklageschrift enthalten sind (BGH NJW-Spezial 2020, 473).
- In der Revision ist zu beachten, dass die Staatsanwaltschaft wegen **273** **§ 339** eine Verletzung von § 265 nicht mit dem Ziel geltend machen kann, eine Aufhebung des Urteils zum Nachteil des Angeklagten zu erreichen (gilt für Neben- und Privatklage entsprechend). Ein Beruhen kann ausnahmsweise ausgeschlossen sein, wenn sich Staatsanwaltschaft und Verteidigung mit dem geänderten Gesichtspunkt eingehend befasst haben oder wenn aus sonstigen Gründen feststeht, dass der Angeklagte sich nach Erteilung des Hinweises nicht anders verteidigt hätte (*M-G/S* § 265 Rn. 48 m.w.N.). Schließlich ist § 265 **abzugrenzen** von der Erhebung der **Nachtragsanklage** gem. § 266: Die Hinweispflicht bezieht sich nur auf eine Änderung innerhalb der

von Anklage und Eröffnungsbeschluss zu Grunde gelegten prozessualen Tat. Will das Gericht einen gänzlich anderen Lebenssachverhalt in die Verhandlung einbeziehen, ist eine Nachtragsanklage erforderlich. Wird diese dann nicht erhoben, kann ein Prozesshindernis vorliegen (s.o. Rn. 84).

274 — Nichtgewährung des **letzten Wortes** gem. § 258 Abs. 2: Zu Verstößen kommt es häufig, wenn erneut in die Beweisaufnahme eingetreten (was auch konkludent erfolgen kann) und dem Angeklagten vor der Urteilsverkündung nicht noch einmal Gelegenheit zur Äußerung gegeben wird. Besondere Vorsicht ist auch beim (ggf. vorübergehend) nach §§ 231 ff. abwesenden Angeklagten geboten. Das Beruhen wird nur in Ausnahmefällen auszuschließen sein (*M-G/S* § 258 Rn. 34), wobei sich Staatsanwaltschaft, Privat- und Nebenklage wegen § 339 wiederum nicht auf Fehler berufen können, um eine Aufhebung des Urteils zulasten des Angeklagten zu erreichen.

275 | **Fall 26** (vgl. BGH, Beschl. v. 22.09.2016 – 1 StR 316/16 = NStZ-RR 2017, 74): Das LG verurteilt den Angekl. wegen Betruges in Tateinheit mit Urkundenfälschung. Seine Überzeugung stützt es maßgeblich auf eine Firmenquittung, die in der Hauptverhandlung als Urkunde verlesen und einem Zeugen vorgehalten wurde. In den schriftlichen Urteilsgründen führt das LG dann aus, dass sich die Falschheit insbesondere aus dem äußeren Erscheinungsbild ergebe. Hat eine Revision Aussicht auf Erfolg?

Lösung: In Betracht kommt vorliegend eine Verletzung des § 261 in Form der sog. **Inbegriffsrüge**. Die Verwertung im Rahmen der richterlichen Überzeugungsbildung setzt voraus, dass die Urkunde prozessordnungsgemäß eingeführt wurde. Durch Verlesung nach § 249 wird allerdings nur deren **gedanklicher Inhalt** zum Gegenstand der Beweisaufnahme. Auch der Vorhalt im Rahmen der Zeugenvernehmung hilft darüber nicht hinweg, weil lediglich die auf ihn folgenden Bekundungen zum Inbegriff der Hauptverhandlung werden, die wiederum nur den Inhalt der Urkunde betreffen. Hält das Gericht hingegen das **äußere Erscheinungsbild** für entscheidungsrelevant, muss es die Quittung **in Augenschein nehmen** (§ 86). Weil das LG seine Überzeugung maßgeblich auf die sinnliche Wahrnehmung der Urkunde gestützt hat, beruht das Urteil auf diesem – gut versteckten – Verfahrensfehler und ist mitsamt den Feststellungen aufzuheben.

d) Besonderheiten beim Berufungsurteil

Richtet sich die Revision gegen ein **Berufungsurteil**, sind neben den von Amts wegen zu berücksichtigenden und bereits genannten schwerwiegenden Fehlern (Zulässigkeit der Berufung, Wirksamkeit einer Berufungsbeschränkung, Verstoß gegen das Verböserungsverbot, s.o. Rn. 107 ff.) die speziellen Regelungen der §§ 323 ff. zu prüfen. Weil auch diese Klausurvariante relativ häufig anzutreffen ist, sollte jeder Referendar mit dem Berufungsverfahren wenigstens grob vertraut sein. Grundsätzlich gelten nach § 332 die Vorschriften über die erstinstanzliche Hauptverhandlung (§§ 226 ff.) entsprechend, weshalb § 332 in der Prüfung als Verweisungsnorm stets mitgenannt werden sollte. Hinzuweisen ist des Weiteren auf § 329, der es dem Gericht erlaubt, die Berufung des Angeklagten (ggf. auch in einem Fortsetzungstermin) ohne Verhandlung zur Sache zu verwerfen (Abs. 1), wenn weder der Angeklagte noch ggf. sein Vertreter zum Termin erschienen sind und ihr Ausbleiben nicht genügend entschuldigt ist. Die Anwendung der Vorschrift setzt stets voraus, dass der Angeklagte zur Hauptverhandlung ordnungsgemäß geladen wurde, was Anlass zur Prüfung diverser Zustellungsmängel geben kann. Nach einer entsprechenden Verurteilung der Bundesrepublik Deutschland durch den EGMR (NStZ 2013, 350), ist § 329 im Jahr 2015 umfassend reformiert worden, sodass sich der Angeklagte nunmehr von einem mit schriftlicher Vertretungsvollmacht ausgestatteten Verteidiger vertreten lassen kann (§ 329 Abs. 2 S. 1). Neben der Möglichkeit der Revision (vgl. § 342) ist bei einer fehlerhaften Anwendung von § 329 ein Antrag auf Wiedereinsetzung statthaft (§ 329 Abs. 7). Als weitere Besonderheit der Berufung ist schließlich **§ 325 Hs. 2** (lesen!) zu nennen, der den **Unmittelbarkeitsgrundsatz** beschränkt, indem er – über die Fälle der §§ 251, 253 hinaus – die Verlesung von Aussageprotokollen der in erster Instanz vernommenen Zeugen und Sachverständigen (vgl. § 273 Abs. 3) gestattet, wenn alle Prozessbeteiligten zustimmen oder keine Ladung im Berufungsverfahren erfolgt ist und der Angeklagte sie auch nicht ordnungsgemäß beantragt hat.

Klausurtipp: Auch in Revisionen gegen amtsgerichtliche Urteile lassen sich leicht Besonderheiten integrieren, indem der Hauptverhandlung ein Einspruch gegen einen Strafbefehl (§ 411 – lesen!) oder ein Antrag auf Entscheidung im beschleunigten Verfahren (§ 417 ff. – lesen!) vorausgegangen ist. In diesen Fällen sind spezielle Verfahrensvorschriften wie insbesondere § 420 (lesen!), der gem. § 411 Abs. 2 S. 2 auch für die Hauptverhandlung nach Einspruch gegen einen Strafbefehl anwendbar ist, inzident zu prüfen.

6. Beruhen des Urteils auf dem Verstoß

278 Gem. § 337 Abs. 1 kann die Revision nur darauf gestützt werden, dass das Urteil auf einer Verletzung des Gesetzes beruht, woraus folgt, dass zwischen dem festgestellten (und bewiesenen) Verfahrensverstoß und dem Urteil ein ursächlicher Zusammenhang bestehen muss. Dieser Kausalzusammenhang wird bei den absoluten Revisionsgründen unwiderlegbar vermutet; bei den **relativen Revisionsgründen** muss er hingegen positiv festgestellt werden. Zu erinnern ist insoweit nochmals daran, dass § 338 Nr. 8 nach h.M. wie ein relativer Revisionsgrund zu behandeln ist, womit das Beruhen auch hier explizit festgestellt werden muss.

279 Der Sache nach liegt ein Beruhen bereits dann vor, wenn die **Möglichkeit** besteht, dass bei fehlerfreiem Verfahren ein anderes Urteil ergangen wäre, m.a.W. darf das Beruhen des Urteils auf dem Verfahrensverstoß bei hypothetischer Betrachtung **nicht ausgeschlossen** erscheinen. An einer möglichen Auswirkung fehlt es, wenn das Verfahren nach einer anderen Vorschrift rechtmäßig gewesen wäre oder der Fehler keinen Einfluss auf die Entscheidung gehabt hat, wie dies etwa bei bloßen Ordnungsvorschriften der Fall ist (vgl. zu allem *M-G/S* § 337 Rn. 37 f.). Ausgeschlossen ist das Beruhen auch dann, wenn der Mangel **geheilt** wurde, etwa indem eine unterlassene Verfahrenshandlung nachgeholt oder ein fehlerhafter Teil der Hauptverhandlung ordnungsgemäß wiederholt wurde (s. *M-G/S* § 337 Rn. 39). Eine rechtswidrige Entscheidung kann zudem zurückgenommen werden oder nach einem entsprechenden Hinweis an die Prozessbeteiligten unberücksichtigt bleiben (z.B. im Falle eines Vereidigungsfehlers, s.o. Rn. 264). Stets ist aber zu fragen, ob der Verfahrensfehler nicht doch das **Prozessverhalten** des Angeklagten beeinflusst haben könnte.

280 **Fall 27** (vgl. BGH, Urt. v. 13.12.1994 – 1 StR 641/94 = NStZ 1995, 200): Das LG verurteilt den Angekl. wegen sexuellen Missbrauchs von Kindern in vier Fällen, weil er als Erzieher in einer Kindertagesstätte vier Kinder unsittlich berührt haben soll. Im Sitzungsprotokoll ist die Verlesung der Anklageschrift nicht vermerkt. Nach Eingang der Revisionsbegründung ergänzt der Vorsitzende das Protokoll um die Verlesung der Anklage, weil er sich daran – im Gegensatz zur Urkundsbeamtin – noch zweifelsfrei erinnert. Dringt die Revision mit der Verfahrensrüge durch?

Lösung: Ein Verstoß gegen § 243 Abs. 3 S. 1 ist hier wegen der negativen **Beweiskraft** des Protokolls nach § 274 selbst dann gegeben, wenn die Anklage tatsächlich verlesen wurde. Daran ändert auch die nachträgliche **Protokollberichtigung** nichts, denn falls man angesichts der Gefahr einer **Rügeverkümmerung** eine Berichtigung überhaupt für zulässig hält, setzt sie nach der Rspr. jedenfalls die sichere Erinnerung des Vorsitzenden und des Urkundsbeamten voraus, an der es hier gerade fehlt. Fraglich ist aber, ob das Urteil auf dem Fehler **beruht**. Gehören dem Spruchkörper Schöffen an, ist bei unterlassener Anklageverlesung regelmäßig von einem Beruhen auszugehen, weil die Schöffen den Akteninhalt nicht kennen. Eine Ausnahme besteht nach der Rspr. aber dann, wenn der Zweck der Verlesung nicht beeinträchtigt wird, was wiederum dann der Fall sein soll, wenn der Sachverhalt einfach gelagert ist (str.) oder die Schöffen anderweitig Kenntnis vom Anklagevorwurf erhalten haben (z.B. durch Verlesung des angegriffenen Urteils in der Berufung oder nach Aufhebung und Zurückverweisung). Den vorliegenden Sachverhalt bewertete der BGH als einfach gelagert und verneinte daher das Beruhen.

IV. Sachrüge

Im Gegensatz zur Verfahrensrüge unterliegt die Sachrüge keinen speziellen Formvorschriften (Umkehrschluss aus § 344 Abs. 2 S. 2). So führt der einfache Satz „*Gerügt wird die Verletzung materiellen Rechts.*" zur vollständigen Überprüfung des Urteils in **materiell-rechtlicher Hinsicht** (Ausnahmen: Nebenklage, § 400 Abs. 1 – s.o. Rn. 21 – und § 55 Abs. 1 S. 1 JGG). Hierzu gehört in erster Linie die vom Tatgericht vorgenommene **Subsumtion** unter die Strafnormen, aber auch – in engen Grenzen – der festgestellte **Sachverhalt**, die **Beweiswürdigung** und die **Strafzumessung**. Geprüft wird in jedem Fall umfänglich, ob das Tatgericht das Gesetz auf den festgestellten Sachverhalt korrekt angewendet hat. **Alleiniger** Prüfungsmaßstab sind die Urteilsgründe, womit ein Rückgriff auf das Hauptverhandlungsprotokoll oder sonstige Urkunden ausscheidet. Greift die Sachrüge durch, kann das „Beruhen" in einem Satz festgestellt werden, da sich der Gesetzesverstoß stets aus dem Urteil selbst ergibt. Allerdings muss der Revisionsführer auch bei der Sachrüge **beschwert** sein, woran es im Falle des Angeklagten etwa fehlt, wenn er zu Unrecht nach einem milderen Gesetz bestraft wurde (etwa § 250 Abs. 1 StGB statt § 250 Abs. 2 StGB). Die Staatsanwaltschaft ist hingegen stets beschwert, wenn sie nicht ausschließlich zu Gunsten des Angeklagten Revision eingelegt hat. Beim Nebenkläger ist wiederum § 400 Abs. 1 zu beachten.

Klausurtipp: Bearbeitervermerk beachten! Es wird i.d.R. eine „umfassende Prüfung" der materiellen Rechtsanwendung verlangt, wozu grundsätzlich auch Rechtsfehler zählen, die sich nur zugunsten des Angeklagten auswirken. In diesen Fällen ist nach der Prüfung des Fehlers oder im Rahmen der Zweckmäßigkeit auf die fehlende Beschwer hinzuweisen.

1. Darstellungsmängel

283 Das Wesen der Revision als **reine Rechtsinstanz** bedeutet nicht, dass Beweiswürdigung und tatsächliche Feststellungen einer Kontrolle gänzlich entzogen wären. Vielmehr hat das Revisionsgericht das Urteil auch insoweit auf „Rechtsfehler" hin zu überprüfen. Im Rahmen der richterrechtlich entwickelten sog. **erweiterten Revision** hat sich die Kontrolldichte – etwa bei der Prüfung des Tötungsvorsatzes – in den vergangenen Jahren deutlich erhöht. Auch wenn solche Fehler in der Klausur vergleichsweise selten einen Schwerpunkt der Prüfung bilden, sind deshalb Grundkenntnisse erforderlich.

a) Tatsächliche Feststellungen

284 Zu den rechtlichen Anforderungen an die Sachverhaltsdarstellung gehört, dass der im Urteil festgestellte **Sachverhalt** so vollständig, verständlich und eindeutig abgefasst sein muss, dass dem Revisionsgericht (oder in der Klausur dem Referendar) die Überprüfung der Subsumtion des Tatgerichts ohne weiteres möglich ist. Fehlt es hieran, weil das festgestellte Tatgeschehen lückenhaft oder widersprüchlich ist, liegt ein **Darstellungsmangel** vor, der zur Aufhebung des Urteils führen kann, da eine Gesetzesverletzung bereits nicht nachprüfbar ist. Ein zur Aufhebung führender Widerspruch liegt auch dann vor, wenn der Urteilstenor von den Gründen abweicht, ohne dass sich die Abweichung erklären lässt und der Schuldspruch entsprechend berichtigt werden kann. Nicht maßgeblich sind dagegen die in der Hauptverhandlung eröffneten mündlichen Urteilsgründe.

285 **Klausurtipp:** Im Rahmen der Sachrüge ist zwar sorgfältig zu prüfen, ob der festgestellte Sachverhalt die Subsumtion unter sämtliche Merkmale des Straftatbestands trägt, woran es etwa fehlen kann, wenn das Tatgericht lediglich den Gesetzeswortlaut wiedergibt. Andererseits ist es aber verfehlt, vorschnell einen Darstellungsmangel zu bejahen. Solange sich bspw. der Vorsatz in einfach gelagerten Fällen aus dem Gesamtzusammenhang ergibt, muss er – ebenso wie im konkreten Anklagesatz – nicht für jede Tathandlung eigens erwähnt werden. Im Rahmen der Prüfung von Darstellungsmängeln sollte daher vorwiegend auf gravierende und offensichtliche Fehler geachtet werden. Es empfiehlt sich, solche Mängel im Rahmen der rechtlichen Subsumtion anzusprechen, damit ein Bezug zu den jeweiligen Tatbestandsmerkmalen herstellbar ist.

b) Beweiswürdigung

Ein Darstellungsmangel kann sich ferner daraus ergeben, dass die **Beweiswürdigung** widersprüchlich, unvollständig oder unklar ist oder gegen **Denkgesetze** und **Erfahrungssätze** bzw. gesicherte wissenschaftliche Erkenntnisse verstößt. Eine weitergehende Überprüfung der Beweiswürdigung im Sinne der Frage, ob der Tatnachweis zur Überzeugung des Gerichts geführt wurde, ist dem Revisionsgericht dagegen verwehrt, solange die Beweiswürdigung in sich schlüssig ist und die vom Tatgericht gezogenen Schlüsse jedenfalls möglich sind. Die revisionsgerichtliche Zurückhaltung rührt daher, dass die Beweiswürdigung seit jeher ureigene und alleinige Aufgabe des Tatrichters ist. Weil dem Revisionsgericht zudem die Rekonstruktion der Beweisaufnahme verboten ist, hat auch die Rüge, dass Zeugenaussagen im Urteil falsch wiedergegeben wurden, regelmäßig keinen Erfolg.

286

Klausurtipp: Keine eigene Beweiswürdigung in der Revisionsklausur! Fehler in diesem Bereich – etwa durch seitenlange Ausführungen zur Frage, ob das Tatgericht vom Sachverhalt überzeugt sein konnte – wiegen schwer, da der Klausurbearbeiter offenbart, das grundsätzliche Wesen der Revision nicht verstanden zu haben.

287

Fall 28 (vgl. dazu *Erb*, NStZ 2011, 186 u. BGH, Urt. v. 27.09.2012 – 4 StR 197/12 = NStZ-RR 2013, 139): Das LG verurteilt den Angekl. wegen versuchten Totschlags. Im Urteil führt es aus, dass der Angekl. (30 Jahre, 1,80 m groß und 95 kg schwer, Informatik-Student) seinem Kontrahenten (17 Jahre, 1,75 m groß, 75 kg schwer, Sportler) angesichts von Gewicht und Größe körperlich überlegen war, sodass er den Angriff mit einem „kraftvollen Stoß" sicher hätte beenden können. Der Einsatz eines Messers sei daher nicht erforderlich gewesen und eine Rechtfertigung durch Notwehr scheide aus. Kann der Angekl. diese Erwägungen erfolgreich mit der Revision angreifen?

Lösung: Nach den Grundsätzen der sog. **erweiterten Revision** kann der Angekl. die Beweiswürdigung mit der Sachrüge in begrenztem Umfang überprüfen lassen, etwa in Bezug auf die Einhaltung sog. **allgemeiner Erfahrungssätze**. Nach diesen Maßgaben liegt hier ein Darstellungsmangel vor, weil es schlicht unbewiesen ist, dass bereits ein bloßes Mehr an Körpergröße und Gewicht die

288

> Überlegenheit in einem Straßenkampf begründet. Vielmehr erscheint es bereits lebensfremd, den Angekl. überhaupt als körperlich überlegen zu bezeichnen, wenn er im Gegensatz zum sportlichen Angreifer sogar übergewichtig ist. Im Übrigen dürfte es in einem Straßenkampf ohnehin maßgeblich auf die individuellen Erfahrungen und Fähigkeiten ankommen, mit denen sich das Tatgericht gar nicht auseinandergesetzt hat. Die Sachrüge muss daher Erfolg haben.

2. Fehler bei der Gesetzesanwendung

289 Auf diesem Teil der Sachrüge wird regelmäßig ein **Schwerpunkt** der Revisionsklausur liegen, da sich hier beliebige Probleme des **materiellen Strafrechts** abfragen lassen. In vielen Bundesländern finden sich auf den Internetseiten der Landesjustizprüfungsämter sog. Stoffkataloge. Auch wenn diese zuweilen einen beachtlichen Umfang aufweisen, konzentrieren sich die meisten Revisionsklausuren auf diejenigen Gebiete des materiellen Strafrechts, die bereits im ersten Staatsexamen schwerpunktmäßig behandelt wurden. Wer sich hier nicht (mehr) fit fühlt, sollte seine Kenntnisse – auch im Hinblick auf die S1-Klausur – dringend auffrischen. Meistens sind Strafnormen außerhalb des StGB und Ordnungswidrigkeiten von der Prüfung ausgenommen (Bearbeitervermerk beachten!).

290 Unbedingt zu verinnerlichen ist stets folgendes: Maßstab und Gegenstand der materiell-rechtlichen Prüfung in der Revision ist der im **Urteil festgestellte Sachverhalt** und nur dieser, ganz gleich, ob und in welchem Ausmaß das Tatgericht bei der Ermittlung des Sachverhalts prozessuale Fehler gemacht hat. Auch in der Klausur ist Prüfungsmaßstab daher immer die Tatsachenfeststellung im angefochtenen Urteil und zwar unabhängig von deren Richtigkeit oder der Verwertbarkeit einzelner Beweismittel und ohne Rückgriff auf den sonstigen Aktenauszug. Es wäre daher ein schwerer Fehler, eine Verletzung des materiellen Rechts mit der Begründung anzunehmen, dass bei fehlerfreier Beweisaufnahme aus einem anderen Straftatbestand heraus zu verurteilen gewesen wäre. Dass möglicherweise ein anderes Urteil ergangen wäre, ist vielmehr allein eine Frage des Beruhens bei der Prüfung der Verfahrensrüge.

291 **Klausurtipp:** Die Prüfung der Sachrüge entspricht damit der Strafrechtsklausur des ersten Staatsexamens, wo ebenfalls das materielle Strafrecht auf einen feststehenden Sachverhalt anzuwenden ist.

B. Begründetheit der Revision

Materielle Rechtsfehler können darin liegen, dass das Tatgericht 292
auf den festgestellten Sachverhalt eine unanwendbare Norm angewendet oder eine anwendbare Norm **nicht oder nicht richtig angewendet** hat, indem es eine Norm fehlerhaft ausgelegt, falsch subsumiert oder sogar komplett übergangen hat (z.B. Rücktritt, Rechtfertigung, Entschuldigung). Ein in Klausursachverhalten beliebter Rechtsfehler liegt daher auch dann vor, wenn das Gericht eigentlich erfüllte Straftatbestände übersehen hat. Der Angeklagte wird allerdings im Falle einer ausschließlich zu seinen Gunsten eingelegten Revision durch § 358 Abs. 2 StGB vor einer „Verböserung" der Rechtsfolgen geschützt. Erachtet das Gericht mehrere Strafnormen für verletzt, muss es auch ihr **Konkurrenzverhältnis** erörtern. Schließlich gehören zu den verletzten Normen ungeschriebene Rechtsgrundsätze wie etwa der Grundsatz **in dubio pro reo**, der jedoch nur verletzt ist, wenn das Tatgericht tatsächlich Restzweifel an der Schuld des Angeklagten hatte und dies auch kundgab. Grundsätzlich unerheblich ist dagegen, ob das Gericht hätte zweifeln müssen, solange die von ihm gezogenen Schlüsse möglich erscheinen (s.o. Rn. 286).

Fall 29 (vgl. BGH, Urt. v. 23.08.1957 – 4 StR 342/57 = NJW 1957, 293
1643): Fest steht, dass der Angekl. bei einem missglückten Einbruch zwei Schüsse abgab, von denen der eine das Opfer tödlich traf und der andere fehlging. In der Verhandlung behauptet der Angekl., der erste Schuss habe sich im Gerangel versehentlich gelöst. Den zweiten Schuss habe er gezielt auf seinen Gegner abgefeuert. Das LG ist überzeugt, dass der zweite Schuss in Tötungsabsicht abgegeben wurde, kann aber trotz Sachverständigenbeweises nicht klären, welcher Schuss getroffen hat. Es verurteilt den Angekl. daher „unter Anwendung des Zweifelssatzes" wegen versuchten Mordes und fahrlässiger Tötung. Wäre eine auf die Sachrüge gestützte (zu Lasten des Angekl. eingelegte) Revision der Staatsanwaltschaft begründet?

Lösung: Fraglich ist die korrekte Anwendung des Grundsatzes **in dubio pro reo**. Zutreffend ist zunächst, dass das LG den Angekl. nur wegen versuchten Mordes verurteilt hat, denn es stand nicht zur Überzeugung des Gerichts fest, dass der zweite mit Tötungsabsicht abgegebene Schuss das Opfer auch getroffen hat. Unzutreffend ist hingegen die Verurteilung wegen fahrlässiger Tötung. Das LG hat den Zweifelssatz fehlerhaft als Beweisregel angewendet und ist **insgesamt** von dem für den Angekl. günstigeren Sachverhalt ausgegangen. Richtigerweise ist der Zweifelssatz aber eine materielle **Entscheidungsregel**, nach der jeweils bei der Subsumtion **einzelner Tatbestände** im Zweifel der günstigere Sachverhalt zu unterstellen ist.

> Weil für das LG gerade nicht feststand, welcher Schuss tödlich war, hätte es bei der Prüfung des ersten Schusses davon ausgehen müssen, dass ausschließlich der zweite Schuss getroffen hat (und umgekehrt), womit eine fahrlässige Tötung mangels nachweisbaren Erfolgseintritts gerade nicht erwiesen ist. Die Sachrüge wäre demnach begründet. Obwohl die Staatsanwaltschaft ausdrücklich zu Lasten des Angekl. Revision eingelegt hat, kann das Revisionsgericht die Entscheidung gem. § 301 auch zu seinen Gunsten aufheben.

3. Fehler im Rechtsfolgenausspruch

294 Da es sich bei der **Rechtsfolgenentscheidung** um die Anwendung materiellen Rechts handelt, kann die Sachrüge auch auf Fehler in diesem Bereich gestützt werden. Wie bei der Feststellung des Sachverhalts und der Beweiswürdigung können Fehler bereits darin liegen, dass das Tatgericht seine Erwägungen nicht in einer Weise ausgeführt hat, die dem Revisionsgericht die Nachprüfung ermöglicht (sog. Darstellungsmangel). Bei der Kontrolle der Strafzumessung i.e.S. ist Zurückhaltung geboten, da sie (wie auch die Beweiswürdigung) grundsätzlich ureigene Aufgabe des Tatrichters ist. Obgleich die Rechtsfolgenentscheidung in der Praxis relativ häufig Gegenstand von Revisionsentscheidungen ist, wird sie in der Klausur bisweilen von der Prüfung ausgeklammert.

295 **Klausurtipp:** Wird die Rechtsfolgenentscheidung in der Klausur abgedruckt, spricht einiges dafür, dass dem Gericht an dieser Stelle Fehler unterlaufen sind.

a) Strafrahmenwahl

296 In Klausuren sind Fehler nicht selten bereits bei der Wahl des richtigen Strafrahmens angesiedelt, weil ein falsch gewählter Rahmen wegen seiner **Orientierungsfunktion** regelmäßig dazu führt, dass die Verhängung einer anderen konkreten Strafe nicht auszuschließen ist. Zunächst ist hier zu prüfen, ob der vom Gericht gewählte (in den Gründen aber nicht zwingend zahlenmäßig mitzuteilende) Strafrahmen überhaupt dem angewendeten Gesetz entspricht. Im Falle von Strafrahmenkonkurrenz muss sich aus dem Urteil ergeben, welchen Strafrahmen das Gericht gewählt hat; andernfalls liegt ein Darstellungsmangel vor. Fehleranfällig sind sodann die einschlägigen Vorschriften über Strafrahmenmodifikationen, zu denen besonders schwere Fälle wie vor allem **Regelbeispiele** (z.B. § 243 StGB), benannte und unbe-

B. Begründetheit der Revision

nannte **minder schwere Fälle** (z.B. §§ 213, 250 Abs. 3 StGB) und sog. **vertypte Milderungsgründe** im Sinne von § 49 StGB gehören.

Bei den minder bzw. besonders schweren Fällen hat der Richter nach der Rspr. stets im Rahmen einer eingehenden **Gesamtwürdigung** zu entscheiden, ob das Tatbild einschließlich aller subjektiven Momente und der Täterpersönlichkeit derart vom Durchschnitt der erfahrungsgemäß vorkommenden Fälle abweicht, dass die Anwendung des Sonderstrafrahmens geboten erscheint. Treffen minder schwerer Fall und gesetzlicher Milderungsgrund aufeinander, ist das **Doppelverwertungsverbot** des **§ 50 StGB** zu beachten, wonach ein Umstand, der allein oder mit anderen die Annahme eines minder schweren Falls begründet, zugleich aber ein besonderer gesetzlicher Milderungsgrund nach § 49 StGB ist, nur einmal berücksichtigt werden darf. Daraus folgt, dass bei der im Rahmen des minder schweren Falls vorzunehmenden Gesamtwürdigung zunächst auf die ggf. vorliegenden unbenannten Milderungsgründe (wie z.B. Ersttat, Geständnis, Schadenswiedergutmachung etc.) abzustellen ist, bevor die vertypten Milderungsgründe (wie etwa §§ 23 Abs. 2, 27 Abs. 2 S. 2 StGB) herangezogen und im Rahmen der Gesamtwürdigung „verbraucht" werden dürfen. Demnach kann es auch zu mehrfachen Strafrahmenverschiebungen kommen (einmal über den minder schweren Fall und sodann nochmals über den noch nicht verbrauchten vertypten Milderungsgrund). Ansonsten ist die **Erörterung** eines minder schweren Falls über § 267 Abs. 3 S. 2 hinaus zwingend, wenn gewichtige Milderungsgründe zu dessen Annahme drängen. Auch für die Annahme unbenannter und die Ablehnung benannter besonders schwerer Fälle sieht § 267 Abs. 3 S. 3 eine Erörterungspflicht im Urteil vor.

Bei den Strafrahmenmodifikationen ist ferner immer zu unterscheiden, ob eine **fakultative** (u.a. §§ 13 Abs. 2, 21, 23 Abs. 2 StGB) oder **obligatorische** (wie z.B. §§ 27 Abs. 2 S. 2, 28 Abs. 1 StGB) **Milderung** vorliegt. Wurde eine obligatorische Milderung nicht angewendet, liegt ein Rechtsfehler vor. Das Gleiche gilt für den Fall, dass eine fakultative Milderung im Urteil nicht erörtert wurde (dann Darstellungsmangel). Ansonsten kommt es nicht selten schlicht auf die korrekte Berechnung der Ober- (§ 49 Abs. 1 Nr. 1, 2 StGB) und Untergrenze (§ 49 Abs. 1 Nr. 3 StGB) des modifizierten Strafrahmens an.

Schließlich ist bei **Tateinheit** die Vorschrift des **§ 52 Abs. 2 StGB** zu beachten, die dazu führen kann, dass im Einzelfall ein „Kombinationsstrafrahmen" entsteht. Hierbei ist gem. § 52 Abs. 2 S. 1 StGB zwar der (ggf. modifizierte) Strafrahmen des schwereren Delikts, also regelmäßig des Delikts mit der höchsten Strafobergrenze maßgeblich. Allerdings kann die sog. **Sperrwirkung** nach § 52 Abs. 2 S. 2 StGB dazu führen, dass die Strafuntergrenze einem idealkonkurrierenden

Tatbestand zu entnehmen ist, falls dieser eine höhere Mindeststrafe aufweist (Bsp.: versuchter Mord in Tateinheit mit besonders schwerem Raub → Strafrahmen von fünf bis 15 Jahren Freiheitstrafe).

300 | **Fall 30** (vgl. BGH, Beschl. v. 27.02.1986 – 1 StR 31/86 = NJW 1986, 1699; *Sobota*, HRRS 2015, 339): Das LG verurteilt den Angekl. wegen Betruges im Zustand verminderter Schuldfähigkeit und bildet die Strafe angesichts des hohen Schadens ohne weitere Erwägungen aus dem lediglich nach §§ 21, 49 Abs. 1 StGB gemilderten Strafrahmen des § 263 Abs. 3 S. 1 StGB. Hat eine auf die Sachrüge gestützte Revision Erfolg?

Lösung: Fraglich ist, ob das LG die Strafe dem richtigen **Strafrahmen** entnommen hat. Nach st. Rspr. hat das Gericht auch bei Verwirklichung eines **Regelbeispiels** stets im Rahmen einer eingehenden Gesamtwürdigung einschließlich aller subjektiven Momente und der Täterpersönlichkeit über die besondere Schwere des Falls zu befinden, wenn gleichzeitig ein **vertypter Milderungsgrund** wie die verminderte Schuldfähigkeit nach § 21 StGB vorliegt. Dieser kann für sich allein oder zusammen mit weiteren mildernden Umständen die Indizwirkung des Regelbeispiels entfallen lassen mit der Folge, dass der **Normalstrafrahmen** anzuwenden ist. Einer weiteren fakultativen Herabsetzung nach §§ 21, 49 Abs. 1 StGB steht dann jedoch regelmäßig der Rechtsgedanke des **Doppelverwertungsverbots** nach § 50 StGB entgegen (nach Auffassung des BGH soll dies sogar bei obligatorischen Milderungen gelten, was allerdings nicht mit dem Analogieverbot vereinbar sein dürfte). Vorliegend fehlt es bereits an einer Gesamtwürdigung, womit die Sachrüge begründet ist.

b) Strafzumessung i.e.S.

301   Zurückhaltung ist bei der Überprüfung der **konkreten Strafzumessung** geboten, weil sie nur in sehr eingeschränktem Umfang der Überprüfung durch das Revisionsgericht unterliegt. Denn es ist grundsätzlich Sache des Tatrichters, aufgrund des umfassenden Eindrucks, den er in der Hauptverhandlung von der Tat und der Person des Täters gewonnen hat, die wesentlichen entlastenden und belastenden Umstände festzustellen, sie zu bewerten und gegeneinander abzuwägen. Rechtsfehler liegen erst vor, wenn die Zumessungserwägungen unschlüssig sind, von unzutreffenden Tatsachen ausgehen, das Tatgericht gegen rechtlich anerkannte Strafzwecke verstößt oder den Boden schuldangemessenen Strafens nach oben oder unten in eindeutiger Weise verlässt. Dagegen ist eine ins Einzelne gehende Richtigkeitskontrolle ausgeschlossen, sodass

B. Begründetheit der Revision

bloße „Strafmaßrevisionen" in der Praxis meist wenig Aussicht auf Erfolg haben. Die Zumessung als solche erfolgt nach der sog. **Spielraumtheorie** der Rspr. dergestalt, dass innerhalb des anzuwendenden Strafrahmens anhand der Zumessungstatsachen ein konkreter Schuldrahmen bestimmt wird, innerhalb dessen wiederum die im Einzelfall zu berücksichtigenden Strafzwecke zur Festsetzung der konkreten Strafe abzuwägen sind.

In der Klausur wird es typischerweise um die Überprüfung **konkreter Strafzumessungserwägungen** gehen, die insbesondere im Rahmen von § 46 StGB (lesen!) revisibel sind, im Urteil andererseits aber nur mitgeteilt werden müssen, wenn sie „bestimmend" waren (§ 267 Abs. 3 S. 1; vgl. *M-G/S* § 267 Rn. 18). Wird ein wesentlicher Strafzumessungsgesichtspunkt nicht berücksichtigt, liegt ein Rechtsfehler vor. Bei der Verhängung von Freiheitsstrafen unter sechs Monaten sind stets die Voraussetzungen des **§ 47 Abs. 1 StGB** (lesen!) im Urteil zu erörtern (§ 267 Abs. 3 S. 2 Hs. 2 – gilt auch bei Einzelstrafen, die später in einer längeren Gesamtfreiheitsstrafe aufgehen). Vergleichsweise häufig tauchen in der Klausur überdies Fälle auf, in denen das Gericht gegen das **Doppelverwertungsverbot** nach § 46 Abs. 3 StGB verstößt, indem es Merkmale des gesetzlichen Tatbestands nochmals strafschärfend berücksichtigt, m.a.W. dem Angeklagten die Tatbegehung als solche besonders vorwirft (bei § 242 StGB etwa dergestalt, dass der Angeklagte fremdes Eigentum nicht respektiere). Selbstverständlich darf schließlich auch das Nichtvorliegen eines mildernden Umstands nicht schulderhöhend bewertet werden (z.B. „der Angeklagte ließ sich provozieren, obwohl er an diesem Abend keinen Alkohol getrunken hatte"). **302**

Leicht verstecken lassen sich Fehler auch in der bei Tatmehrheit i.S.d. § 53 StGB notwendigen **Gesamtstrafenbildung** nach § 54 StGB (lesen!). Sie setzt zunächst das Ermitteln und Festsetzen der jeweiligen Einzelstrafen voraus. Die Bildung der Gesamtstrafe vollzieht sich sodann dergestalt, dass die (ihrer Art bzw. Höhe nach) schwerste Strafe als sog. Einsatzstrafe durch Einbeziehung der weiteren Einzelstrafen erhöht wird (sog. Asperation). Die Gesamtstrafe muss also höher als die Einsatzstrafe ausfallen, darf aber die Summe der Einzelstrafen nicht erreichen (§ 54 Abs. 2 S. 1 StGB). Ebenso wie für jede Einzelstrafe muss das Gericht auch bei der Gesamtstrafe die Zumessungstatsachen abschließend noch einmal umfassend gegeneinander abwägen, um auf diese Weise die konkrete Höhe der Gesamtstrafe innerhalb des erhöhten Strafrahmens festzusetzen (§ 54 Abs. 1 S. 3 StGB). Fehlt es daran, liegt abermals ein Darstellungsmangel vor. **303**

Besondere Schwierigkeiten können auftreten, wenn die Gesamtstrafe **nachträglich** zu bilden ist (**§ 55 StGB** – lesen!). Sinn und Zweck **304** der nachträglichen Gesamtstrafenbildung ist es, den Angeklagten nicht dadurch schlechter zu stellen, dass mehrere Taten, die grundsätzlich gemeinsam hätten abgeurteilt werden können, prozessual getrennt und gesondert abgeurteilt werden. Dementsprechend findet eine nachträgliche Gesamtstrafenbildung immer dann statt, wenn (1.) eine frühere Verurteilung vorliegt, (2.) die jetzt abzuurteilende Tat **vor** der früheren **Verurteilung** begangen wurde und (3.) die frühere Strafe noch **nicht erledigt** (vollstreckt, verjährt, erlassen) ist.

305 **Klausurtipp:** Immer wenn der Aktenauszug **Vorstrafen** des Angeklagten enthält, sollten die Voraussetzungen des § 55 StGB sorgfältig geprüft werden, wobei der Blick vor allem darauf gerichtet werden sollte, ob es der klausurgegenständlichen Tat zeitlich nachfolgende Vorverurteilungen gibt.

306   Wurde eine (Gesamt-)Freiheitsstrafe bis zu zwei Jahren verhängt, muss das Gericht schließlich die **Strafaussetzung zur Bewährung** nach § 56 StGB erörtern (vgl. § 267 Abs. 3 S. 4), die grundsätzlich eine **positive Sozial- und Legalprognose** voraussetzt, also die auf konkrete Tatsachen gestützte Erwartung, dass der Verurteilte sich schon die Verurteilung zur Warnung dienen lassen und künftig auch ohne die Einwirkung des Strafvollzugs keine Straftaten mehr begehen wird. Weil man von Referendaren keine vertieften Kenntnisse auf dem Gebiet der Kriminalprognostik erwartet, wird der Sachverhalt in diesen Fällen meist deutliche Anhaltspunkte für einen Lebenswandel des Angeklagten enthalten wie z.B. Heirat, feste Arbeitsstelle, Abbruch problematischer Kontakte, längere Zeit ohne neue Straftaten o.ä. Drängt sich angesichts solcher Umstände eine günstige Legalprognose auf, ohne dass sich das Urteil mit der Strafaussetzung zur Bewährung auseinandersetzt, liegt ein Darstellungsmangel vor. Wichtig ist weiter, dass bei Freiheitsstrafe von einem Jahr bis zu zwei Jahren gem. § 56 Abs. 2 StGB für die Strafaussetzung zusätzlich „besondere Umstände" vorliegen müssen, an die jedoch insgesamt keine allzu hohen Anforderungen zu stellen sind und die daher regelmäßig schon bei Vorliegen mehrerer „normaler" Milderungsgründe oder dem Bemühen um Schadenswiedergutmachung (§ 56 Abs. 2 S. 2 StGB) anzuerkennen sind.

307 **Lerntipp:** Erfahrungsgemäß tun sich viele Referendare (ob in der Station oder der Klausur) mit der Strafzumessung schwer. Wer auf diesem Gebiet noch Defizite hat, sollte sich – auch mit Blick auf die anderen Klausurtypen – unbedingt noch einmal mit den entsprechenden Grundlagen beschäftigen, wozu entweder die umfangreiche

Kommentierung von *Fischer* zu § 46 StGB oder auch der zweiteilige Überblicksaufsatz von *Meier*, JuS 2005, 769 und 879 dienen können.

c) Sonstige Rechtsfolgen

Schließlich können dem Gericht Fehler im Rahmen der Verhängung von **Nebenstrafen** unterlaufen (vor allem beim Fahrverbot nach § 44 StGB, dessen Anwendungsbereich im Jahr 2017 erheblich erweitert wurde, indem fortan kein Verkehrsbezug mehr zwingend ist und die Dauer bis zu sechs Monate betragen kann) oder bei der Anordnung von **Maßregeln der Besserung und Sicherung** (insbes. Fahrerlaubnisentziehung inkl. Wiedererteilungssperre nach §§ 69 f. StGB). **308**

Von den sonstigen Maßnahmen (§ 11 Abs. 1 Nr. 8 StGB) ist die **Einziehung** nach §§ 73 ff. StGB hervorzuheben, die durch eine Reform zum 01.07.2017 stark ausgeweitet wurde. Die wichtigste Neuerung besteht darin, dass sie nunmehr **zwingend** ist, womit ein leicht zu übersehender Fehler schon im Unterlassen einer Einziehungsentscheidung liegen kann. Die Einziehung kann sich auf Taterträge (§ 73 Abs. 1 StGB), Nutzungen (§ 73 Abs. 2 StGB), Surrogate (§ 73 Abs. 3 StGB) und den Wert von Taterträgen (§ 73c StGB) beziehen – auch gegenüber Dritten (§§ 73b, 74a StGB). Darüber hinaus können Tatprodukte, Tatmittel und Tatobjekte eingezogen werden (§§ 74 ff. StGB). Obwohl die Einziehung nach dem sog. **Bruttoprinzip** erfolgt, d.h. Aufwendungen des Täters grundsätzlich außer Betracht bleiben (enge Ausnahme bei Wertersatzeinziehung in § 73d Abs. 1 StGB), und damit einschneidende Wirkungen entfalten kann, kommt ihr nach h.M. als vermögensrechtlicher Abschöpfungsmaßnahme keine Strafwirkung zu, sodass sie auch rückwirkend Anwendung finden soll. **309**

Sollten bei den sonstigen Rechtsfolgen Probleme auftauchen, die über das bloße „Erkennen" hinausgehen, ergibt sich ihre Lösung meist schon aus dem Gesetzeswortlaut oder spätestens der Kommentierung im *Fischer*, weil in diesem Bereich regelmäßig keine Spezialkenntnisse vorausgesetzt werden (können). **310**

Kapitel 3. Entscheidungsmöglichkeiten des Revisionsgerichts

Sofern das Tatgericht die Revision – die ja bei ihm einzulegen und 311 zu begründen ist – nicht bereits gem. § 346 Abs. 1 als unzulässig verworfen hat, sendet es die Akten über die Staatsanwaltschaft an das Revisionsgericht (§ 347 Abs. 2). Dort wird entweder durch Beschluss ohne Hauptverhandlung oder durch Urteil nach Hauptverhandlung (praktisch die Ausnahme) entschieden. Greift eine Verfahrensrüge durch, ist in der Regel das gesamte Urteil mitsamt den Feststellungen aufzuheben. Bei der Sachrüge ist zu differenzieren (s.u. Rn. 339 ff.).

Im **Beschlusswege** kann das Revisionsgericht 312
– die Revision als **unzulässig** verwerfen (§ 349 Abs. 1),
– die Revision auf Antrag der Staatsanwaltschaft als **offensichtlich unbegründet** verwerfen, wenn es die Revision **einstimmig** für unbegründet hält (§ 349 Abs. 2; praktisch in über 70% der Verfahren) oder
– das angefochtene **Urteil aufheben**, wenn es die **zugunsten** des Angeklagten eingelegte Revision **einstimmig für begründet** hält (§ 349 Abs. 4). In der Praxis werden Entscheidungen nach § 349 Abs. 2 und 4 häufig miteinander kombiniert, indem das Urteil teilweise aufgehoben und die Revision im Übrigen als offensichtlich unbegründet verworfen wird.
– Darüber hinaus sind Einstellungen nach den allgemeinen Normen der §§ 153 ff., 206a möglich.

Durch **Urteil** nach Hauptverhandlung kann das Revisionsgericht 313
– die Revision als **unzulässig** verwerfen, wenn die Sachentscheidungsvoraussetzungen nicht erfüllt sind und die Revision nicht schon zuvor als unzulässig verworfen wurde (§ 349 Abs. 5),
– als **unbegründet** verwerfen, insbesondere bei fehlender Einstimmigkeit i.S.v. § 349 Abs. 2 (§ 349 Abs. 5),
– oder das angefochtene Urteil und die dem Urteil zugrunde liegenden Feststellungen **ganz oder teilweise aufheben**, soweit die Revision begründet ist (§ 353). In diesem Fall verweist das Revisionsgericht die Sache grundsätzlich an eine andere Kammer des LG oder eine andere Abteilung des AG zur erneuten Verhandlung und Entscheidung zurück (§ 354 Abs. 2). Erfolgt die Aufhebung jedoch nur wegen fehlerhafter Gesetzesanwendung auf einen fehlerfrei festgestell-

ten Sachverhalt (wenn also letztlich nur die auf Verletzung des materiellen Strafrechts gestützte Sachrüge durchgreift) und ist ohne weitere Sachaufklärung nur auf Freispruch, Einstellung, Verurteilung zu einer absolut bestimmten Strafe (lebenslang bei § 211 StGB) oder (auf Antrag der Staatsanwaltschaft) auf Verurteilung nach dem gesetzlichen Mindestmaß zu erkennen, kann das Revisionsgericht ohne Zurückverweisung in der Sache selbst entscheiden (§ 354 Abs. 1). Eine eigene Sachentscheidung des Revisionsgerichts ergeht mithin immer dann, wenn nach Rechtsprüfung ausschließlich **eine** Entscheidungsmöglichkeit in Betracht kommt. Zu beachten sind im Übrigen auch die Fälle der § 354 Abs. 1a und b (Fehler bei der Strafzumessung und der Gesamtstrafenbildung). Der BGH wendet § 354 Abs. 1 großzügig analog an, etwa bei offensichtlichen Versehen, aber auch im Rahmen der sog. Schuldspruchberichtigung (*M-G/S* § 354 Rn. 12 ff.) und sogar – jenseits der Abs. 1a, b – auf den Strafausspruch (str.).

Kapitel 4. Die Revisionsklausur

A. Klausurvarianten

Trotz der verschiedenen Möglichkeiten, eine strafprozessuale Revision einzukleiden, geht es im Examen typischerweise darum, die **Erfolgsaussichten** einer bereits **eingelegten** (oder noch einzulegenden), aber **noch nicht begründeten** Revision aus Sicht des Verteidigers (oder auch der Staatsanwaltschaft) gutachterlich zu prüfen und entsprechende **Revisionsanträge** auszuformulieren. Als Abwandlung erfolgt die Prüfung gelegentlich auch aus der Perspektive des **Nebenklägers** (vgl. § 401). Seltener kann darüber hinaus eine **Revisionsbegründungsschrift** (oder Teile davon) anzufertigen sein.

Bei weitem nicht so beliebt wie die erstgenannte Konstellation ist diejenige, in der die **Erfolgsaussichten** einer **eingelegten** und bereits **vollständig begründeten Revision** zu begutachten sind, was daran liegen dürfte, dass die (verfahrens-)rechtlichen Probleme in dieser Variante insbesondere wegen der Anforderungen des § 344 Abs. 2 S. 2 allzu deutlich präsentiert werden müssen.

Nur ganz vereinzelt wurde bisher die (teilweise) Anfertigung einer **revisionsgerichtlichen Entscheidung** gefordert. Dabei eignet sie sich u.E. besonders gut für die Examensklausur, weil die reine Rechtsprüfung der Klausursituation am nächsten kommt und die Entscheidung im Gegensatz zum Instanzurteil fast ausschließlich nach Aktenlage statt aus dem Inbegriff der Hauptverhandlung zu fällen ist. Nachdem immer mehr Bundesländer in der S II-Klausur alternativ zur Revision das Strafurteil zugelassen haben und weil Prüfungsämter immer wieder neuartige Aufgabenstellungen bevorzugen, ist es daher durchaus möglich, dass in Zukunft eine Kombination beider Klausurtypen in Form eines Revisionsurteils gewählt wird. Da dies aber jedenfalls bislang (noch) unüblich ist, soll sich im Rahmen der folgenden Darstellung auf die **Standardkonstellation** der durch Verteidigung oder Staatsanwaltschaft eingelegten und noch nicht begründeten Revision konzentriert werden, wobei übliche Abweichungen an den entsprechenden Stellen aufgegriffen und vertieft werden sollen. Wer dennoch auf „Nummer sicher" gehen will, sollte einen Blick auf den Aufbau und die Form eines Revisionsurteils werfen. Zahlreiche praktische Beispiele finden sich etwa in der kostenlosen Entscheidungsdatenbank des BGH unter http://juris.bundesgerichtshof.de/cgi-bin/rechtsprechung.

317 **Achtung:** Bei den Klausurtypen kann es durchaus regionale Unterschiede geben. Insbesondere in Bayern wird wohl häufig ausschließlich eine Revisionsbegründungsschrift (ohne Hauptgutachten) gefordert. Jeder Referendar sollte sich daher rechtzeitig über die Gepflogenheiten in seinem Bundesland informieren und – ganz wichtig – möglichst viele länderspezifische Übungsklausuren schreiben!

B. Praktische Klausurbearbeitung

318 Regelmäßig beinhaltet der in der Klausur bereitgestellte Aktenauszug die **Anklageschrift**, das **Hauptverhandlungsprotokoll** und das angefochtene **Urteil**. Ein **abgedruckter Kalender** ist meist (aber nicht immer!) ein Hinweis auf mehr oder weniger versteckte Fristenprobleme und gibt Anlass dazu, alle Daten eingehend zu überprüfen. Zu Beginn sollte immer der **Bearbeitervermerk** genau studiert werden, um den Sachverhalt sofort mit dem richtigen Fokus zu betrachten. Bereits beim ersten Lesen des Aktenauszugs empfiehlt es sich, alle ins Auge springenden Rechtsfehler und Probleme auf einem Blatt zu notieren, und zwar möglichst bereits grob gegliedert (Zulässigkeit, Begründetheit, Prozesshindernisse, Verfahrens- und Sachrüge, ggf. Zweckmäßigkeit). Hierdurch lässt sich vermeiden, eigentlich erkannte Fehler beim Ausformulieren zu vergessen.

319 Das konkrete Vorgehen in der Klausur soll nun am Beispiel eines **typischen Bearbeitervermerks** erläutert werden. Ein solcher lautet regelmäßig wie folgt:

320 *1. Die Erfolgsaussichten der Revision des Angekl. sind zu begutachten. Zeitpunkt der Begutachtung ist der … .*

[2. Das Gutachten braucht keine Sachverhaltsdarstellung zu enthalten.]

3. Der Sachverhalt ist auf der Grundlage der im Urteil getroffenen Feststellungen in materiell-rechtlicher Hinsicht in jedem Fall <u>umfassend</u> zu würdigen.

4. Das Gutachten soll auch Erwägungen zur Zweckmäßigkeit des Vorgehens enthalten.

5. Etwaige Revisionsanträge sind auszuformulieren.

[6. Eine Revisionsbegründungsschrift ist anzufertigen. Bzw.: Eine Verfahrensrüge ist – ggf. hilfsweise – auszuformulieren. (Alternativ bzw. ergänzend zu 5.)]

7. Kommt die Bearbeitung dazu, dass die Revision endgültig unzulässig ist, so ist zur Begründetheit in einem Hilfsgutachten Stellung zu nehmen.

8. Straftatbestände außerhalb des StGB und Ordnungswidrigkeiten sind nicht zu prüfen. Die Straftatbestände ... sind ebenfalls nicht zu prüfen.

9. Es ist zu unterstellen, dass

– Formalien (Ladungen, Zustellungen, Unterschriften, Vollmachten etc.) in Ordnung sind, soweit sich aus dem Sachverhalt nichts anderes ergibt,

– Rechtsanwalt ... sich am ... unter Vorlage einer ordnungsgemäßen Vollmacht für den Angekl. als Verteidiger bestellt hat,

– die Staatsanwaltschaft ... keine Revision gegen das Urteil eingelegt hat.

10. ... verfügt über ein Amts- und ein Landgericht und liegt im Bezirk des zuständigen Oberlandesgerichts ... .

Zu 1.: Besonders in der Klausur aus Anwaltsperspektive ist es ratsam, die Bearbeitung in mehrere Teile bzw. entsprechend den Anklageklausuren in **A- und B-Gutachten** zu gliedern – 1. Teil (A-Gutachten): Erfolgsaussichten der Revision, d.h. Zulässigkeit und Begründetheit, 2. Teil (B-Gutachten): **Zweckmäßigkeitserwägungen** wie Einlegung, Begründung, Beschränkung oder (eher selten) Rücknahme der Revision (s.u. 4.). Am Ende einer jeden Klausur sollte ggf. als 3. Teil ein zusammenfassender und der jeweiligen Aufgabenstellung entsprechender Vorschlag gemacht werden, der auch die ausformulierten Revisionsanträge enthält (s.u. 5.). Freilich sollte der Schwerpunkt regelmäßig auf dem 1. Teil bzw. dem A-Gutachten liegen.

Ist in der Klausur ausnahmsweise einmal eine **bereits begründete Revision** zu begutachten, stellt sich im Rahmen der Zulässigkeit regelmäßig das Problem, dass sinnvolle Ausführungen zu den strengen Formerfordernissen bei der Erhebung von Verfahrensrügen erst im Rahmen der Begründetheit gemacht werden können, sodass man sich in der Zulässigkeitsprüfung auf die Aussage beschränken kann, dass die Revision nach § 344 Abs. 2 S. 2 ordnungsgemäß zu begründen ist (s.o. Rn. 39 f.). Wurde wie zumeist die allgemeine Sachrüge erhoben, ist die Revision – bei Vorliegen der übrigen Zulässigkeitsvoraussetzungen – insgesamt zulässig, sodass es sich anbietet, die Formerfordernisse des § 344 Abs. 2 S. 2 im Rahmen der Zulässigkeit lediglich kurz zu streifen und die ordnungsgemäße Begründung der jeweiligen Verfahrensrügen als Unterpunkt im Rahmen der Begründetheit zu prüfen, womit sich eine zweistufige Prüfung für jede einzelne Verfahrensrüge ergibt, nämlich **Zulässigkeit und Begründetheit** der Rüge (s.u. Rn. 359 f.). Ist die Rüge bereits unzulässig, spielt sie für die Erfolgsaussichten der Revision keine Rolle mehr, da nur zulässig erhobene Verfahrensrügen in der Begründetheit überhaupt geprüft werden, selbst wenn weitere und möglicherweise erhebliche Gesetzesverstöße auf der Hand liegen. Die Begründetheit der Rüge wäre dann freilich **hilfsgutachterlich** zu prüfen, da der Bearbeitervermerk regelmäßig verlangen wird, auf alle Rechtsfragen umfassend einzugehen. Am Ende ist zusammenfassend auszuführen, welche Verfahrensrügen aus welchen Gründen Erfolg oder keinen Erfolg haben. Soweit die Sachrüge betroffen ist und bereits eine Revisionsbegründung vorliegt, sollte sie stets aufgegriffen werden. Aus prüfungstaktischen Gründen und mit Blick auf die vollumfängliche Prüfungspflicht werden darin aber in den seltensten Fällen alle Klausurprobleme enthalten sein.

323 Wie in der Anklage- ist auch in der Revisionsklausur auf eine angemessene **Schwerpunktsetzung** zu achten, d.h. nur auf die wirklich problematischen Aspekte der Klausur ist ausführlich einzugehen. Unproblematisches kann und muss in der gebotenen Kürze abgehandelt oder gegebenenfalls sogar nur gestreift werden, was insbesondere auch aufgrund des Zeitdrucks angezeigt ist (lesenswert zur allgemeinen Methodik *Lagodny/Mansdörfer/Putzke*, ZJS 2014, 157).

324 Schwerpunkte der Bewertung sind fast immer das auf dem Weg zum angefochtenen Urteil angewendete **Verfahrensrecht** und die **materiell-rechtliche Subsumtion**. Es kann sich daher empfehlen, im Rahmen der Begründetheit „**rückwärts**" vorzugehen und mit der Sachrüge (insbesondere materiell-rechtliche Subsumtion) zu beginnen, um anschließend die Verfahrensrüge und die Verfahrensvoraussetzungen zu erörtern. Auf diese Weise vermeidet man den häufigen Fehler, Verstöße gegen Verfahrensvorschriften mit der Sachrüge zu vermengen (s.o. Rn. 290), und hat im Falle von einsetzender Zeitnot immerhin die fast immer punkteträchtige Sachrüge vollständig bearbeitet.

325 Auch wenn es kein Patentrezept gibt, um sämtliche prozessualen und materiell-rechtlichen Fehler aufzuspüren, empfiehlt sich allgemein eine **systematische Suche**. Oft befindet sich zu Beginn des Sachverhalts ein Aktenvermerk, in dem der Bearbeiter auf die wichtigsten Probleme „gestoßen" wird, bspw. indem der Mandant sein Unverständnis über diverse prozess- und materiell-rechtliche Entscheidungen

B. Praktische Klausurbearbeitung

des Tatgerichts äußert. Anschließend sollte der Aktenauszug Schritt für Schritt nach Fehlern durchkämmt werden, wozu sich insbesondere eine Orientierung am Gang der Hauptverhandlung nach § 243 empfiehlt. Die wichtigste Quelle für Verfahrensfehler ist dabei das abgedruckte **Hauptverhandlungsprotokoll**, das aufmerksam nach problemträchtigen Vorgängen (wie Beschlüssen, Anordnungen, Erklärungen usw.), aber auch nach versteckten Fehlern (wie Abwesenheit von Verfahrensbeteiligten, unterlassene Belehrungen, fehlendes letztes Wort, fehlender rechtlicher Hinweis, fehlende Unterschriften etc.) zu durchleuchten ist. Hierbei ist die **Beweisaufnahme** besonders sorgfältig in den Blick zu nehmen. Sie ist das Herzstück der Hauptverhandlung und enthält deshalb fast immer problematische Vorgänge. Bei der gutachterlichen Prüfung ist – wie bereits mehrfach erwähnt – sauber zu differenzieren, ob wegen Fehlern im Ermittlungsverfahren ein Verwertungsverbot bestand (Aufhänger dann § 261), oder ob das Gericht selbst bei der Beweiserhebung fehlerhaft verfahren ist. Schließlich finden sich in den abgedruckten **Urteilsgründen** nahezu in jeder Klausur mehr oder minder anspruchsvolle materiell-rechtliche Probleme, was jedoch nicht heißt, dass die Subsumtion immer falsch sein muss.

Weil viele Revisionsklausuren höchstrichterlichen Entscheidungen nachgebildet werden, lassen sich die meisten Rechtsprobleme mithilfe der **Kommentare** bewältigen, weshalb der Umgang mit ihnen in der Klausurvorbereitung unbedingt geübt werden sollte. Welche Gesetze außer der StPO sind bspw. im *M-G/S* noch kommentiert? Auch mit den **Vorbemerkungen** zu zentralen Abschnitten der StPO sollte man sich vertraut machen, denn was dort ausgeführt wird, braucht nicht im Detail gelernt zu werden. Ein nicht zu unterschätzendes Hilfsmittel und mitnichten eine „Idiotenwiese" stellt darüber hinaus das **Stichwortverzeichnis** der Kommentare dar; aber nur wer die Begrifflichkeiten („Hörfalle", „informatorische Befragung", „Lockspitzel" etc.) kennt, wird in der Kürze der Zeit die passenden Stellen finden. In jedem Fall ersetzt ein der herrschenden Rspr. entsprechendes Ergebnis nicht die sorgfältige Begründung bzw. Herleitung. **326**

Zu 2.: Wegen der umfangreichen Rechtsprobleme wird eine **Sachverhaltsschilderung** in aktuellen Klausuren regelmäßig erlassen. Sollte sie dennoch einmal gefordert sein, darf hier nicht zu viel Zeit und Mühe investiert werden, weil dieser Teil kaum punkteträchtig ist. Es empfiehlt sich – wie im Aktenvortrag – eine gedrängte chronologische Darstellung, die sich auf die wesentlichen tatsächlichen und rechtlichen Aspekte beschränkt, wozu auch die sog. Prozessgeschichte in Gestalt des wesentlichen Verfahrensgangs gehört. **327**

Zu 3.: Wie bereits erwähnt, wird regelmäßig eine **vollständige materiell-rechtliche Prüfung** verlangt, woraus folgt, dass im Rahmen der **328**

Sachrüge grundsätzlich auch Fehler zu prüfen und festzustellen sind, die sich für den Angeklagten günstig ausgewirkt haben. Liegen solche Fehler vor, ist im Rahmen der Zweckmäßigkeit § 358 Abs. 2 anzusprechen (s. sogleich).

329 **Zu 4.:** Im Gegensatz etwa zur zivilrechtlichen Anwaltsklausur bietet die Revisionsklausur nicht allzu viele Möglichkeiten für kreative **Zweckmäßigkeitserwägungen.** Es ist keineswegs ungewöhnlich, dass nach der Klausurlösung lediglich die form- und fristgemäße Begründung der Revision zu empfehlen ist. Die Revision wird nämlich äußerst selten bereits unzulässig oder gänzlich unbegründet sein. Sollte dies jedoch tatsächlich einmal der Fall sein oder ist nur eine meist wenig hilfreiche Schuldspruchänderung zu erwarten (s.u. Rn. 340), wäre im Rahmen der Zweckmäßigkeitserwägungen regelmäßig vorzuschlagen, keine Revision einzulegen oder eine bereits eingelegte Revision wegen der drohenden Kostenfolge **zurückzunehmen**. Andererseits kann die Verfolgung der Revision auch bei absehbarer Erfolglosigkeit im Interesse des Angeklagten liegen, wenn er davon profitiert, dass die Rechtskraft der Verurteilung durch den **Suspensiveffekt** der Revision (§ 343 Abs. 1) hinausgezögert wird. Freilich ist dann auf die absehbaren Kosten hinzuweisen.

330 Im häufigsten Fall der zulässigen und zumindest teilweise begründeten Revision ist natürlich ihre **Durchführung**, d.h. ihre Einlegung und Begründung, zu empfehlen. Dann sind die diesbezüglichen **Form- und Fristerfordernisse** anzusprechen, die es (meist aus anwaltlicher Sicht) zu beachten gilt. Zur formgerechten Erhebung der Sachrüge reicht wie bereits erwähnt grundsätzlich der schlichte Satz: „*Gerügt wird die Verletzung materiellen Rechts.*" Welche Ausführungen nach § 344 Abs. 2 S. 2 im konkreten Fall zur Erhebung der Verfahrensrüge notwendig sind, hängt dagegen vom jeweiligen Bearbeitervermerk ab. Regelmäßig genügt der Hinweis, dass „die den Mangel enthaltenden Tatsachen" präzise anzugeben sind, wenn nicht ausnahmsweise die Anfertigung einer Revisionsbegründungsschrift gefordert ist (s.u. 6). Alternativ kann die Einhaltung der Form bereits im Rahmen der Zulässigkeitsprüfung oder am Ende der Prüfung einzelner Verfahrensfehler angesprochen werden und bei der Zweckmäßigkeit nur noch darauf hingewiesen werden, dass die Begründung ordnungs- und fristgemäß beim Tatgericht anzubringen ist.

331 Eine echte Zweckmäßigkeitserwägung ist die **Beschränkung** der noch zu begründenden (vgl. § 344 Abs. 1: „inwieweit") oder die **Teilrücknahme** der bereits eingelegten Revision zwecks Kostenvermeidung, wenn der Sachverhalt Anlass hierzu gibt, insbesondere wenn lediglich bei einzelnen prozessualen Taten oder dem Rechtsfolgenausspruch Fehler gemacht wurden. Bei sachlich-rechtlichen Fehlern **zu-**

gunsten des Angeklagten ist stets das **Verbot der Schlechterstellung** nach § 358 Abs. 2 zu erörtern, sodass die Durchführung der Revision gleichwohl im Hinblick auf mögliche Verfahrensfehler zweckmäßig sein kann. Da das Verböserungsverbot gem. § 358 Abs. 2 S. 3 jedoch der Anordnung einer Maßregel nach §§ 63, 64 StGB nicht entgegensteht, kann es aus anwaltlicher Sicht ratsam sein, die vom Tatgericht unterlassene Anordnung der Unterbringung explizit vom Revisionsangriff auszuklammern, was zulässig ist. Darüber hinaus ist zu beachten, dass eine **hilfsweise** Erhebung der Verfahrensrüge, an die man in manchen Konstellationen durchaus denken könnte, nach h.M. **unzulässig** ist (*M-G/S* § 344 Rn. 12). Schließlich kann der Sachverhalt sonstige Angaben des Mandanten enthalten, die im Rahmen der Zweckmäßigkeit abzuhandeln sind, wie z.B. Hinweise auf außerstrafrechtliche Folgen (BZR, berufliche Nebenfolgen etc.), finanzielle oder ideelle Interessen oder aber gesundheitliche Beeinträchtigungen. Tauchen solche Hinweise im Aktenauszug auf, müssen sie unbedingt aufgegriffen werden.

Auf Seiten der **Staatsanwaltschaft** gelten über die bereits genannten prozessualen Sonderregeln (wie etwa § 339) hinaus keine Besonderheiten bei der Zweckmäßigkeit. Allgemein kann sich hier lediglich die Frage stellen, ob die Staatsanwaltschaft explizit **zugunsten** des Angekl. Revision einlegen soll (§ 296 Abs. 2), was zwar praktisch äußerst selten vorkommt, aber möglich ist.

Geht es um eine Revision des **Nebenklägers**, ist regelmäßig auf die Besonderheiten der §§ 395 ff. einzugehen, insbesondere auf Anschlussbefugnis und -erklärung (die mit der Revisionseinlegung verbunden werden kann, § 395 Abs. 4 S. 2), Rechtsmittelbefugnis (nicht zugunsten des Angeklagten) und Anfechtungsrecht (s.o. Rn. 42 zu den Anforderungen an die Begründung der Sachrüge).

Vertiefungshinweis: *Eicker*, Die Revision des Nebenklägers – eine Anleitung für die Klausur, in: JA 2018, 298.

Zu 5.: In der Klausur sind nach dem Bearbeitervermerk regelmäßig die **Revisionsanträge** auszuformulieren. Hier ergeben sich selten besondere Anforderungen, sodass der zu stellende Antrag trotz der praktisch vielfältigen Möglichkeiten meist in der Standardkonstellation erschöpft (s. sogleich). Der Antrag korreliert mit dem vom Beschwerdeführer angestrebten **Tenor der Revisionsentscheidung**, dessen Fassung sich wiederum aus den §§ 353 ff. ergibt. Der Antrag besteht regelmäßig aus zwei Teilen: der kassatorischen Entscheidung (**Aufhebung**) und der **Folgeentscheidung**. Weil letztere ohnehin von Gesetzes wegen ergeht, ist sie zwar streng genommen überflüssig, aber dennoch absolut üblich.

336 Ist die Revision **begründet**, hebt das Revisionsgericht das angefochtene Urteil auf, § 353 Abs. 1. Zugleich sind gem. § 353 Abs. 2 die tatsächlichen Feststellungen aufzuheben, soweit sie durch die Gesetzesverletzung betroffen sind (näher *M-G/S* § 353 Rn. 12 ff.). Das ist bei den in der Klausur häufig durchgreifenden Verfahrensfehlern stets der Fall, weil sie sich ja gerade auf die Tatsachengrundlage des Urteils beziehen. Regelmäßig wird die Sache nach Aufhebung an eine andere Kammer des zuständigen LG oder eine andere Abteilung des AG zurückzuverweisen sein, falls nicht ein vollständiger Freispruch oder eine Einstellung des gesamten Verfahrens gerechtfertigt ist (s. Rn. 313).

337 Anders als im Zivilrecht, wo die Stellung der Anträge i.d.R. für die mündliche Verhandlung angekündigt wird (*„werde ich beantragen"*), werden die Revisionsanträge sofort gestellt, da eine Revisionshauptverhandlung die Ausnahme ist. Ein Kostenantrag ist nicht erforderlich, weil hierüber von Gesetzes wegen zu entscheiden ist (§ 464 Abs. 1) und das Revisionsgericht damit ohnehin nur befasst wird, wenn es das Verfahren beendet, also nicht zurückverweist. Erhebt der Revisionsführer die **Sach- und Verfahrensrüge**, was in der Klausur die **Regel** ist, lautet ein korrekter Antrag wie folgt:

> „Es wird beantragt, das Urteil des Landgerichts Wiesbaden vom 29.07.2020 (Az.: 6 KLs – 1120 Js 12345/19)/das Urteil des Amtsgerichts Wiesbaden vom 29.07.2020 (Az.: 84 Ls – 3325 Js 12345/19) mitsamt den zugrunde liegenden Feststellungen aufzuheben und die Sache zur erneuten Verhandlung und Entscheidung an eine andere große Strafkammer des Landgerichts Wiesbaden/eine andere Abteilung des Amtsgerichts Wiesbaden zurückzuverweisen."

338 Soweit sich der fehlerhafte Teil vom übrigen Teil der Entscheidung widerspruchsfrei trennen lässt, kommt – sogar bei absoluten Revisionsgründen (s. *M-G/S* § 344 Rn. 7) – eine Beschränkung in Betracht:

> „Es wird beantragt, das Berufungsurteil der kleinen Strafkammer des Landgerichts Wiesbaden vom 29.07.2020 (Az.: 4 Ns – 4430 Js 45678/19) mitsamt den zugehörigen Feststellungen aufzuheben, soweit es die Verurteilung wegen gefährlicher Körperverletzung und den Gesamtstrafenausspruch betrifft, und die Sache im Umfang der Aufhebung zur erneuten Verhandlung und Entscheidung an eine andere als Berufungsgericht zuständige kleine Strafkammer des Landgerichts Wiesbaden zurückzuverweisen."

339 Greift allein die **Sachrüge** dergestalt durch, dass das materielle Recht auf den fehlerfrei festgestellten Sachverhalt falsch angewandt wurde (was in Klausuren eher selten der Fall sein wird), und hat das Revisionsgericht daher, ohne dass es einer weiteren Sachaufklärung bedarf, nur eine Entscheidungsmöglichkeit, kann es gemäß § 354 Abs. 1 selbst entscheiden. Insbesondere kann das Revisionsgericht freisprechen, das Verfahren einstellen oder den Angeklagten zu lebenslanger Freiheitsstrafe oder (auf Antrag der Staatsanwaltschaft) zur Mindeststrafe verurteilen. Zu beachten ist, dass die tatsächlichen Feststellungen im Falle des **Freispruchs** nicht aufzuheben sind, da sie gerade dessen Grundlage bilden.

> „Es wird beantragt, das Urteil des Landgerichts Wiesbaden vom 29.07.2020 (Az.: 1 KLs – 4444 Js 12345/19) aufzuheben und den Angekl. freizusprechen."

340 Ferner kommt in analoger Anwendung von § 354 Abs. 1 eine bloße **Schuldspruchberichtigung** ohne weitere Abänderung des Urteils in Betracht, was aber voraussetzt, dass das Tatgericht auch bei zutreffender rechtlicher Würdigung auf keine andere konkrete Strafe erkannt hätte.

> „Es wird beantragt, den Tenor des Urteils des Landgerichts Wiesbaden vom 29.07.2020 (Az.: 1 KLs – 4444 Js 12345/19) dahingehend zu berichtigen, dass der Angekl. nicht des schweren Raubes, sondern der schweren räuberischen Erpressung schuldig ist."

341 Besteht ein **Verfahrenshindernis** und kommt kein (vorrangiger) Freispruch in Betracht, lautet der Antrag lediglich:

> „Es wird beantragt, das Urteil des Landgerichts Wiesbaden vom 29.07.2020 (Az.: 6 KLs – 1120 Js 12345/19) aufzuheben und das Verfahren einzustellen."

342 Bei Vorliegen eines Verfahrenshindernisses sind die **tatsächlichen Feststellungen** regelmäßig nicht betroffen, sodass sie auch nicht aufzuheben sind. Etwas anderes gilt aber gem. § 355 im Falle der Entscheidung durch ein unzuständiges Gericht, wonach das Urteil samt den (vom unzuständigen Gericht getroffenen) Feststellungen aufzuheben und die Sache an das zuständige Gericht zu verweisen ist. Zu beachten ist im Übrigen, dass in der Klausur meist nur eine **teilweise Einstellung** in Betracht kommen wird. Die genaue Fassung des Antrags hängt dann davon ab, ob die einzustellende Tat in Tateinheit oder

Tatmehrheit mit weiteren Tatbeständen steht und ob bei diesen materiell- oder verfahrensrechtliche Fehler vorliegen, sodass sich eine Vielzahl verschiedener Varianten bilden lässt. Stets ist zu prüfen, ob und inwieweit die Feststellungen und ggf. der Strafausspruch betroffen sind. Hier ein Beispiel für eine teilweise Einstellung (wegen Verfahrenshindernisses) und Aufhebung (wegen Verfahrensfehlers) von tatmehrheitlichen Taten:

> „Es wird beantragt, das Urteil des Landgerichts Wiesbaden vom 29.07.2020 (Az.: 6 KLs 1120 Js 12345/19) mitsamt den zugehörigen Feststellungen aufzuheben und das Verfahren einzustellen, soweit der Angekl. wegen ... verurteilt wurde. Im Übrigen wird beantragt, die Sache zur erneuten Verhandlung und Entscheidung an eine andere große Strafkammer des Landgerichts Wiesbaden zurückzuverweisen."

343   Hat nur die **Sachrüge** Erfolg und ist nach Ansicht des Klausurbearbeiters der Schuldspruch zwar korrekt, die Strafzumessung jedoch fehlerhaft (was in der Klausur eher selten vorkommen wird, in der Praxis allerdings häufig ist), so empfiehlt sich eine Beschränkung der Revision auf den **Rechtsfolgenausspruch** oder innerhalb desselben. Da über den Strafausspruch bei erfolgreicher Revision regelmäßig (s. aber § 354 Abs. 1a) erneut zu entscheiden ist, muss zurückverwiesen werden. Soweit es sich um reine Wertungsfehler (etwa Verstoß gegen § 46 Abs. 3 StGB) handelt, können die tatsächlichen Feststellungen bestehen bleiben; im Falle von Darstellungsmängeln sind sie aufzuheben.

> Es wird beantragt, das Urteil des Landgerichts Wiesbaden vom 29.07.2020 (Az.: 6 KLs – 1120 Js 12345/19) im Strafausspruch mit den zugehörigen Feststellungen aufzuheben und das Verfahren im Umfang der Aufhebung zur erneuten Verhandlung und Entscheidung an eine andere große Strafkammer des Landgerichts Wiesbaden zurückzuverweisen."

344   Schließlich kann auch ein **Antrag auf Beiordnung als Pflichtverteidiger** zweckmäßig sein. Hat die Prüfung des angefochtenen Urteils einen Verstoß gegen § 140 i.V.m. § 338 Nr. 5 (Abwesenheit des notwendigen Verteidigers) ergeben, ist dem Angeklagten nämlich bereits für das Revisionsverfahren ein Verteidiger beizuordnen. Daran wird vor allem dann ein Interesse bestehen, wenn der Angeklagte mittellos ist.

345   **Zu 6.:** Ist ein praktischer Entwurf in Form einer Revisionsbegründungsschrift gefordert, geht es den Prüfungsämtern i.d.R. um die

wegen ihrer besonderen Zulässigkeitsvoraussetzungen anspruchsvolle Verfahrensrüge. Soweit darüber hinaus auch die **Sachrüge** ausgeführt werden soll, empfiehlt sich selbstverständlich eine über den einfachen Satz *„Gerügt wird die Verletzung materiellen Rechts."* (s.o. Rn. 330) hinausgehende Begründung. Insoweit sollten die materiell-rechtlichen Einwände prägnant dargelegt werden, wobei langatmige Ausführungen im Gutachtenstil zu vermeiden sind (der gedachte Adressat ist ein Revisionssenat!). Notfalls bzw. wenn es vom Bearbeitervermerk zugelassen ist, kann auch auf entsprechende Ausführungen im Gutachten verwiesen werden.

Bei der **Verfahrensrüge** hat es sich in der Praxis eingebürgert, die Rüge mit einem Einleitungssatz zu beginnen und dann den vom Gesetz geforderten vollständigen Tatsachenvortrag einschließlich der Beweismittel anzuführen. Beweisangebote, Rechtsausführungen und die Darlegung des Beruhens sind zwar gesetzlich nicht vorgeschrieben, in der Praxis jedoch üblich. Hierzu folgendes **Formulierungsbeispiel**: 346

„Gerügt wird die Verletzung von § 252. 347

Das Gericht hat in der Hauptverhandlung vom 29.07.2020 den Zeugen Müller vernommen, der Angaben dazu machte, was ihm die Ehefrau des Angekl., die Zeugin Meyer, in ihrer polizeilichen Vernehmung vom 01.09.2019 über das Tatgeschehen und die Tatbeteiligung des Angekl. berichtete.

Protokoll der Hauptverhandlung vom 29.07.2020: ...

Die Zeugin Meyer selbst machte in der Hauptverhandlung am 29.07.2020 jedoch von ihrem Zeugnisverweigerungsrecht nach § 52 Gebrauch.

Protokoll der Hauptverhandlung vom 29.07.2020: ...

Das Gericht verurteilte den Angekl. wegen gefährlicher Körperverletzung und stützte seine Überzeugung von der Täterschaft maßgeblich auf die Angaben des Zeugen Müller.

Urteilsgründe S. XX: ...

Damit hat das Gericht gegen § 252 verstoßen, da die Vorschrift über ihren Wortlaut hinaus nicht nur ein Verlesungsverbot, sondern ein umfassendes Beweisverwertungsverbot statuiert, wenn ein vor der Hauptverhandlung vernommener Zeuge erst in der Hauptverhandlung von seinem Recht, das Zeugnis zu verweigern, Gebrauch macht. Dies folgt aus dem Sinn und Zweck der Vorschrift, wonach dem Zeugen die Entscheidung, ob er einen Angehörigen belasten

> möchte, bis zur Hauptverhandlung zur Verfügung stehen soll und der Zeuge vor den Folgen voreiliger und möglicherweise unüberlegter Aussagen bewahrt werden soll. [...] Die Zeugin Meyer war auch nicht mit der Verwertung ihrer früheren gegenüber dem Zeugen Müller gemachten Aussage einverstanden.
>
> Dieser Verstoß war auch ursächlich i.S.v. § 337 Abs. 1 für das Urteil, weil nicht auszuschließen ist, dass bei unterbliebener Berücksichtigung der Angaben des Zeugen Müller zu den Aussagen der Zeugin Meyer in ihrer polizeilichen Vernehmung die Beweiswürdigung insgesamt oder zumindest in Teilen anders ausgefallen und das Gericht zu einem anderen Urteil gelangt wäre."

348 **Zu 7.:** Nur höchst ausnahmsweise wird die Revision bereits unzulässig sein. Kommt der Bearbeiter dennoch zu diesem Ergebnis, sollte er seine Lösung noch einmal kritisch überprüfen, insbesondere mit Blick auf Zustellungsmängel oder andere Problemfelder wie ein nicht unterschriebenes Protokoll (s.o. Rn. 46), eine schuldlose Fristversäumung (dann ggf. Wiedereinsetzung – s.o. Rn. 55 ff.), Unwirksamkeit eines Verzichts etc. (s.o. Rn. 60 f.). Nur wenn die Suche ergebnislos verläuft, ist die Prüfung im **Hilfsgutachten** fortzusetzen.

349 **Zu 8.:** Derartige **Beschränkungen der Prüfung** sind nicht selten und dürfen keinesfalls übersehen werden. Es ist doppelt ärgerlich, von der Bearbeitung ausgeklammerte Normen zu prüfen, weil dies einerseits Zeit für die tatsächlich zu prüfenden Probleme kostet und andererseits keine Punkte geben kann, selbst wenn die Ausführungen noch so kundig sind.

350 **Zu 9.:** Soweit es um die **Fehlerfreiheit** nicht explizit genannter **Formalien** geht, handelt es sich um eine Selbstverständlichkeit, die den Bearbeiter (und den Klausurersteller) davor schützen soll, dass Probleme in den Sachverhalt hineininterpretiert werden, die nicht darin angelegt sind. Auch die **ordnungsgemäße Vollmacht** ist an sich selbstverständlich; sollte sie dennoch einmal fehlen, ist ihre Notwendigkeit in der Zweckmäßigkeit kurz anzusprechen. Der Hinweis darauf, dass die **Staatsanwaltschaft** (oder ggf. ein Nebenkläger) **keine Revision** eingelegt oder wieder zurückgenommen hat, kann ebenfalls im Rahmen der Zweckmäßigkeit relevant werden, weil etwa das Verbot der Schlechterstellung in § 358 Abs. 2 S. 1 davon abhängt, dass lediglich der Angeklagte Revision eingelegt hat.

351 **Zu 10.:** Der Hinweis dient lediglich zur Klarstellung der **örtlichen Zuständigkeit** des Gerichts (§§ 7 ff.), die natürlich auch bei der Einlegung der Revision zu beachten ist.

Kapitel 5. Prüfungsschemata

A. Allgemeines Prüfungsschema

Aus den vorstehenden Ausführungen ergibt sich für die strafprozessuale Revision das folgende Prüfungsschema, wobei es sich wie bereits erwähnt (s.o. Rn. 324) anbieten kann, innerhalb der Begründetheit **rückwärts** vorzugehen, indem man mit der Sachrüge beginnt. Wie immer ist zu beachten, dass ein rein **gedankliches** Schema abgebildet ist und Abweichungen im Aufbau im Einzelfall zweckmäßig sein können. Keinesfalls ist es angezeigt, in der Klausur jeden Punkt ausschweifend zu erörtern. Eine gute Klausur zeichnet sich vielmehr durch eine problemorientierte **Schwerpunktsetzung** aus:

I. Zulässigkeit

1. Statthaftigkeit (§§ 333, 335)
2. Revisionsberechtigung (§§ 296 ff., 390, 401)
3. Beschwer
4. Ordnungsgemäße Revisionseinlegung:
   Adressat/Form/Frist (§ 341)
5. Ordnungsgemäße Revisionsbegründung:
   Adressat/Form/Frist (§§ 344, 345)
6. Kein Ausschluss der Revision:
   Rücknahme/Verzicht (§ 302)

II. Begründetheit

1. Von Amts wegen zu beachtende Verfahrenshindernisse, insbesondere:
   a) Sachliche Unzuständigkeit (§ 6 i.V.m. GVG)
   b) Fehlende(r)/fehlerhafte(r) Anklage und Eröffnungsbeschluss (§§ 199 f., 203)
   c) Mehrfache Rechtshängigkeit und Strafklageverbrauch (Art. 103 Abs. 2 GG – ne bis in idem)
   d) Verjährung (§§ 78 ff. StGB)
   e) Fehlender Strafantrag (§§ 77 ff. StGB)

f) Extremfälle rechtsstaatswidriger Tatprovokation oder überlanger Verfahrensdauer (Art. 6 Abs. 1 EMRK)

[ggf.: g) Beruhen i.S.v. § 337 Abs. 1]

355 [ggf.: 2. Von Amts wegen zu prüfende **Fehler im Berufungsverfahren**:

a) Unzulässigkeit der Berufung = entgegenstehende Rechtskraft (§§ 312 ff.)

b) Unwirksame Berufungsbeschränkung (§ 318)

c) Verstoß gegen Verböserungsverbot (§ 331)]

356 3. **Verfahrensrügen** (§ 344 Abs. 2 S. 1 Alt. 1)

a) Verfahrensfehler

aa) Absolute Revisionsgründe gem. § 338 Nr. 1–7

bb) Relative Revisionsgründe nach §§ 337, 338 Nr. 8 (StPO, GVG etc.)

b) Rügebefugnis

aa) Materielle Beschwer

bb) Kein Rügeausschluss (§ 238 Abs. 2, fehlender Widerspruch i.S.d. sog. Widerspruchslösung, Präklusion, Verwirkung, Verzicht)

c) Beweisbarkeit (§ 274, Freibeweis)

d) Beruhen (§§ 338, 337 Abs. 1 – ggf. Heilung)

357 4. **Sachrüge** (§ 344 Abs. 2 S. 1 Alt. 2)

a) Darstellungsmängel (bzgl. Sachverhalt und Beweiswürdigung)

b) Fehler bei der Gesetzesanwendung (vor allem StGB BT, in dubio-pro-reo-Grundsatz)

c) Fehler beim Rechtsfolgenausspruch (§§ 38 ff., 46 StGB)

[ggf.: d) Beruhen (§ 337 Abs. 1)]

B. Prüfungsschema Verfahrensrüge

Bei der Verfahrensrüge ist – wie bereits ausgeführt – eine längere Prüfung der Zulässigkeit der jeweiligen Rüge nur dann sinnvoll, wenn der Klausursachverhalt bereits eine Revisionsbegründungsschrift enthält. Andernfalls ist im Rahmen der Zulässigkeit bloß kurz auf das strenge Begründungserfordernis nach § 344 Abs. 2 S. 2 hinzuweisen. Hinsichtlich des Aufbaus ist es möglich, den Aspekt einer eventuellen Heilung des Verfahrensfehlers direkt im Anschluss an seine Feststellung zu diskutieren (so etwa *Jäckel/Schneider*, Der strafrechtliche Aktenvortrag im Assessorexamen, Rn. 156). Dogmatisch zutreffend dürfte aber die Verortung im Rahmen des Beruhens sein, weil die Heilung den Fehler nicht ungeschehen machen kann, sondern eben nur dessen Auswirkung auf das Urteil ausschließt, was nach h.M. sogar bei absoluten Revisionsgründen gelten soll (*M-G/S* § 338 Rn. 3).

358

I. Zulässigkeit der Verfahrensrüge

359

Formerfordernis des § 344 Abs. 2 S. 2 (Tatsachenvortrag)

II. Begründetheit der Verfahrensrüge

360

1. Verfahrensfehler
   a) Absolute Revisionsgründe gem. § 338 Nr. 1–7
   b) Relative Revisionsgründe nach §§ 337, 338 Nr. 8
2. Rügebefugnis
   a) Materielle Beschwer
   b) kein Rügeausschluss (Präklusion nach § 238 Abs. 2 oder wegen fehlenden Widerspruchs, Verwirkung, Verzicht)
3. Beweisbarkeit (insbesondere § 274)
4. Beruhen (§§ 338, 337 Abs. 1 – ggf. Heilung)

Kapitel 6. Wiederholungs- und Vertiefungsfragen

A. Zulässigkeit

361 *1. Erläutern Sie die Begriffe Rechtsbehelfe und Rechtsmittel. Welche Rechtsbehelfe und Rechtsmittel gibt es im Strafverfahren? Was haben die Rechtsmittel gemein?*

Der Ausdruck Rechtsbehelf kann als übergeordneter Begriff für alle rechtsschutzgewährenden Maßnahmen verstanden werden. Es gibt ordentliche und außerordentliche Rechtsbehelfe. Zu den außerordentlichen, weil rechtskraftdurchbrechenden Rechtsbehelfen zählen die Wiedereinsetzung (§ 44 ff.), die Wiederaufnahme (§§ 359 ff.) und die Verfassungsbeschwerde (§§ 90 ff. BVerfGG). Die Rechtsmittel unterfallen hingegen den ordentlichen Rechtsbehelfen, zu denen ferner der Einspruch gegen den Strafbefehl nach § 410 zählt.

362 Rechtsmittel der StPO sind die Beschwerde (§§ 304 ff. – einfache, sofortige und weitere), die Berufung (§§ 312 ff.) und die Revision (§§ 333 ff.). Sie zeichnen sich durch den sog. Suspensiv- und Devolutiveffekt aus (Ausnahme: Beschwerde hinsichtlich Suspensiveffekt, vgl. § 307). Suspensiveffekt bedeutet, dass die Rechtskraft der Entscheidung bis zu einer Entscheidung über das Rechtsmittel gehemmt wird. Durch den Devolutiveffekt gelangt die Strafsache an ein Gericht höherer Ordnung.

363 *2. Erläutern Sie den Instanzenzug im Strafprozess! Wie ist zu differenzieren?*

Zu unterscheiden sind der dreigliedrige und der zweigliedrige Instanzenzug. Ersterer verläuft wie folgt: 1. Instanz: AG (Strafrichter oder Schöffengericht), 2. Instanz (Berufung): LG (kleine Strafkammer), 3. Instanz (Revision): OLG (Senat). Beim zweigliedrigen Instanzenzug gibt es nach der erstinstanzlichen Hauptverhandlung vor der großen Strafkammer des LG (oder selten: dem Strafsenat eines OLG) nur noch die Revision zum BGH.

3. Was ist der Grund dafür, dass es gegen Urteile der großen Straf- **364**
kammer nach dem Gesetz nur die Revision und keine Berufung mehr
gibt?

Eigentlich sollte man meinen, dass es bei schweren Straftaten, deren Aburteilung eine Freiheitsstrafe von mehr als vier Jahren nach sich ziehen kann, oder bei Kapitalverbrechen (vgl. § 74 Abs. 1 und 2 GVG) angesichts der hohen Straferwartung ein Mehr an Rechtsschutz, d.h. insbesondere auch eine zweite Tatsacheninstanz geben müsste. Weil die große Strafkammer aber mit zwei oder drei Berufsrichtern und zwei Schöffen besetzt ist (§ 76 Abs. 1 und 2 GVG) und der Angeklagte stets einen Verteidiger hat (§ 140 Abs. 1 Nr. 1), geht die gesetzliche Konzeption bereits von einer sorgfältigen erstinstanzlichen Beweisaufnahme aus, mit der es dann auch sein Bewenden haben soll. Das Urteil einer großen Strafkammer soll daher nur noch auf Rechtsfehler hin geprüft werden können.

4. Erläutern Sie das Wesen der strafprozessualen Revision! **365**

Die Revision ist grundsätzlich reine Rechtsinstanz. Das Urteil und die ihm zugrunde liegende Hauptverhandlung werden daher nur auf Rechtsfehler hin geprüft, woraus folgt, dass insbesondere keine weitere Beweisaufnahme mehr stattfindet. Hierdurch unterscheidet sich die Revision von der Berufung, die eine echte zweite Tatsacheninstanz ist. Die Revision dient der Wahrung der Rechtseinheit, der Fortbildung des Rechts und der Herstellung von Einzelfallgerechtigkeit (letzteres str.).

5. Nennen Sie die Zulässigkeitsvoraussetzungen einer Revision! **366**

Im Rahmen der Zulässigkeit sind folgende Punkte zu prüfen:
– Statthaftigkeit
– Revisionsberechtigung
– Beschwer
– Ordnungsgemäße Revisionseinlegung (Adressat/Form/Frist)
– Ordnungsgemäße Revisionsbegründung (Adressat/Form/Frist)
– Kein Verzicht und keine Rücknahme

6. Gegen welche Urteile ist die Revision statthaft? **367**

Gegen Urteile des Strafrichters und des Schöffengerichts beim AG, gegen Urteile der kleinen und großen Strafkammer beim LG und gegen erstinstanzliche Urteile der Oberlandesgerichte (§§ 333, 335 Abs. 1). Es gilt daher folgender Merksatz: Die Revision ist statthaft gegen alle Urteile, die selbst keine Revisionsurteile sind.

Kapitel 6. Wiederholungs- und Vertiefungsfragen

368 *7. Was ist unter einer sog. Sprungrevision zu verstehen? In welcher Konstellation ist ihre Statthaftigkeit umstritten?*

Bei der Sprungrevision wird im dreigliedrigen Instanzenzug die Berufungsinstanz in Gestalt der kleinen Strafkammer des LG „übersprungen" und ohne Durchführung der Berufung gegen das amtsgerichtliche Urteil unmittelbar Revision zum OLG eingelegt (meist, wenn es bei eindeutigem Sachverhalt um reine Rechtsfragen geht). Besonders umstritten ist, ob eine Sprungrevision auch unter den Voraussetzungen der Annahmeberufung (insbesondere bei Verurteilung zu 15 Tagessätzen oder weniger, § 313 Abs. 1) möglich ist, was von der h.M. jedoch bejaht wird, weil sich zusätzliche Erschwernisse für die Revision aus dem Gesetz gerade nicht ergeben und die Revision regelmäßig schon verfristet wäre, wenn vorher über die Annahme der Berufung entschieden werden müsste.

369 *8. Was bedeutet Beschwer? Woraus kann sich die Beschwer nur ergeben?*

Die Beschwer, das heißt die Verletzung in eigenen Rechten, kann sich nach h.M. nur aus dem Urteilstenor ergeben. Lautet dieser auf Freispruch oder Einstellung des Verfahrens, liegt grundsätzliche keine Beschwer vor, auch wenn nach den Urteilsgründen ein Restverdacht bestehen bleibt. Etwas anderes gilt bei Einstellung wegen Verfahrenshindernisses, wenn die Sache gleichzeitig freispruchreif gewesen wäre.

370 *9. Bei welchem Gericht ist die Revision innerhalb welcher Frist einzulegen?*

Die Revision ist beim Tatgericht, dem sog. iudex a quo, binnen einer Woche schriftlich (ohne Anwaltszwang) oder zu Protokoll der Geschäftsstelle einzulegen. Auch eine Einlegung am Ende der Hauptverhandlung zu Protokoll des Tatgerichts ist wegen § 8 RPflG möglich.

371 *10. Muss die Revision bereits bei der Einlegung als solche bezeichnet werden?*

Nein, es kann auch zunächst ein sog. unbenanntes Rechtsmittel eingelegt werden und innerhalb der laufenden Revisionsbegründungsfrist von einem Monat als Revision bezeichnet werden. Erfolgt keine Wahl oder ist sie unwirksam, wird das Rechtsmittel als Berufung behandelt, weil die Berufung weiter reicht und keinem strengen Formzwang unterliegt. Auch ein zunächst ausdrücklich als Berufung eingelegtes

Rechtsmittel kann innerhalb der Revisionsbegründungsfrist auf eine Revision umgestellt werden.

11. Gegenüber welchem Gericht ist die Revision innerhalb welcher Frist zu begründen? **372**

Die Revision ist innerhalb eines Monats nach Ablauf der Einlegungsfrist ebenfalls gegenüber dem iudex a quo zu begründen (§ 345 Abs. 1). Da zu diesem Zeitpunkt das Urteil in der Regel noch nicht zugestellt ist, beginnt die Frist meist mit der Urteilszustellung. Für den Angeklagten besteht insoweit Anwaltszwang, es sei denn, die Begründung erfolgt zu Protokoll der Geschäftsstelle.

12. Woran ist zu denken, wenn die Revision (scheinbar) nicht mehr fristgemäß begründet werden kann? **373**

Zunächst ist zu prüfen, ob die Frist überhaupt in Gang gesetzt wurde. Neben Mängeln bei der Zustellung des Urteils liegt der Fehler in Klausuren häufig bei § 273 Abs. 4, wonach die Fertigstellung des Hauptverhandlungsprotokolls Voraussetzung für eine wirksame Zustellung ist. Solange das Protokoll also nicht vom Vorsitzenden und dem Urkundsbeamten unterschrieben wurde, beginnt die Begründungsfrist nicht zu laufen. Ansonsten ist bei schuldloser Fristversäumung eine Wiedereinsetzung in den vorigen Stand nach §§ 44 ff. möglich.

13. Was geschieht, wenn die eingelegte Revision nicht innerhalb der Frist begründet wird oder Rügen ohne nähere Begründung erhoben werden? **374**

Da die Revisionsbegründung echte Zulässigkeitsvoraussetzung ist, wird die Revision gem. § 346 Abs. 1 vom Ausgangsgericht als unzulässig verworfen, wenn sie keine Anträge enthält oder überhaupt nicht oder verspätet begründet wird. Das ist auch dann der Fall, wenn erhobene Verfahrensrügen nicht den Formvorschriften des § 345 Abs. 2 genügen. Die sonstige Zulässigkeitsprüfung, insbesondere die Prüfung der strengen Begründungserfordernisse nach § 344 Abs. 2 S. 2, obliegt dagegen dem Revisionsgericht.

14. Was ist bei einer Beschränkung der Revision zu beachten? Was geschieht, wenn sie unwirksam ist? **375**

Es gilt die sog. Trennbarkeitsformel, wonach der angegriffene Teil des Urteils (vgl. § 344 Abs. 1: „inwieweit") für sich alleine und ohne Auswirkung auf den nicht angegriffenen Teil überprüfbar sein muss, woran es insbesondere bei sog. doppelrelevanten Tatsachen fehlen kann. Ist die Revisionsbeschränkung unwirksam, gilt die Revision als unbeschränkt eingelegt, sodass auch der nicht angegriffene Teil des Urteils – freilich nur innerhalb der Grenzen der Revisionsbegründung – überprüft wird.

376 *15. Wozu führt eine Rücknahme oder ein Verzicht auf die Revision? Worauf wird es hier in der Klausur regelmäßig ankommen?*

Rücknahme und Verzicht führen zur Unzulässigkeit der dennoch eingelegten Revision. In der Klausur wird es regelmäßig um die Fälle gehen, in denen Verzicht oder Rücknahme unwirksam sind, was u.a. bei Verzichtserklärung in Abwesenheit eines notwendigen Verteidigers, unzulässiger Drohung oder Täuschung, aber auch nach einer Verständigung (§ 302 Abs. 1 S. 2 – analog beim informellen „Deal") in Betracht kommt.

B. Begründetheit

377 *16. Was ist Gegenstand der Begründetheitsprüfung? Wonach ist zu differenzieren?*

Das Revisionsgericht überprüft das angefochtene Urteil auf Rechtsfehler, jedoch nur im Rahmen der Revisionsanträge (§ 352 Abs. 1). Das Vorliegen der allgemeinen Verfahrensvoraussetzungen bei Erlass des angefochtenen Urteils ist von Amts wegen zu prüfen, sobald auch nur eine Rüge zulässig erhoben wurde und die Revision damit als Ganze zulässig ist. Später eingetretene Hindernisse werden bereits auf die wirksame Einlegung der Revision hin geprüft. Ebenfalls von Amts wegen werden ggf. bestimmte Fehler im Berufungsverfahren berücksichtigt wie die Zulässigkeit der Berufung oder die Einhaltung des Verböserungsverbots. Im Übrigen unterscheidet man die Verfahrensrügen, die jeweils einzeln und konkret vorgetragen werden müssen und nur in diesem Umfang geprüft werden (§ 352 Abs. 1 Alt. 2), und die allgemeine Sachrüge, die immer zur kompletten Überprüfung des Urteils in materiell-rechtlicher Hinsicht führt.

378 *17. Nennen Sie die wichtigsten Verfahrenshindernisse! Was geschieht, wenn ein Verfahrenshindernis bereits bei Erlass des angefochtenen Urteils vorlag?*

Zu den wichtigsten Verfahrenshindernissen zählen:
- Sachliche Unzuständigkeit
- Fehlende/fehlerhafte Anklage und/oder fehlender/fehlerhafter Eröffnungsbeschluss

Kapitel 6. Wiederholungs- und Vertiefungsfragen 133

- Mehrfache Rechtshängigkeit und Strafklageverbrauch
- Verjährung
- Fehlender oder zurückgenommener Strafantrag
- [Extremfälle rechtsstaatswidriger Tatprovokation oder überlanger Verfahrensdauer]

Zu unterscheiden sind behebbare von unbehebbaren Verfahrenshindernissen. Kann die Prozessvoraussetzung nicht mehr geschaffen werden, ist das Urteil aufzuheben und das Verfahren in der Revision durch Beschluss oder durch Urteil einzustellen, wobei die Anwendbarkeit von § 206a umstritten ist. Bei behebbaren Mängeln hebt das Revisionsgericht das Urteil auf und verweist zurück; ausnahmsweise kann das Hindernis in der Revision noch beseitigt werden. Bei nur vorübergehenden Hindernissen wird das Verfahren durch Beschluss vorläufig eingestellt. 379

18. Wann liegt das Verfahrenshindernis der Unzuständigkeit vor? 380

Nur die sachliche, nicht aber die örtliche oder funktionelle Zuständigkeit wird im Sinne einer echten Verfahrensvoraussetzung stets von Amts wegen geprüft (§ 6). Sachliche Unzuständigkeit liegt z.B. vor, wenn das AG seine Rechtsfolgenkompetenz überschreitet oder der Strafrichter über Verbrechen urteilt, nicht aber umgekehrt, wenn ein höheres Gericht über die Sache eines niederen Gerichts entscheidet (§ 269), es sei denn, es verfährt willkürlich.

19. Wie ist bei Fehlern in Anklage und Eröffnungsbeschluss zu differenzieren und woran ist stets zu denken? 381

Ist die Anklage hinsichtlich ihrer Umgrenzungsfunktion (Bestimmung des Prozessgegenstands) fehlerhaft, liegt regelmäßig ein Verfahrenshindernis vor, während dies bei Fehlern der Informationsfunktion (insbesondere hinsichtlich der rechtlichen Würdigung und möglicher Rechtsfolgen) i.d.R. nicht der Fall ist, jedenfalls solange die Fehler nicht elementar sind. Stets sind die Heilungsmöglichkeiten der §§ 265, 266 zu berücksichtigen. Nach Ansicht des BGH können Mängel des Eröffnungsbeschlusses oder sogar dessen gänzliches Fehlen noch in der Hauptverhandlung bis zur Vernehmung des Angeklagten zur Sache geheilt werden (str.).

20. Wie bestimmt man, ob eine Tat von Anklage/Eröffnungsbeschluss erfasst ist bzw. einer Sachentscheidung Strafklageverbrauch oder anderweitige Rechtshängigkeit entgegensteht? 382

Maßgeblich ist jeweils der Begriff der Tat im prozessualen Sinn (§§ 155 Abs. 1, 264 Abs. 1). Er ist weiter als der Begriff der materiellen Tateinheit und umfasst einen einheitlichen historischen Lebenssachverhalt, der das gesamte Verhalten des Täters innerhalb eines zeitlich und sachlich zusammenhängenden Geschehensablaufs betrifft und nach der Verkehrsauffassung einen einheitlichen Vorgang bildet, dessen Aufspaltung und gesonderte strafrechtliche Beurteilung untunlich und unnatürlich wäre. Auch wenn Tateinheit regelmäßig für eine prozessuale Tat und Tatmehrheit für mehrere Taten spricht, kann unter den eingangs genannten Voraussetzungen Abweichendes gelten.

Besonderer Anlass zur Überprüfung besteht in der Klausur immer dann, wenn angeklagte und abgeurteilte Tat auseinanderfallen, was sich anhand von Anklagesatz und Urteilstenor ermitteln lässt. Ergibt der Vergleich, dass nicht dieselbe Tat im materiell-rechtlichen Sinne vorliegt, kann aber gleichwohl prozessuale Tatidentität bestehen (z.B. bei Diebstahl und Hehlerei).

383 *21. Worauf ist bei der Prüfung der Verjährung besonders zu achten? Wo spielt langer Zeitablauf noch eine Rolle?*

Im Rahmen der Verjährung ist immer an die Ruhens- und Unterbrechungsvorschriften der §§ 78b, 78c StGB zu denken, die dazu führen können, dass auch eine lange zurückliegende Tat bis zum Eintritt der sog. absoluten Verjährung noch verfolgbar ist. Auch bei Vorverurteilungen gibt es eine Art Verjährung, weil Vortaten mit Ablauf der Tilgungsfristen in §§ 45 ff. BZRG nicht mehr zu Lasten des Angeklagten verwertet werden dürfen (Verwertungsverbot nach § 51 BZRG). Aufgepasst also, wenn in der Klausur BZR-Auszüge abgedruckt sind, die lange zurück liegende Taten enthalten! Schließlich kann langer Zeitablauf in Form einer „überlangen Verfahrensdauer" zu einer Kompensation im Rahmen der Strafe, zur Vollstreckungslösung (ein Teil der Strafe wird im Urteilstenor als vollstreckt erklärt) und in Fällen extremer rechtsstaatswidriger Verfahrensverzögerung sogar zur Einstellung des Verfahrens führen.

384 *22. Welche Fehler des Berufungsverfahrens werden auch ohne entsprechende Rüge vom Revisionsgericht geprüft? Was ist ihre Folge?*

Eine Reihe von Verstößen gegen die Vorschriften über das Berufungsverfahren wird in der Revision von Amts wegen geprüft. Dazu zählen die Unzulässigkeit der Berufung, ihre unwirksame Beschränkung und Verstöße gegen das Verböserungsverbot. War die Berufung schon unzulässig, wird das Berufungsurteil durch das Revisionsgericht aufgehoben und die Berufung als unzulässig verworfen. In den beiden anderen Fällen erfolgt die Aufhebung und Zurückverweisung an eine andere Berufungskammer.

Kapitel 6. Wiederholungs- und Vertiefungsfragen 135

23. Wie prüft man eine Verfahrensrüge? **385**

Verfahrensverstöße werden grundsätzlich nur überprüft, wenn und soweit eine zulässige Rüge (§ 344 Abs. 2 S. 2) erhoben wurde. Liegt in der Klausur ausnahmsweise bereits eine Revisionsbegründungsschrift mit Verfahrensrügen vor, bietet es sich an, die Zulässigkeit der jeweiligen Verfahrensrügen als Unterpunkt im Rahmen der Begründetheit zu prüfen, weil erst hier sinnvoll erörtert werden kann, ob die Begründung alle den Verfahrensmangel enthaltenden Tatsachen angibt. Ob ein die Revision begründender Verfahrensverstoß vorliegt, prüft man sodann wie folgt:
1. Vorliegen eines Verfahrensverstoßes,
2. Rügebefugnis,
   a) materielle Beschwer,
   b) kein Rügeausschluss (§ 238 Abs. 2 oder wegen fehlenden Widerspruchs, Verwirkung, Verzicht),
3. Beweisbarkeit des Verfahrensverstoßes und
4. Beruhen des Urteils auf dem Verfahrensverstoß.

Innerhalb der Verfahrensverstöße werden die absoluten Revisionsgründe i.S.d. § 338 Nr. 1–7 vorrangig geprüft, weil hier das Beruhen gesetzlich fingiert wird.

24. Worauf ist bei Verfahrensrügen der Staatsanwaltschaft sowie **386**
der Neben- und Privatklage zu achten?

Ihre Rügebefugnis ist eingeschränkt. Nach § 339 darf die Staatsanwaltschaft den Verstoß gegen Verfahrensnormen, die ausschließlich zugunsten der Angeklagten bestehen, nicht mit dem Ziel geltend machen, eine Aufhebung des Urteils zum Nachteil des Angeklagten zu erreichen. Das gilt etwa bei Verstößen gegen § 258 Abs. 2 (letztes Wort) oder § 265 Abs. 1 (rechtlicher Hinweis). Auf Revisionen der Neben- und Privatklage wird § 339 analog angewendet.

25. Was versteht man unter positiver, was unter negativer Beweis- **387**
kraft des Protokolls? Was ist eine „Protokollrüge"?

Positive Beweiskraft bedeutet, dass die im Protokoll beurkundeten wesentlichen Förmlichkeiten als geschehen gelten, selbst wenn sie sich tatsächlich nicht ereignet haben. Unter negativer Beweiskraft versteht man, dass die im Protokoll nicht festgehaltenen Ereignisse als nicht geschehen gelten, selbst wenn sie tatsächlich stattgefunden haben. Eine sog. Protokollrüge liegt vor, wenn sich der Revisionsführer zur Darlegung eines Verfahrensverstoßes allein auf den Inhalt des Hauptverhandlungsprotokolls beruft, ohne zu behaupten, dass sich der beurkundete Vorgang auch tatsächlich ereignet hat oder – bei Berufung auf die negative Beweiskraft – nach der Begründung offen bleibt, ob das Ereignis nicht doch stattgefunden hat. Die Protokollrüge ist unzulässig i.S.v. § 344 Abs. 2 S. 2, weil das Urteil nicht auf der bloßen Unrichtigkeit des Protokolls beruhen kann (Ausnahme möglicherweise bei § 273 Abs. 1a, s. BGH NJW 2013, 3046).

388 *26. Was versteht man unter dem „Beruhen"? Wann beruht ein Urteil nicht auf einem Verfahrensfehler?*

Nach § 337 Abs. 1 kann die Revision nur darauf gestützt werden, dass das Urteil auf einer Verletzung des Gesetzes beruht, was bei den absoluten Revisionsgründen stets der Fall ist, bei den relativen Revisionsgründen dagegen genauer Prüfung bedarf. Das Urteil beruht auf einer Gesetzesverletzung, wenn ohne den Verstoß möglicherweise ein anderes Urteil ergangen wäre. Am Beruhen fehlt es danach, wenn diese Möglichkeit bei hypothetischer Betrachtung ausgeschlossen erscheint, was wiederum etwa dann der Fall ist, wenn das Verfahren nach einer anderen Vorschrift rechtmäßig war (etwa statt § 251 Abs. 1 nach dessen Abs. 2; s. aber Rn. 404), der Verstoß durch fehlerfreie Wiederholung geheilt wurde oder der Fehler (z.B. bei Verstoß gegen § 265 Abs. 1 und 2) keine Auswirkung auf das Prozessverhalten hatte.

389 *27. Wann ist das Gericht im Sinne von § 338 Nr. 1 nicht ordnungsgemäß besetzt und was ist bei einer entsprechenden Rüge zu beachten?*

Eine fehlerhafte Besetzung des Gerichts liegt vor bei willkürlich fehlerhafter Geschäftsverteilung, Abweichung von der gesetzlich vorgeschriebenen Richterzahl, unrichtiger Besetzung des Gerichts mit Schöffen oder bei Mängeln in der Person des Richters oder Schöffen.

390 In erstinstanzlichen Verfahren vor dem LG oder OLG ist die Präklusionsvorschrift des § 338 Nr. 1 Hs. 2 zu beachten, nach der über Besetzungsrügen grundsätzlich vorab verbindlich entschieden wird. Das Revisionsgericht prüft den Einwand also nur noch dann, wenn das Tatgericht trotz festgestellter Vorschriftswidrigkeit der Besetzung geurteilt hat oder aber die Vorabentscheidung nicht rechtzeitig ergangen ist und gleichzeitig eine der Ausnahmen in § 338 Nr. 1 Hs. 2 lit. b eingreift. Nach wie vor entscheidet das Revisionsgericht ferner über Besetzungsrügen in amtsgerichtlichen Verfahren oder bei Mängeln, die erst nach dem Zeitpunkt des § 222b Abs. 1 S. 1 erkennbar werden.

391 *28. Was regelt § 338 Nr. 2 im Unterschied zu Nr. 3?*

§ 338 Nr. 2 regelt die Mitwirkung eines kraft Gesetzes (§§ 22 ff.) ausgeschlossenen Richters oder Schöffen, dessen Voreingenommenheit gesetzlich unwiderlegbar vermutet wird. § 338 Nr. 3 setzt dagegen voraus, dass ein Richter mitgewirkt hat, obwohl er wegen Besorgnis der Befangenheit abgelehnt und das Ablehnungsgesuch entweder für begründet erklärt oder mit Unrecht verworfen wurde (letzteres nach Rspr. insbesondere auch bei willkürlicher Behandlung als unzulässig). Bei der Frage der Rechtmäßigkeit der Ablehnung ist besonders auf die Präklusion in § 25 zu achten.

29. Wann greift die Rüge der fehlenden örtlichen oder funktionellen Zuständigkeit i.S.v. § 338 Nr. 4 trotz Verstoßes nicht durch? 392

Immer dann, wenn die Rüge des Angeklagten gem. §§ 6a S. 3, 16 S. 3 präkludiert ist, weil sie nicht bis zum Beginn seiner Vernehmung zur Sache erhoben wurde. In der Klausur wird es daher wie bei § 338 Nr. 3 meist um Fälle gehen, in denen eine wirksam erfolgte Beanstandung zu Unrecht zurückgewiesen wurde. Hinzuweisen ist nochmals darauf, dass es bei § 338 Nr. 4 nicht um Fälle der sachlichen Zuständigkeit geht, da diese nach h.M. bereits eine von Amts wegen zu prüfende Verfahrensvoraussetzung ist.

30. Welche Personen müssen von Gesetzes wegen durchgehend in der Hauptverhandlung anwesend sein? Fällt ihre Abwesenheit immer unter § 338 Nr. 5? 393

Nach § 226 Abs. 1 müssen die zur Urteilsfindung berufenen Personen, d.h. Richter und ggf. Schöffen, sowie die Staatsanwaltschaft (nicht zwingend derselbe Vertreter) und ein Urkundsbeamter der Geschäftsstelle anwesend sein. Dies gilt im Grundsatz auch für den Angeklagten (§§ 230 Abs. 1, 231 Abs. 1), wobei bzgl. seiner Person jedoch diverse Ausnahmen zu beachten sind (insbes. §§ 231 ff.). Besonders examensrelevant ist hinsichtlich des Angeklagten § 247, wonach der Ausschluss des Angeklagten nicht länger dauern darf als die Zeugenvernehmung, sodass auch die Verhandlung über Entlassung und Vereidigung von Zeugen nicht mehr von der Ausschlussmöglichkeit erfasst ist. Bei notwendiger Verteidigung nach § 140 muss der Verteidiger anwesend sein (§ 145); bei Personen, die der deutschen Sprache nicht mächtig sind, ein Dolmetscher (§ 185 GVG). Ist eine der genannten Personen während eines wesentlichen Teils der Hauptverhandlung abwesend, greift § 338 Nr. 5. Der körperlich abwesende Richter oder Schöffe fällt nach h.M. dagegen bereits unter die Spezialvorschrift des § 338 Nr. 1.

394 *31. Was verlangt die Rspr. bei einer Verletzung des Öffentlichkeitsgrundsatzes gem. § 338 Nr. 6 über den Wortlaut hinaus, damit die Revision Erfolg hat?*

Nach Ansicht des BGH kann die Verletzung des Öffentlichkeitsgrundsatzes nur dann erfolgreich mit der Revision gerügt werden, wenn sie auf einem Verschulden des Gerichts beruht, wobei Fremdverschulden untergeordneter Mitarbeiter grundsätzlich nur bei grober Verletzung der Aufsichtspflicht als eigenes Verschulden gewertet wird.

395 *32. Unter dem Urteil fehlt die Unterschrift des Richters R. Liegt § 338 Nr. 7 vor, wenn der Vorsitzende auf dem Urteil vermerkt, Richter R sei wegen*

a) Urlaub/Krankheit oder Elternzeit
b) eines Wechsels zur Staatsanwaltschaft
c) Arbeitsüberlastung

an der Unterschrift gehindert?

Grundsätzlich kann die Unterschrift eines verhinderten Richters gem. § 275 Abs. 2 S. 2 durch einen Vermerk des Vorsitzenden ersetzt werden. Wann eine Verhinderung anzunehmen ist, regelt das Gesetz jedoch nicht. Bei Urlaub/Krankheit (a) wird sie ebenso wie bei Elternzeit (BGH NStZ 2020, 181) bejaht, bei einem Wechsel zur Staatsanwaltschaft (b) kommt es darauf an, ob der Wechsel in ein entsprechendes Beamtenverhältnis erfolgt (dann ja) oder aufgrund der Versetzung eines Richters auf Probe (dann nein wegen §§ 12, 13, 19a Abs. 3 DRiG). Arbeitsüberlastung hindert nur, soweit sie nicht durch organisatorische Maßnahmen im Vorfeld hätte verhindert werden können (c).

396 *33. Was ist bei der Prüfung von § 338 Nr. 8 zu beachten?*

Nach der Rspr. wird dieser eigentlich absolute Revisionsgrund wie ein relativer Revisionsgrund behandelt, was bedeutet, dass das Beruhen des Urteils auf dem Fehler positiv festgestellt werden muss. Zusätzlich bedarf es einer besonderen Begründung, warum die Verteidigung in einem für die Entscheidung wesentlichen Punkt beschränkt wurde. Schließlich muss die Behinderung durch einen Gerichtsbeschluss und nicht nur eine verfahrensleitende Anordnung des Vorsitzenden erfolgt sein. In der Klausur empfiehlt es sich, Verstöße gegen verteidigungsspezifische Vorschriften ausschließlich im Rahmen der relativen Revisionsgründe zu prüfen.

34. Kann ein relativer Revisionsgrund nach § 337 auf einen Fehler im Ermittlungsverfahren gestützt werden? **397**

Da das Urteil stets auf der durchgeführten Hauptverhandlung und nicht auf dem Ermittlungsverfahren beruht, können Fehler im Ermittlungsverfahren mit der Revision grundsätzlich nicht gerügt werden. Vielmehr liegt nur dann ein Verstoß vor, wenn in der Hauptverhandlung an den Fehler angeknüpft wird. Geschieht dies, wie etwa im Falle von Beweisverwertungsverboten, ist der Verstoß im Rahmen von § 261 inzident zu prüfen, da das Beweisergebnis nicht zum „Inbegriff" der Hauptverhandlung hätte gemacht werden dürfen.

35. Was versteht man unter Beweisverwertungsverboten? Wie ist zu differenzieren? **398**

Ein Beweisverwertungsverbot führt dazu, dass das Beweisergebnis bei der Erkenntnisgewinnung nicht berücksichtigt werden darf. Man unterscheidet selbstständige und unselbstständige Beweisverwertungsverbote. Selbstständige Beweisverwertungsverbote folgen unmittelbar aus den Grundrechten (Menschenwürde, allgemeines Persönlichkeitsrecht, Übermaßverbot, Recht auf informationelle Selbstbestimmung etc.). Unselbstständige Beweisverwertungsverbote knüpfen an eine konkrete Gesetzesverletzung an.

36. Führt jeder Verfahrensverstoß bei der Beweisgewinnung zu einem Verwertungsverbot? **399**

Nein, nach h.M. sind Beweisverwertungsverbote eine im Einzelfall zu begründende Ausnahme und müssen außerhalb der wenigen gesetzlich geregelten Fälle und Eingriffe in die absolut geschützte Intimsphäre stets im Rahmen einer Abwägung zwischen dem Interesse des Angeklagten an der Wahrung seiner Rechtsposition und dem staatlichen Interesse an einer effektiven Strafrechtspflege festgestellt werden. Folgende Eckpunkte können berücksichtigt werden: Rechtskreistheorie, Schwere von Straftat und Rechtsverletzung, Willkür und grobe Verkennung der Rechtslage, formeller oder materieller Fehler, hypothetisch rechtmäßiger Verfahrensverlauf, Subsidiaritätsgedanke und Disziplinierung der Ermittlungsbehörden (str.).

37. Was ist im Rahmen des § 105 Abs. 1 bei der Annahme von „Gefahr im Verzug" zu beachten? **400**

– Der Begriff der Gefahr im Verzug ist eng auszulegen.
– Es ist grundsätzlich immer eine richterliche Anordnung herbeizuführen.

140   Kapitel 6. Wiederholungs- und Vertiefungsfragen

– Das Vorliegen von Gefahr im Verzug ist mit Tatsachen zu begründen, die sich auf den Einzelfall beziehen.
– Die Annahme der Eilkompetenz ist nicht mehr möglich, wenn bereits ein Richter befasst war.
– Verstöße führen jedenfalls bei Willkür oder grober Rechtswidrigkeit zu einem Verwertungsverbot.

401   *38. Unter welchen Voraussetzungen führt ein Verstoß gegen die Belehrungspflicht des § 136 zum Erfolg der Revision?*

Grundsätzlich nur dann, wenn die Vernehmung des Angeklagten unter Missachtung eines Verwertungsverbotes in die Hauptverhandlung eingeführt wurde und der Angeklagte der Verwertung rechtzeitig widersprochen hat. An einer Vernehmung im Sinne von § 136 fehlt es bei Spontanäußerungen oder informatorischen Befragungen. Unschädlich ist die fehlende Belehrung dagegen, wenn der Angeklagte seine Rechte kannte oder im Beisein eines Verteidigers vernommen wurde. Die Belehrung kann nachgeholt und die ihr nachfolgende Aussage verwertet werden, wenn der Angeklagte zuvor auf die Unverwertbarkeit der ersten Vernehmung hingewiesen wurde (sog. qualifizierte Belehrung).

402   *39. Wie sind die sog. „Hörfallen"-Fälle zu prüfen?*

a) Verstoß gegen § 136 (-), da keine Vernehmung,
b) analoge Anwendung von § 136 (-), da keine irrtümliche Aussagepflicht,
c) Verstoß gegen § 136a (-), da nach h.M. keine Täuschung, sondern erlaubte kriminalistische List,
d) Eingriff in Recht auf informationelle Selbstbestimmung (-), da Weitergabe privat vermittelter Informationen,
e) Verstoß gegen §§ 100a ff. (-), da mangels Abhörens des Übertragungsweges keine Telekommunikationsüberwachung,
f) Verstoß gegen den Grundsatz des fairen Verfahrens (+/-), je nach Abwägungsergebnis im Einzelfall.

403   *40. Woraus besteht ein Beweisantrag? Was ist bei der Ablehnung von Beweisanträgen zu beachten?*

Ein Beweisantrag ist in § 244 Abs. 3 S. 1 legaldefiniert als Begehren, mit dem der Antragsteller ernsthaft verlangt, Beweis über eine bestimmt behauptete konkrete Tatsache, die die Schuld- oder Rechtsfolgenfrage betrifft, durch ein bestimmt bezeichnetes Beweismittel zu erheben und dem zu entnehmen ist, weshalb das bezeichnete Beweismittel die behauptete Tatsache belegen können soll. Abzugrenzen ist der Beweisantrag vom bloßen Beweisermittlungsantrag, der – ebenso wie Beweisbegehren in Verschleppungsabsicht (§ 244 Abs. 6 S. 2) – lediglich vom Vorsitzenden im Rahmen des § 244 Abs. 2 beschieden wird. An einem Beweisantrag kann es insbesondere fehlen, wenn der Antragsteller den Nachweis sog. Negativtatsachen erstrebt oder Tatsachen „ins Blaue hinein" behauptet.

Ein wirksamer Beweisantrag kann nur unter den Voraussetzungen des § 244 Abs. 3–5 abgelehnt werden. Hätte der Antrag mit anderer Begründung abgelehnt werden können, darf der vom Tatgericht gewählte Ablehnungsgrund grundsätzlich nicht nachträglich ausgetauscht werden, weil sich der Antragsteller auf die durch den Ablehnungsbeschluss geschaffene Prozesslage einstellen können muss. Etwas anderes gilt jedoch dann, wenn er bei richtiger Entscheidung keine anderen sachdienlichen Anträge mehr hätte stellen können (wichtigster Fall: Hilfsbeweisantrag, weil dieser erst im Urteil beschieden werden muss). Präsente Beweismittel dürfen nur unter den strengeren Voraussetzungen des § 245 abgelehnt werden. Grundsätzlich gelten das Verbot der Beweisantizipation und das sog. Rekonstruktionsverbot. **404**

41. Was ist eine sog. Aufklärungsrüge? **405**

Mit ihr macht der Revisionsführer eine Verletzung der gerichtlichen Aufklärungspflicht nach § 244 Abs. 2 geltend. Diese ist verletzt, wenn das Tatgericht von einem zulässigen Beweismittel, das erkennbar und erreichbar war, keinen Gebrauch gemacht hat, obwohl die Beweiserhebung mit Blick auf die bisherige Beweisaufnahme geboten war. Zum erforderlichen Rügevortrag i.S.d. § 344 Abs. 2 S. 2 gehört deshalb, dass der Beschwerdeführer nicht nur die Beweistatsache und das vermeintlich übergangene Beweismittel samt zu erwartendem Ertrag bezeichnet, sondern auch diejenigen Tatsachen benennt, die zur unterlassenen Beweiserhebung gedrängt haben. Begründet ist die Aufklärungsrüge, wenn das Revisionsgericht nicht auszuschließen vermag, dass im Fall der Beweiserhebung das Tatgericht zu einem anderen Beweisergebnis gelangt wäre – was praktisch allerdings selten der Fall ist.

42. Was ist bei der erstmaligen Zeugnisverweigerung in der Hauptverhandlung i.S.v. § 252 zu beachten? **406**

Die Vorschrift statuiert nach h.M. ein umfassendes Verwertungsverbot, d.h. sie verbietet über ihren Wortlaut hinaus auch die Vernehmung der Verhörsperson als Zeuge. Eine Ausnahme soll aber dann gelten, wenn es sich um eine richterliche Vernehmung handelt, da dann bereits eine verbindliche Entscheidung des Zeugen über die Ausübung des Weigerungsrechts vorliegt. In diesem Fall kann die Aussage durch Vernehmung des Richters oder Vorführung eines entsprechenden Videos in die Hauptverhandlung eingeführt werden (die Verlesung des Protokolls verbietet § 250 S. 2). Nach seinem Sinn und Zweck ist § 252 auch auf vernehmungsähnliche Situationen anwendbar. Da die Norm primär dem Schutz des Zeugen dient, kann dieser nach h.M. trotz Ausübung des Weigerungsrechts in der Hauptverhandlung in die Verwertung seiner früheren Aussage einwilligen (str.).

407 *43. Erläutern Sie, warum und inwieweit bei § 257c strenge Prüfungsmaßstäbe anzulegen sind!*

Verständigungen sind wegen ihrer Kollision mit der Amtsaufklärungspflicht und dem Schuldprinzip bereits generell problematisch, sodass sie überhaupt nur unter strikter Einhaltung der gesetzlichen Voraussetzungen getroffen werden dürfen. Werden hierbei Fehler gemacht, soll nach der Rspr. des BVerfG – insbesondere bei Verstößen gegen die Transparenz- und Dokumentationspflichten – regelmäßig von einem Beruhen auszugehen sein.

408 *44. Was ist die sog. erweiterte Revision und wo findet sie ihre Grenzen?*

Mit dem Begriff der erweiterten Revision ist gemeint, dass das Revisionsgericht auch die tatsächlichen Feststellungen und die Beweiswürdigung auf Rechtsfehler hin prüft. Bei diesen Rechtsfehlern geht es um sog. Darstellungsmängel, d.h. um Lücken und Widersprüche sowie Verstöße gegen Denkgesetze und Erfahrungssätze bzw. gesicherte wissenschaftliche Erkenntnisse. Die Grenze der erweiterten Revision ist dort erreicht, wo das Revisionsgericht eine eigene Beweiswürdigung vornehmen müsste, die ihm grundsätzlich verwehrt ist.

409 *45. Darf das Schweigen oder eine offensichtliche Lüge des Angeklagten zu seinen Lasten verwertet werden?*

Nach dem sog. nemo-tenetur-Grundsatz ist niemand verpflichtet, sich selbst zu belasten. Deshalb steht es dem Beschuldigten frei, keine Angaben zur Sache zu machen (vgl. §§ 136 Abs. 1 S. 2, 243 Abs. 5 S. 1), woraus gleichzeitig folgt, dass aus dem Schweigen des Beschuldigten keine nachteiligen Schlüsse gezogen werden dürfen. Etwas anderes kann nach der Rspr. allenfalls dann gelten, wenn sich der Beschuldigte teilweise zur Sache äußert und teilweise schweigt, obwohl nach den Umständen Angaben zu erwarten gewesen wären, andere mögliche Ursachen des Schweigens ausgeschlossen werden können und die gemachten Angaben nicht ersichtlich lediglich fragmentarischer Natur sind (sog. Teilschweigen).

Die Widerlegung bewusst wahrheitswidrigen Entlastungsvorbringens liefert für sich allein in der Regel kein zuverlässiges Indiz für die Täterschaft des Angeklagten, weil auch ein Unschuldiger versuchen kann, sich auf diese Weise zu entlasten. Soll eine Lüge daher als Belastungsindiz dienen, setzt dies voraus, dass im zu entscheidenden Fall eine andere Erklärung als die Täterschaft nicht in Betracht kommt. **410**

46. Was ist Gegenstand der materiell-rechtlichen Prüfung im Rahmen der Sachrüge? **411**

Geprüft wird stets der durch das Tatgericht festgestellte Sachverhalt und nur dieser, unabhängig davon, ob und in welchem Umfang das Tatgericht bei der Sachverhaltsermittlung prozessuale Fehler gemacht hat. Die Prüfung gleicht daher jener des ersten Staatsexamens.

47. Was ist zu beachten, wenn allgemein strafmildernd zu berücksichtigende Umstände mit besonderen gesetzlichen Milderungsgründen (§ 49 StGB) zusammentreffen und das Gesetz gleichzeitig einen minder schweren Fall eröffnet? **412**

Zu beachten ist in diesem Falle das Doppelverwertungsverbot nach § 50 StGB, sodass zunächst geprüft werden muss, ob ein minder schwerer Fall bereits ohne „Verbrauch" des vertypten Milderungsgrundes angenommen werden kann. Ist dies der Fall, kann der Strafrahmen unter Heranziehung des besonderen gesetzlichen Milderungsgrundes nochmals gemildert werden, wodurch es zu einer mehrfachen Strafrahmenverschiebung kommen kann.

48. Wie berechnet sich der Strafrahmen bei der Verurteilung wegen versuchten Totschlags in einem minder schweren Fall (Provokationsalternative)? **413**

Der wegen Annahme des minder schweren Falls gemilderte Strafrahmen beträgt gemäß § 213 StGB ein bis 10 Jahre (statt fünf bis 15 Jahre nach § 212 Abs. 1 StGB). Wird jetzt wegen des Versuchs nochmals gemildert (weil ein minder schwerer Fall bereits ohne Berücksichtigung des Versuchs vorlag), ergibt sich nach §§ 23 Abs. 2, 49 Abs. 1 Nr. 2 und 3 StGB ein Strafrahmen von drei Monaten bis zu sieben Jahren und sechs Monaten. Innerhalb dieses Strafrahmens ist dann unter Anwendung der sog. Spielraumtheorie und der Strafzumessungserwägungen nach § 46 StGB die schuldangemessene Strafe festzusetzen.

414 49. *Welche Entscheidungsmöglichkeiten hat das Revisionsgericht?*

Es ist zwischen Entscheidungen durch Beschluss (§ 349 Abs. 1, 2 u. 4) und durch Urteil (§§ 349 Abs. 5, 353 f.) zu unterscheiden. Das Gericht kann die Revision durch Beschluss als unzulässig oder offensichtlich unbegründet verwerfen oder, wenn es sie einstimmig für begründet hält, das angefochtene Urteil wegen einer zugunsten des Angeklagten eingelegten Revision aufheben. Durch Urteil nach Hauptverhandlung kann es die Revision als unzulässig oder unbegründet verwerfen oder das Urteil ganz oder teilweise aufheben. Falls eine eigene Sachentscheidung nach § 354 Abs. 1, 1a (ggf. analog) nicht möglich ist, verweist das Gericht nach § 354 Abs. 2 u. 3 zurück. Hier ist ggf. § 355 (analog) zu beachten.

415 Daneben kommen auch Beschlüsse nach §§ 153 Abs. 2, 153a Abs. 2, 154a Abs. 2 sowie nach umstr. Ansicht auch nach §§ 206a f. in Betracht.

416 50. *Wie lautet ein korrekter Revisionsantrag, wenn der Revisionsführer ein Berufungsurteil des LG Wiesbaden vom 01.09.2020 (§§ 242, 22; 263; 53 StGB) mit der Sachrüge angreift, wobei er bezüglich des versuchten Diebstahls Freispruch und hinsichtlich des Betrugs eine Änderung im Rechtsfolgenausspruch begehrt?*

Es wird beantragt, das Berufungsurteil der kleinen Strafkammer des Landgerichts Wiesbaden vom 01.09.2020 (AZ.: ...) aufzuheben und den Angeklagten freizusprechen, soweit er wegen versuchten Diebstahls verurteilt wurde. Im Übrigen wird beantragt, das Urteil im Rechtsfolgenausspruch mit den zugehörigen Feststellungen aufzuheben und die Sache im Umfang der Aufhebung zur erneuten Verhandlung und Entscheidung an eine andere kleine Strafkammer des Landgerichts Wiesbaden als Berufungsgericht zurückzuverweisen.

Stichwortverzeichnis

Die Verweise beziehen sich auf Seitenzahlen.

Abwägungslehre 58
Abwesenheit 48
Akkusationsprinzip 25
Allgemeinkundigkeit 79
Annahmeberufung 4
Antragsdelikte 30
Aufklärungsrüge 56, 82, 141
Ausschließung des Richters 44
Ausschluss des Angeklagten 49
Bearbeitervermerk 114
Befangenheit 44
Begründetheit 20, 132
Benachrichtigungspflicht 63
Berufung 1, 33
Berufungsbeschränkung 33, 34
Berufungsurteil 97
Beruhen 11, 98, 136
Beschränkung der Verteidigung 54
Beschwer 6, 36, 84, 130
Besetzungsrüge 37, 42
Besonderes öffentliches Interesse 31
Beweisanregung 78
Beweisantizipation 79, 80, 81
Beweisantrag 36, 77, 140
Beweiserhebungsverbote 57
Beweisermittlungsantrag 78, 141
Beweiskraft des Protokolls 39
Beweisverwertungsverbote 57, 139
  selbstständige 57
  unselbstständige 57
Beweiswürdigung 101
Darstellungsmangel 82, 100, 104, 142
Devolutiveffekt 1, 128
Doppelfunktionale Maßnahme 62
Doppelrelevante Tatsachen 15, 80, 131
Doppelverwertungsverbot 105, 107
Doppelzustellung 13
Einwilligung 67
Eröffnungsbeschluss 26
Ersatzzustellung 13
Erweiterte Revision 100, 142
Fair-trial-Grundsatz 32, 73
Form
  Revisionsbegründung 11
  Revisionseinlegung 7
Freibeweisverfahren 40
Frist
  Revisionsbegründung 12
  Revisionseinlegung 9
  Wiedereinsetzung 16
Gefahr im Verzug 61, 65, 69, 139
Gerichtskundigkeit 79
Gesamtstrafenbildung 107
  nachträgliche 108
Hilfsbeweisantrag 79
Hörfalle 72, 140
Hypothetischer Ersatzeingriff 59, 62
In dubio pro reo 23, 103

Inbegriffsrüge 94
Informationsfunktion 25
Informatorische Befragung 71, 86, 140
Instanzenzug 4, 8, 128
Iudex a quo 7, 130
Kombinationsstrafrahmen 105
Konnexität 78
Kriminalistische List 73, 74
Legalprognose 108
Legendierte Kontrolle 62
Letztes Wort 96
Lügendetektor 80
Milderungsgründe 105
Nachschieben von Gründen 14
Nachtragsanklage 25, 27, 95
Ne bis in idem 27
Nebenkläger 7
Negativmitteilung 91
Nemo-tenetur-Grundsatz 73, 142
Notwendige Verteidigung 18, 50, 72
Öffentlichkeitsgrundsatz 51, 138
Präklusion 24, 37, 38, 42, 43, 48, 93, 136
Präsente Beweismittel 82
Protokollberichtigung 40
Protokollrüge 39, 135
Prozesshindernisse 21
Prozessvoraussetzungen 21
Qualifizierte Belehrung 18, 77, 88, 140
Rechtlicher Hinweis 95
Rechtsbehelfe 1
   außerordentliche 1
   ordentliche 1
Rechtsfolgenkompetenz 23
Rechtskraft 27
   formelle 27
   materielle 27
Rechtskreistheorie 36, 58

Rechtsmittel 1
   -verzicht 17
   -wechsel 9
Reformatio in peius 33
Regelbeispiel 104
Rekonstruktionsverbot 40, 82
Revision
   Anträge 119
   Begründung 11
   Berechtigung 5
   Beschränkung 15, 22
   Einlegung 7
   Rücknahme 18
Revisionsgründe
   absolute 41
   relative 55, 65
Rügeverkümmerung 40, 99
Sachrüge 99, 143
   Begründung 11
Schuldspruchberichtigung 112, 121
Sphärentheorie 58
Spielraumtheorie 107
Spontanäußerung 71, 86, 140
Sprungrevision 4, 8, 130
Statthaftigkeit 3, 129
Strafantrag 30
Strafaussetzung 108
Strafklageverbrauch 27
   partieller 28
Strafrahmenmodifikation 104
Strafrahmenwahl 104
Strafzumessung 106
Strafzumessungslösung 32
Suspensiveffekt 1, 128
Tat im prozessualen Sinn 25, 28, 133
Tateinheit 105
Tatprovokation 32
Teilrücknahme 18
Teilschweigen 94
Telekommunikationsüberwachung 61

Trennbarkeitsformel 15, 18, 33, 131
Umgrenzungsfunktion 25
Unbenanntes Rechtsmittel 8, 130
Unmittelbarkeitsgrundsatz 94
Unterschrift 138
Urkundsbeweis 94
Vereidigung 93
Verfahrenshindernis 132
Verfahrensrüge 11, 20, 35, 135
Verfahrensvoraussetzungen 21, 23
Verhandlungsfähigkeit 23
Verjährung 29
Verschlechterungsverbot Siehe Reformatio in peius
Verschleppungsabsicht 81
Verständigung 18, 19, 89

Vollstreckungslösung 32
Vorhalt 94
Wahrunterstellung 81
Wesentliche Förmlichkeit 39
Wesentlicher Teil 49
Widerspruchslösung 38, 67, 71
Wiedereinsetzung in den vorigen Stand 16
Zeugnisverweigerungsrecht 57, 59
Zulässigkeit 3, 129
Zuständigkeit
  funktionelle 24, 48
  örtliche 24, 48
  sachliche 23
Zustellung 9, 12, 13
Zweck der Revision 2
Zweckmäßigkeit 118
Zwischenrechtsbehelf 37